ESSAI

SUR LES

PRÉJUGÉS,

O U

De l'influence des opinions sur les mœurs
& sur le bonheur des Hommes.

Ouvrage contenant

L'APOLOGIE DE LA PHILOSOHIE.

Pr Mr. D. M.

Affiduitate quotidianâ & consuetudine oculo rum
assuescunt animi, neque admirantur neque requi-
runt rationes earum rerum quas vident.
CICERO DE NAT. DIOR. LIB. II.

A LONDRES,

M. DCCLXXVII.

LETTRE

VOUS avez paru defirer , mon cher Ami , que je donnaffe plus d'éten-due à ma Differtation du Philofophe * : c'eft pour me conformer à ce defir que j'ai entrepris cet Ouvrage , dont je rends votre amitié dépofitaire. Je fouhaite que vous en foyez content. Vous y trouverez du moins une Apologie raifonnée de la Philofophie , de tout tems fi dénigrée par les Fripons & les Sots. Avant tout , j'ai commencé par l'examen de la queftion ; s'il eft utile d'annoncer la vérité aux hommes , & fi elle ne peut pas fouvent leur devenir dangereufe; Problême qui m'a femblé n'avoir point

---

* Cette Differtation eft de feu M. Du Mar-fais ; elle eft inférée dans un Recueil publié fous le titre de *Nouvelles Libertés de Penfer.*

été jusqu'à présent suffisamment éclairci,
puisque de bons esprits paroissent encore
incertains de ce qu'ils doivent en penser.
C'est à vous , mon ami, de juger si j'ai
bien ou mal réussi quand à la forme ;
car pour le fond , je sai que mes sentimens sont conformes aux vôtres. Dans
le monde où nous sommes , chacun se
pique d'aimer la vérité ; cependant personne ne veut l'entendre , & bien des
gens condamnent ceux qui osent l'annoncer. Il est vrai que les apôtres du
mensonge paroissent devoir encore longtems être ici-bas les plus forts : voilà ,
sans doute , pourquoi communément l'on
s'imagine que la raison a tort. Elle n'est
point faite pour avoir tort auprès de
vous ; vous la cultivez , vous chercher
la vérité ; & , en dépit de l'envie , vous

CHAPITRE I.

De la Vérité ; de son utilité ; des sources de nos préjugés.

SI la nature de l'homme l'oblige, dans chaque instant de sa durée, de tendre vers le bonheur, ou de chercher à rendre son existence agréable ; il lui est avantageux d'en trouver les moyens & d'écarter les obstacles qui s'opposent à sa pente naturelle. Cela posé, la vérité est nécessaire à l'homme, & l'erreur ne peut jamais lui être que dangereuse. » La vérité, dit Hobbes, n'intéresse les hommes que parce qu'elle leur est utile & nécessaire ; les connoissances humaines, pour êtres utiles, doivent être évidentes & vraies : il n'est point d'évidence sans le témoignage de nos sens : toute connoissance qui n'est point évidente n'est qu'une opinion ».

L'opinion est la raine du monde. » Nos volontés ; dit le même philosophe ,

» suivent nos opinions, & nos actions
» suivent nos opinions; voilà comment
» le monde eft gouverné par l'opinion. »
Mais l'opinion n'eft que la vérité ou la
fauffeté établie fans examen dans l'efprit des mortels ; les opinions univer-
felles font celles qui font généralement
admifes par les hommes de tout pays ;
les opinions nationnales font celles qui
font adoptées par des nations particulieres. Comment diftinguer fi ces opinions font vraies ou fauffes ? C'eft en
recourant à l'expérience & à la raifon ,
qui en eft le fruit ; c'eft en examinant
fi ces opinions font réellement & conftamment avantageufes au grand nombre ; c'eft en pefant leurs avantages contre leurs défavantages ; c'eft en confidé-
rant les effets néceffaires qu'élles produifent fur ceux qui les ont embraf-
fées & fur les êtres avec qui ils vivent en fociété.

Ainfi ce n'eft qu'à l'aide de l'expérience que nous pouvons découvrir la
vérité. Mais qu'eft -ce que la vérité ?
C'eft la connoiffance des rapports qui
fubfiftent entre les êtres agiffant les
uns fur les autres ; ou , fi l'on veut,
c'eft la conformité qui fe trouve entre

les jugemens que nous portons des êtres & les qualités que ces êtres renferment réellement. Lorsque je dis que *le fanatisme est un mal*, je dis une vérité, confirmée par l'expérience de tous les siecles, & sentie par tous ceux que leurs préjugés n'empêchent point de connoître les rapports subsistans entre des hommes réunis en société, où tout nous prouve que les opinions religieuses ont produit de tout tems les plus affreux ravages. Lorsque je dis que *le despotisme est un abus funeste & destructeur*, je dis une vérité, vu que l'expérience de tous les âges nous prouve invinciblement qu'un pouvoir arbitraire est nuisible & aux peuples sur qui on l'exerce, & à ceux par qui ce pouvoir est exercé. Lorsque je dis que *la vertu est nécessaire aux hommes*, je dis une vérité, fondée sur les rapports constans qui subsistent entre les hommes, sur leurs devoirs réciproques, sur ce qu'ils se doivent à eux mêmes en conséquence de leur tendance vers le bonheur.

Socrate disoit *que la vertu & la vérité étoient la même chose*. Il eût parlé plus juste s'il eût dit que la vertu est

une suite de la vérité ; celle-ci, en nous
découvrant nos rapports , ou les liens
qui nous uniffent avec les êtres de notre efpece , & le but que nous nous
propofons à chaque inftant , nous fait
connoître la néceffité de nous conduire
de la maniere la plus propre à mériter
l'affection , l'eftime & les fecours des
êtres dont nous avons un befoin continuel , & de nous abftenir également
de ce qui pourroit leur déplaire ou fe
tourner contre nous-mêmes.

Nous voyons donc que , dès le premier pas, la vérité nous montre combien la vertu eft néceffaire à un être
rempli de befoins , vivant en fociété,
pour fe mettre à portée de les fatisfaire
avec facilité. La vertu n'eft autre chofe
qu'une difpofition permanente à faire
ce qui eft folidement utile aux êtres
de l'efpece humaine & à nous mêmes
» La vérité , dit Wollafton , n'eft que
» la conformité à la nature ; ainfi, en
» fuivant la vérité, l'on ne peut jamais
» combattre la nature. » Zenon a dit
avant lui que la perfection de l'homme
confiftoit à vivre conformément à la
nature qui nous conduit à la vertu.
Enfin Juvenal nous dit que jamais la

raifon [ne nous parle un langage différent de celui de la nature *

C'eft donc dans la nature même de
l'homme qu'il faut puifer la vérité : c'eft
la vérité qui nous conduit à la vertu :
la vertu n'eft que l'utilité conftante &
& véritable des êtres de l'efpece humaine ; fans la vertu, ils tendroient inutilement au bonheur. D'où il faut conclure que, fans la vérité, les hommes ne
peuvent être ni vertueux, ni heureux,
& par conféquent que la vérité fera
toûjours le plus preffant des befoins
pour des Stres deftinés à vivre en fociété

Ce que nous appellons la raifon n'eft
que la vérité découverte par l'expérience, méditée par la réflexion, &
appliquée à la conduite de la vie. A
l'aide de la raifon, nous diftinguons ce
qui nous peut nuire de ce qui peut
nous être utile, ce que nous devons
chercher ou fuir. L'expérience nous fait
connoître ce qui nous eft avantageux
réellement & pour toujours, & ce qui
n'a pour nous que des avantages frivoles & paffagers ; en conféquence la

* *Nunquam aliud natura, aliud fapientia dicit.*
JUVENAL, Satyr. 14, vers 321.

raiſon nous décide en faveur de ce qui
peut nous procurer le bonheur le plus
durable & le plus permanent ; c'eſt celui qui convient le mieux à un être
forcé par ſa nature à deſirer conſtam-
ment une exiſtence heureuſe. Ainſi, ſans
la vérité, l'homme n'a ni expérience ni
raiſon ; il n'a point de règle ſûre , il
marche au haſard dans le ſentier rabo-
teux de la vie ; il demeure dans une
enfance perpétuelle ; il eſt la victime
de ſes préjugés , c'eſt-à-dire des jugemens qu'il porte ou des opinions qu'il
adopte avant d'avoir examiné. Son imprudence finit toujours par le rendre
malheureux : dupe de ſes jugemens inconſidérés , il n'a des idées vraies de rien,
il marche d'erreurs en erreurs , il eſt à
chaque pas le jouet infortuné de ſon
inexpérience propre ou du caprice des
aveugles qui le guident. *

En effet , parmi les êtres qui s'appellent *raiſonnables* par excellence nous

---

* Si , comme on vient de dire , le *préjugé*
eſt un jugement porté avant d examiner , il eſt
clair que toutes les opinions religieuſes & politiques des hommes ne ſont que des *préjugés*,
vû qu'ils ne peuvent examiner les premières
ſans crime , & les dernières ſans danger.

en trouvons très-peu qui faſſent uſage
de la raiſon. Le genre humain entier
eſt, de race en race, la dupe & la victime de ſes préjugés en tout genre.
Méditer, conſulter l'expérience, exercer ſa raiſon, l'appliquer à ſa conduite
ſont des occupations inconnues du plus
grand nombre des mortels. Penſer par
ſoi-même eſt, pour la plupart, d'entre
eux un travail auſſi pénible qu'inuſité;
leurs paſſions, leurs affaires, leurs plai-
ſirs, leurs tempéramens; leur pareſſe,
leurs diſpoſitions naturelles les empêchent de chercher la vérité; il eſt rare
qu'ils ſentent aſſez vivement l'intérêt
qu'ils ont de la découvrir pour s'en
occuper ſérieuſement; ils trouvent bien
plus commode & plus court de ſe laiſſer entraîner par l'autorité, par l'exemple, par les opinions reçues, par les
uſages établis, par des habitudes ma-
chinales. * L'ignorance rend les peuples crédules; leur inexpérience & leur

---

* *Pauci ſunt qui conſilio ſe ſuaque diſponant;*
cæteri eorum more quæ fluminibus innatant, non
eunt, ſed feruntur. Senec Epiſt. XXIII. Il dit ailleurs. *Qui pecorum ritu ſequuntur antecedentium*
gregem pergentes, non quâ eundum eſt ſed quâ itur.
SENECA DE VITÂ BEATÂ C. I.

incapacité les oblige d'accorder une confiance aveugle à ceux qui s'arrogent le droit exclusif de penser pour eux, de régler leurs opinions, de fixer leur conduite & leur sort. Ainsi accoutumés à se laisser guider, ils se trouvent dans l'impossibilité de savoir où on les mene, de démêler si les idées qu'on leur inspire sont vraies ou fausses, utiles ou nuisibles. Les hommes qui se sont mis en possession de régler les destinées des autres, sont toujours tentés d'abuser de leur crédulité ; ils trouvent pour l'ordinaire des avantages momentanés à les tromper ; ils se croient intéressés à perpétuer leurs erreurs ou leur inexpérience ; ils se font un devoir de les éblouir, de les embarrasser, de les effrayer sur le danger de penser par eux-mêmes & de consulter la raison ; ils leur montrent les recherches qu'ils pourroient faire, comme inutiles, criminelles, pernicieuses ; ils calomnient la nature & la raison ; ils les font passer pour des guides infidèles ; enfin, à force de terreurs, de mystères, d'obscurités, & d'incertitudes, ils parviennent à étouffer dans l'homme le desir même de chercher la vérité, à écraser la na-

ture fous le poids de leur autorité , à
foumettre la raifon au joug de leur fan-
taifie. Les hommes fentent-ils des maux
& fe plaignent - ils des calamités qu'ils
éprouvent , leurs guides leur donnent
habilement le change & les empêchent
de remonter à la vraie fource de leurs
peines , qui fe trouve toujours dans
leurs funeftes préjugés.

C'eft ainfi que les miniftres de la
Religion , devenus en tout pays les
premiers inftituteurs des peuples , ont
juré une haine immortelle à la raifon ,
à la fcience, à la vérité. Accoutumée
à commander aux mortels de la part
des puiffances invifibles qu'elle fuppofe
les arbitres de leurs deftinées, la fuperftition les accable de craintes , les
étourdit par fes merveilles , les enlace
par fes myftères , tour à tour les amufe
& les effraie par fes fables. Après avoir
ainfi préoccupé & dérouté l'efprit humain, elle lui perfuade facilement qu'elle
feule eft en poffeffion de la vérité ; qu'elle
fournit feule les moyens de conduire
au bonheur ; que la raifon , l'évidence
& la nature font des guides qui ne
pourront mener qu'à la perdition les
hommes qu'elle affure aveuglés par leur

essence & incapables de marcher sans
sa lumiere divine. Par ce lâche artifice,
on leur montre leurs sens comme infidèles & trompeurs, l'expérience comme
suspecte, la vérité comme impossible à
démêler, comme environnée de ténèbres épaisses, tandis qu'elle se montre
sans peine à tout mortel qui veut écarter les nuages dont l'imposture s'efforce
de l'environner.

Le gouvernement, partout honteu-
sement ligué avec la superstition, appuye de tout son pouvoir ses sinistres
projets. Séduite par des intérêts passagers, dans lesquels elle fait consister sa
grandeur & sa puissance, la politique
se croit obligée de tromper les peuples,
de les retenir dans leurs tristes préjugés,
d'anéantir dans tous les cœurs le desir
de s'instruire & l'amour de la vérité.
Cette politique, aveugle & déraisonnable elle-même, ne veut que des sujets aveugles & privés de raison ; elle
hait ceux qui cherchent à s'éclairer eux-
mêmes, & punit cruellement quiconque ose déchirer ou lever le voile de
l'erreur. Les secousses effrayantes que
si souvent, les préjugés populaires ont
excitées dans les empires, ne sont point

capables de détromper les chefs des
peuples ; ils s'obstinent à regarder l'ignorance & l'abrutissement comme utiles ;
la raison, la science, la vérité, comme les plus grands ennemis du repos des nations & du pouvoir des
souverains.

L'éducation, confiée aux ministres de
la superstition, ne semble par-tout se
proposer que d'infecter, de bonne heure,
l'esprit humain d'opinions déraisonnables,
d'absurdités choquantes, de terreurs affligeantes ; dès le seuil de la vie l'homme
s'abbreuve de folies ; il s'habitue à prendre pour des vérités démontrées une foule d'erreurs qui ne seront utiles qu'aux
imposteurs, dont l'intérêt est de le fa-
çonner au joug, de l'abrutir, de l'égarer pour en faire l'instrument de leurs
passions & le soutien de leur pouvoir
usurpé. Par-là, les sociétés se rempliss-
sent d'ignorans fanatiques & turbulens ;
qui ne connoissent rien de plus important que d'être aveuglément soumis aux
décisions capricieuses de leurs guides
spirituels, & d'embrasser avec chaleur
leurs intérêts, toujours contraires à ceux
de la société.

Après s'être ainſi, dès l'enfance, empoiſonné dans la coupe de lerreur, l'homme tombe dans la ſociété ; là il trouve tous ſes ſemblables imbus des mêmes opinions, qu'aucun d'entre eux ne
s'eſt donné la peine d'examiner ; il s'y
confirme donc de plus en plus ; l'exemple fortifie, chaque jour, ſes préjugés en
lui ; il ne lui vient pas même dans l'eſprit de s'aſſurer de la ſolidité des principes, des inſtitutions, des uſages qu'il
voit revêtus de l'approbation univerſelle;
en conſéquence, il ne penſe plus, il ne
raiſonne plus, il s'oſtine dans ſes idées:
ſi par hazard il entrevoit la vérité, il
reſerme auſſitôt les yeux, il s'accom-
mode à la façon de penſer générale ;
entouré d'inſenſés, il craindroit le ridicule, le blâme ou les châtimens, s'il
s'il ne partageoit point le délire épidé-
mique.

Voila comment tout conſpire, en ce
monde, a dépraver la raiſon humaine,
à étouffer la lumiere, à mettre l'homme
en garde contre la vérité. C'eſt ainſi
que les mortels font devenus par leur
imprudence les complices de ceux qui
les aveuglent & les tiennent dans les fers.
C'eſt en les trompant au nom des Dieux

que les Prêtres font parvenus à les rendre étrangers à la raifon, dupes de l'ignorance, opiniâtrément oppofés à l'évidence, ennemis de leurs propre repos & de celui des autres. Les oppreffeurs de la terre ont profité de leurs préjugés religieux pour s'arroger le droit cruel de les fouler aux pieds, de les dépouiller, de les facrifier à leurs fantaifies. Par une fuite de leurs opinions extravagantes les hommes font par-tout plongés dans la fervitude; ils baifent humblement leurs chaînes; ils fe croient obligés de fouffrir fans murmurer, ils perdent l'idée même de jamais voir ceffer les miferes, fous lefquelles ils fe perfuadent que le ciel les condamne à gémir ici-bas.

Les mortels ainfi égarés par la terreur, avilis & découragés par leurs préjugés religieux & politiques, ne font par tout que des enfans fans raifon, des efclaves pufillanimes, inquiets, malfaifans. Leurs opinions facrées les rendent arrogans, entêtés, turbulens, féditieux, intolérans, inhumains; ou bien ces mêmes opinions, fuivant leurs tempéramens, les jettent dans le mépris d'eux-mêmes, dans l'apathie, dans une honteufe léthargie, qui les empêchent de

fonger à fe rendre utiles. Leurs préjugés politiques les font dépendre le plus
fouvent d'un pouvoir inique, qui les
divife d'intérêts, qui les met en guerre
les uns avec les autres, qui ne répand
fes faveurs que fur ceux qui fecondent
fes vues pernicieufes.

D'où l'on voit que les mobiles les
plus puiffans confpirent à brifer les nœuds
qui devroient unir le Citoyen à la Société & aux êtres qui l'environnent. Ce
n'eft pas encore tout, il eft perpétuellement énivré de mille objets futiles,
defquels l'opinion l'accoutume dès l'âge
le plus tendre à faire dépendre fon bonheur : en conféquence il devient ambitieux, il foupire pour des diftinctions
frivoles ; pour des grandeurs puériles,
il brûle de s'élever au deffus des autres, il defire ardemment des places qui
le mettent à portée de vexer & d'opprimer impunément ; il fe croit malheureux quand il ne lui eft point permis
de prendre part aux dépouilles de fa
patrie. Dévoré d'une foif inextinguible
pour les richeffes, il ne croit jamais pouvoir en acquérir affez pour fatisfaire l'in-
conftance de fes paffions, de fon luxe,
de fes fantaifies ; il porte envie à tous

ceux que l'opinion du vulgaire imbécille lui fait regarder comme plus, heureux & plus favorifés que lui ; il cherche à s'égaler a eux, à les imiter, à
les fupplanter ; il emploie, pour réuffir,
la rufe, la fourberie, la trahifon, le
crime ; il fe croit tout permis pour devenir heureux ; & les opinions de fes
concitoyens, toujours favorables aux fuccès, l'encouragent à la perverfité, ou
étouffent bientôt en lui les remords paffagers que pourroient lui caufer fes forfaits. D'ailleurs il voit par-tout le crime
honoré, approuvé, autorifé, récompen-
fé par le pouvoir fuprême, applaudi par
la voix publique, légitimé, pour ainfi
dire, par le confentement tacite d'une
fociété qui n'ofe point réclamer. *

Corrompu par tant de caufes, le citoyen n'eft point tenté de régler fa conduite ; il voit le vice, le déréglement,
l'indécence, la débauche refpectés dans
les grands ; il voit la diffolution, les

* L'illuftre Préfident de Thou dit, dans la
Préface de fon hiftoire ,, qu'un Etat eft perdu ,
,, dès que ceux qui gouvernent ne diftinguent
,, plus les gens de bien des méchans. ,, *Eam*
civitatem interire neceffe eft, cujus præfecti probes
ab improbis difcernere nefciunt.

voluptés honteufes, la corruption des mœurs traitées de bagatelles & incapables de nuire à la réputation, à l'avancement à la fortune ; il voit l'oppreffion, l'injuftice, la rapine & la fraude regardées comme des moyens naturels de parvenir ; enfin il voit la religion toujours prête à laver tous les forfaits & à tout pardonner au nom de la divinité. Dès lors, raffuré pour ce monde & pour l'autre, l'homme ne connoît plus de frein ; l'ufage & les exemples de tant de criminels heureux, calment les cris de fa confcience importune ; il eft fans mœurs ; &, dans la Société, depuis les chefs jufqu'aux derniers de fes fujets, l'on ne trouve qu'une chaîne immenfe de vices, qui forme une barriere impénétrable à la raifon.

La fcience, les talens, les connoiffances utiles ne font pas moins négligées que les mœurs. La naiffance, le crédit, l'opulence, la faveur, l'intrigue, la baffeffe étant les feuls moyens de parvenir aux places, perfonne ne fe trouve intéreffé à fe procurer, à grande peine, les lumieres néceffaires pour les remplir. D'ailleurs les dépofitaires de l'autorité, très-fouvent incapables, négligens

corrompus eux-mêmes, ne font point
en état d'apprécier le mérite dans les
autres ; ils le dédaignent, ils le haïssent;
le génie leur fait ombrage ou leur semble ridicule ; la probité les gêne & les
condamne, la vertu leur déplaît. Ainsi
les grands talens font le partage de quelques hommes obscurs, qui deviennent
des objets de haine & de mépris pour
la grandeur hautaine ; elle ne répand les
bienfaits que sur des ames rampantes,
à qui la fraude, la lâcheté, la foupleffe,
la complaifance tiennent lieu de mérite
& de capacité. Ainfi le fort des nations
eft communément livré à des mains
incapables & fouillées ; la félicité des
peuples eft immolée aux caprices de quelques enfans remplis de vanité & de folie, qui fe tranfmettent les uns aux autres le droit exclufif de fe jouer de la
patrie, que leur inexpérience conduit
auffi fûrement à fa ruine que leur méchanceté.

Il eft donc évident que l'ignorance
eft la fource commune des erreurs du
genre humain ; fes préjugés font les vraies
caufes des malheurs qui l'affiégent de
toutes parts ; fes guides fpirituels l'allar-
ment, l'inquiétent, le rendent frénétique ,

que, ou bien étouffent fon énergie juf-
que dans le fond de fon ame : fes guides
temporels l'afferviffent, l'oppriment, le
corrompent & croient avoir tout gagné
quand ils règnent fur des miférables.
Ainfi l'état de fociété, qui fembloit def-
tiné à multiplier les biens & les plaifirs
de l'homme, n'eft qu'un fléau pour lui;
il y vit plus malheureux que dans l'état
fauvage.

CHAPITRE II.

*La Vérité eft le remède des maux du
genre humain. De la raifon, & des
avantages qu'elle procure.*

IL eft évident que la faculté de communiquer fes idées eft un des plus
grands avantages que la nature ait donné aux êtres de l'efpèce humaine ; c'eft
à cette faculté que la fociété eft redevable de fes douceurs. A l'aide de la parole les hommes raffemblés font à portée de fe faire part de leurs expériences,
de leurs découvertes, de leurs confeils,
de leurs fecours. C'eft ainfi qu'en met-

B

tant en commun leurs forces , leurs réflexions , leurs talens , ils font bien plus
en état de repouffer les maux & de fe
procurer des biens que s'ils vivoient
ifolés ou féparés les uns des autres.
Ainfi la libre communication des idées
eft effentielle à la vie fociale. L'homme
qui ment ou qui trompe trahit la fociété ; celui qui lui refufe fes talens & les
vérités qui lui font néceffaires , eft un
membre inutile ; celui qui met obftacle
à la communication des idées eft un
ennemi public, un violateur impie de
l'ordre focial , un tyran qui s'oppofe
au bonheur des humains.

C'eft dans la vérité qu'il faut chercher les moyens de multiplier les biens
& d'écarter les maux de la fociété : la
vérité , librement communiquée , peut
feule perfectionner la vie fociale ,
civilifer les hommes, amortir en eux
l'efprit farouche & fauvage , rectifier les opinions qui les rendent vicieux,
infenfés , imprudens , & qui fouvent les
replongent dans leur ftupidité & leur
férocité primitives. Cette vérité fera rougir tout citoyen raifonnable & policé de
ces fables puériles dont les nations dans
leur enfance fe font follement abbreu-

vées ; devenu plus senfé & moins crédule, il fentira l'inutilité de ces dogmes ininrelligibles, de ces myftères in-
concevables, dont le facerdoce s'eft fervi de tout tems pour redoubler les ténèbres des habitans de la terre, & pour
les tromper fur la vraie caufe de leurs
maux ; il reconnoîtra la cruelle folie de
ces nations qui cent fois fe font égor-
gées pour des fyftêmes abfurdes qu'elles ne comprenoient point. Enfin plus
éclairé, plus prudent & plus doux,
l'homme fociable fe convaincra du danger de ces religions qui fi fouvent ont
été les prétextes des animofités, des
perfécutions, des violences, des carnages, des révoltes, des affaffinats &
de tous ces excès également funeftes
pour les nations & pour ceux qui les
gouvernent.

La vérité rectifiera pareillement les
opinions fauffes que les peuples fe font
faites fur la politique : l'expérience les
convaincra du danger de confier un pouvoir arbitraire & fans bornes à des
hommes qu'une puiffance démefurée doit
néceffairement précipiter dans le vice &
la licence. Les fociétés reconnoîtront
qu'elles ne fe font formées que pour

augmenter leur bien être ; qu'elles ont
consenti à être gouvernées pour obtenir plus aisément ce qu'elles se propo-
sent, & non pour procurer à quelques
citoyens la faculté de les accabler sous
le poids d'un pouvoir, qu'on ne peut
regarder que comme une usurpation &
une violence, dès qu'il cesse de faire jouir
les nations de la liberté, de la propriété , de la sûreté. Cette vérité fera sentir à ces princes que ce despotisme destructeur, pour lequel on les voit
par-tout soupirer, ne sert qu'à creuser
plus ou moins promptement le tombeau
commun des souverains & des sujets.
Cette vérité leur prouvera la futilité d'u-
ne politique qui se fait un principe de
tromper les peuples, de les asservir à
des prêtres , de donner à ceux-ci le
droit exclusif de les instruire ou plutôt
de les aveugler. * Cette vérité fera

* Les chefs de la société ne semblent point
faire attention au pouvoir immense que la pré-
dication donne au clergé. Des milliers d'hommes, uniquement attachés aux intérêts de leur
corps, sont à portée de remuer les passions de
tout un peuple , & l'expérience nous prouve
que souvent leurs harangues sacrées ont donné
aux peuples superstitieux le signal de la révolte.
L'auteur d'Hudibras appelle la chaire *le tambour*
ecclésiastique.

connoître à ces souverains la cruelle
extravagance dont ils se rendent coupables en se mêlant des querelles excitées
par les plus méchans, les plus trompeurs,
les plus turbulens de leurs sujets ; elle
leur prouvera qu'ils agiffent directement
contre leurs propres intérêts & contre
ceux de l'état, quand ils ont l'injustice
de persécuter, de violenter la pensée, de
tourmenter des citoyens utiles pour des
syftêmes dignes de mépris. Cette vérité
convaincra les mêmes souverains qu'en
travaillant à la grandeur du sacerdoce,
en le comblant de richeffes, d'honneurs,
de prérogatives, ils ne font que diminuer leur propre puiffance & susciter à
leur autorité propre une autorité rivale,
que l'expérience de tous les âges montre affez forte pour ébranler & renverser les trônes.

En un mot quand les Princes de la
terre consulteront la vérité, ils sentiront que leurs vrais intérêts font les mêmes que ceux des peuples qu'ils gouvernent ; ils se détromperont de l'utilité
fauffe & paffagère du mensonge ; ils
trouveront dans l'équité les fondemens
du pouvoir le plus solide ; dans la vertu

la vraie bafe des empires; dans les lumières & la raifon des nations les vrais
remèdes contre leurs maux ; dans la
deftruction des préjugés des reffources
abondantes ; dans le bonheur de leurs
fujets les appuis les plus fermes de la
grandeur réelle, de la puiffance véritable , de la fûreté permanente des fouverains; dans une tolérance univerfelle
& dans la liberté de penfer le préfer-
vatif affuré contre les révolutions, les
fureurs, les guerres, les attentats que
la fuperftition & le fanatifme ont de
tout tems produits fur la terre.

Guidés par la vérité, les chefs des nations fentiront les dangers & les confé-
quençes fatales qui accompagnent à préfent toutes les inftitutions humaines;
pour lors l'utilité réelle & permanente
de la fociété fera la mefure invariable
de leurs jugemens fur les loix, fur les
coutumes, fur les ufages, fur les opinions, fur les mœurs des hommes ; en un
mot ils reconnoîtront qu'il n'eft point
d'erreur qui n'ait des fuites funeftes ;
qu'il n'eft point de préjugé qui ne pro-
duife tôt ou tard les effets les plus nuifibles & les plus étendus; enfin qu'il n'eft

point de folie qui ne fe puniffe elle-
même. *

  L'habitude a tellement identifié l'efprit humain avec les erreurs fans nombre
dont il eft le jouet, que des perfonnes
très-éclairées d'ailleurs femblent quelquefois douter s'il eft utile & fage de
dire la vérité, & fi l'on ne feroit pas
plus de mal que de bien aux hommes
en les détrompant de leurs préjugés.
Pour peu que l'on réfléchiffe, l'on trouvera facilement la folution de ce problême, & l'on fera forcé de reconnoître
que douter des avantages de la vérité,
c'eft douter s'il vaut mieux pour eux
d'être heureux que malheureux, raifonnables qu'infenfés, vertueux que vicieux,
paifibles que furieux : c'eft douter fi les
mortels marcheront plus fûrement au
grand jour que dans les ténèbres; c'eft
douter s'il leur eft plus avantageux de
connoître les maux compliqués dont ils
fouffrent & d'y porter les remedes convenables, que de languir & de périr
des calamités durables qui les mi.ient
à leur infçu.

‡ Omnis ftultitia laborat faftidio fui.
                                    SENEC.
                B 4

Les hommes ne font par-tout fi corrompus & fi malheureux que parce que tout confpire à leur cacher la vérité. L'erreur, l'ignorance, les préjugés font évidemment les fources du mal moral, ou de la perverfité générale que l'on voit régner dans le monde. Ce mal moral devient à fon tour une fource intariffable de maux phyfiques dont les nations entières font chaque jour les victimes déplorables. D'où viennent ces carnages, ces guerres continuelles, ces férocités indignes d'êtres raifonnables dont notre globe eft perpétuellement enfanglanté ? Ces défordres fi révoltans font dûs aux idées fauffes que des fouverains & des peuples entiers fe font faites de la gloire ; les princes s'énervent pour acquérir de la puiffance ; ils s'appauvriffent dans l'idée d'augmenter leurs richeffes ; ils immolent des millions d'hommes pour fe procurer des forces ; dans toutes leurs entreprifes, ils femblent tourner le dos à la félicité vers laquelle ils croient s'acheminer. A quelle caufe font dûes ces difettes, ces campagnes incultes & ftériles, ces habitans languiffans dans la faim & la mifère, ces dépopulations, ces contagions ? C'eft

à l'ambition, à la négligence, à l'avidité de ces chefs qui ont la folie de
prétendre être opulens, puiſſans conſidérés à la tête d'un peuple réduit à
la mendicité & découragé par des in-
juſtices multipliées. Quelle eſt la ſource
de ces paſſions effrénées qui font que
tant de ſouverains ne ſemblent occupés
que des moyens de rendre de jour en
jour leurs ſujets plus malheureux ? C'eſt
l'ignorance où ils ſont de l'art de gouverner, des liens qui les uniſſent à leurs
concitoyens, des devoirs qui font les
appuis réciproques des nations & de
leurs chefs ; c'eſt la flatterie de ceux
qui les entourent & qui profitent des
dépouilles de leurs concitoyens ; il ſe
ſervent du ſouverain, qu'ils prennent
ſoin d'aveugler, comme d'un inſtrument
pour écraſer les peuples & l'abbreuver
de leur ſang. Comment les peuples
ſemblent-ils conſentir à tous les maux
qu'on leur fait ? Quelle cauſe eſt aſſez
puiſſante pour les forcer à ſe laiſſer piller., opprimer & conduire à la mort ?
Cette merveille eſt due à la ſuperſtition ;
elle tranforme aux yeux des peuples
les princes les plus méchans en des
divinités, faites pour ſuivre impuné-

B 5

ment tous leurs caprices, & pour dif-
poſer arbitrairement du ſort de la race
humaine. Par quel renverſement, des
prêtres oiſifs, querelleurs, factieux,
jouiſſent-ils de la conſidération, des
privilèges, de l'opulence, au milieu des
ſociétés indigentes qu'ils dévorent ?
C'eſt que des princes & des peuples
également ſuperſtitieux s'imaginent que
ces hommes merveilleux ſont indiſpen-
ſablement néceſſaires à leur bien-être ;
c'eſt que des deſpotes aveugles ont
beſoin de leurs menſonges pour tenir
leurs ſujets ſous le joug. Enfin pourquoi les nations ſe trouvent-elles remplies d'hommes pervers ? C'eſt que l'é-
ducation n'en fait que des eſclaves ;
c'eſt que l'exemple, l'habitude, l'opinion, l'uſage, l'autorité conſpirent à
les rendre méchans ; c'eſt que l'erreur
leur montre un bien-être imaginaire
dans des objets qu'ils ne peuvent ſe
procurer qu'en ſe déchirant les uns les
autres. *

Ce ſont donc viſiblement les préjugés des hommes qui les éloignent à cha-

* Id honeſtum putant quod à pleriſque laudatur.
CICERO.

que pas de la félicité vers laquelle ils croient tendre sans cesse. La religion leur montre leur bonheur dans les régions de l'Empyrée; à force de prestiges & de fables elle empêche l'homme d'appercevoir la route facile que la nature lui présenteroit, si au lieu de fixer obstinément ses yeux vers le ciel il consentoit à regarder à ses pieds. Quand par hazard cette religion lui montre des vérités, elles sont toujours entremêlées de mensonges & de fictions propres à rendre ses principes incertains. En fondant la morale sur la volonté des dieux, elle la fonde réellement sur l'autorité de quelques fourbes qui se chargent de parler au nom de ces puissances invisibles, qui leur font toujours tenir le langage le plus conforme à leurs propres intérêts, & souvent le plus contraire au bien-être de la société.

Ainsi tout nous prouve l'importance de guérir les mortels de leurs préjugés religieux, qui font naître leurs préjugés politiques, tandis que ceux-ci corrompent leurs mœurs en obscurcissant la connoissance des rapports qui subsistent entre eux. Les hommes ne sont si mal-

heureux, ſi vicieux, ſi diviſés d'intérêts, ſi inconſidérés dans leurs paſſions,
ſi lâchement ſoumis à leurs tyrans religieux & politiques, ſi étrangers à la
vérité, ſi ennemis du bien qu'on veut
leur faire, que parce que dès l'enfance
on leur met un bandeau ſur les yeux',
auquel la tyrannie les empêche de jamais porter la main; ils ſont forcés de
reſter aveugles, afin de ne point appercevoir les abîmes où des aveugles ſe
croient intéreſſés de les conduire; ils
chériſſent leurs erreurs parce que leurs
ſuperſtitions, leurs gouvernemens, leurs
loix, leurs opinions, les exemples jour-
naliers les apprivoiſent avec elles, &
leur montrent du danger à vouloir s'en
défaire. La vérité leur ſeroit chère ſi on
leur permettoit d'être raiſonnables; ils
ſeroient raiſonnables s'ils connoiſſoient
leurs véritables intérêts; ces guides qui
les trompent aujourd'hui, s'ils n'étoient
point eux-mêmes aveuglés par des préjugés, ſentiroient que leur intérêt propre eſt de ſuivre la raiſon, de chercher
la vérité, & de la montrer aux autres,
ce qui leur donneroit un aſcendant bien
plus ſûr & plus durable que celui qui

n'eſt dû qu'au menſonge & aux preſ-
tiges de l'opinion.

Preſque en tout tems & en tout pays
les hommes ſentent qu'ils ſont malheureux, mais ne ſachant à qui s'en prendre
de leurs maux, quand ils ſont portés
à l'excès, ils aiguiſent leurs couteaux
& s'en frappent les uns les autres :
enfin laſſés de répandre du ſang, ils
s'arrêtent, & ſont tout ſurpris de voir
que leurs maux, au lieu de diminuer,
n'ont fait que s'aggraver & ſe multiplier. Faute de connoître les remèdes
qu'ils pourroient y appliquer, ils re-
commencent bientôt à ſe frapper de
nouveau. C'eſt ainſi que nous voyons
ſouvent les peuples par des révoltes,
des maſſacres, des guerres civiles ſe
venger d'un tyran qui les opprime pour
tomber entre les mains d'un tyran
nouveau, qui leur avoit fait eſpérer la
fin de leurs miſères. C'eſt ainſi que des
nations fatiguées d'une ſuperſtition incommode & violente l'abandonnent
quelquefois pour en adopter une plus
douce, qui finit bientôt par les plonger
dans de nouvelles diſputes & de nouvelles fureurs, ſouvent pires que les
premières. En un mot nous voyons par

toute la terre les hommes faifant des efforts pour adoucir leur fort fans jamais y parvenir. Ils ne ceffent de s'égorger que quand la vérité s'eft montrée. En effet le caractere diftinctif de la vérité eft d'être également & conftamment avantageufe à tous les partis, tandis que le menfonge , utile pour quelques inftans feulement à quelques individus, eft toujours nuifible à tous les autres.

C'eft l'apparence du vrai que l'homme adore dans le menfonge ; il n'aime fes erreurs que parce qu'on les lui montre fous les traits de la vérité ; il n'eft attaché aux objets divers de fes folles paffions que parce qu'il s'eft fauffement perfuadé que c'eft d'eux que dépend fa félicité ; il ne tient opiniâtrément à fes habitudes les plus vicieufes que parce qu'il ne voit point les maux qui en découlent ; il n'eft fi paifiblement malheureux fous le joug des puiffances invifibles & vifibles que parce qu'il fe figure qu'en voulant s'y fouftraire il attireroit fur lui-même des malheurs plus grands encore. Enfin les tyrans qui l'affligent n'appéfantiffent continuellement fes chaînes & ne pourfuivent la vérité avec tant de fureur que parce qu'ils ont des idées fauſſes de la puiſſance, parce qu'ils s'imaginent que l'on n'a point de pouvoir ſi l'on n'a celui de nuire, que l'on n'eſt point obéi ſi l'on n'eſt craint par ceux dont il faudroit ſe faire aimer.

„ L'homme, a dit un philoſophe, „ n'eſt ſi contraire à la raiſon que par-„ ce qu'il s'imagine que la raiſon lui „ eſt contraire. » Diſons la même choſe de la vérité; l'homme ne la craint que parce qu'il croit qu'elle peut lui nuire; il ne fait le mal, il ne ſe repaît d'illuſions, de préjugés, de chimères, que parce que tout concourt à lui montrer ſon bonheur dans des opinions & dans une conduite qui font réellement ſon malheur. *

Pour découvrir la vérité il faut, com-

* St. Auguſtin dit : *hoc quod amant volunt eſſe veritatem.* M. Nicole a dit depuis : „ nous n'ai-„ mons pas les choſes parce qu'elles ſont vraies, „ mais nous les croyons vraies parce que nous „ les aimons „ *V. Eſſais de Morale Tom. II.* Hobbes dit que *toutes les fois que la raiſon s'oppoſe à l'homme, l'homme s'oppoſe à la raiſon.* V. ſon Epitre dédicatoire au Comte de Newcaſtle. Céſar avoit dit avant eux : *Quæ volumus & credimus libenter, & quæ ſentimus ipſi reliquos ſentire ſperamus* DE BELLO GALLIC. LIB. II. CAP. 27.

me on l'a dit, recourir à l'expérience;
pour faire des expériences sûres il faut
des organes fains & bien conftitués;
la fuite de ces expériences recueillies
par la mémoire & appliquées à la conduite d'un être fenfible, intelligent,
amoureux de fon bien-être, conftitue
la raifon. Ainfi fans la vérité l'homme
ne peut être raifonnable. Comment veut-
on qu'il foit capable de faire des expériences vraies tandis qu'il eft infecté
dès l'enfance d'une fièvre contagieufe
qui le mine continuellement & le plonge dans la langueur, ou qui par intervalles le jette dans des accès de fureur?
La fuperftition eft une contagion héréditaire qui faifit l'homme dès le berceau; fuivant fon tempérament, elle
l'abbat, elle le rend lâche & pufillanime, elle lui ôte le pouvoir & le
courage de s'inftruire, ou bien elle
excite en lui des tranfports qui le rendent également incapable d'expérience
& de raifon. Si la force de fon tempérament fait qu'il réfifte à la violence
de fon mal, n'y eft-il pas à chaque inftant replongé par les craintes dont l'accablent fes guides facrés? Le premier
principe de leur politique ne fut-il pas

toujours de proſcrire l'expérience , de déprimer la raiſon humaine, de la ſoumettre à leur propre autorité, d'interdire l'uſage du jugement, de mettre en défiance contre les ſens , de faire craindre la vérité ? *

Priver l'homme d'expérience , c'eſt rendre ſes organes inutiles pour lui ; lui interdire l'uſage de ſa raiſon c'eſt lui défendre les moyens d'être heureux ; lui cacher la vérité c'eſt vouloir qu'il s'égare. En effet comment veut - on qu'il travaille à ſon bonheur propre ou qu'il s'occupe de celui des autres s'il ne connoît les objets qu'il doit déſirer ou craindre, rechercher ou éviter ? Comment découvrira-t-il la nature de ces óbjets , s'il ne lui eſt point permis de les exa-

---

* Les ennemis de la raiſon humaine nous répètent ſans ceſſe que l'expérience eſt douteuſe , que les ſens nous trompent , que leur témoignage eſt ſuſpect , &c. Nous leur demanderons ſi l'imagination & l'enthouſiaſme, qu'il leur plaît d'appeller *illumination* , *inſpiration* , *révélation* , *grace* , ſont des guides plus ſûrs que l'expérience ou que les ſens ? Nos ſens peuvent nous tromper , ſans doute , & nous faire porter des jugemens précipités lorſqu'ils ſont viciés , ou lorſque nous ne réfléchiſſons point. La réflexion nous ſert à redreſſer les erreurs de nos ſens,

miner par lui-même, & s'il ne les voit
jamais que par les yeux de ceux qui
font ou des dupes ou des menteurs intéreffés à le tromper ? Enfin comment
l'homme peut-il devenir un être raifonnable s'il lui eft défendu d'exercer fa
raifon fur les objets les plus importans
à fa félicité ?

C'eft pourtant fur la raifon que l'on
fonde la dignité de l'homme & fa préé-
minence fur les autres animaux. Que
deviendra cette fupériorité, fi l'on ne
lui permet point de faire ufage de fa
prérogative ? Comment cette même religion qui fait de l'homme le favori de
la providence, l'objet unique de fes travaux, fe plaît-elle à te dégrader enfuite
au point de lui faire un devoir de ne
point raifonner, de s'avillir & de fe
mettre au niveau des bêtes ? C'eft dans
la raifon que confifte la dignité de l'homme, c'eft par fon fecours qu'il conferve
fon être & qu'il peut rendre fon exiftence heureufe; fans elle il n'eft plus
qu'un automate, incapable de rien faire
pour fa félicité. En effet n'eft-ce pas la
raifon qui le rend fociable ? Ne lui fait-
elle pas fentir qu'il a befoin de fes femblables pour fe procurer les biens que

fon cœur defire, & pour réfifter aux
maux que fa faibleffe l'empêcheroit d'é-
carter ? N'eft ce pas la raifon aidée de
l'expérience , qui lui fuggère les moyens
de foutenir, de défendre & de rendre
agréable pour lui-même une fociété dont
les intérêts font invariablement unis aux
fiens ? N'eft - ce pas la raifon , éclairée
par la vérité, qui prouve à l'homme que
fa confervation, fa fûreté , fes plaifirs
dépendent des fecours de fes affociés,
& de la conduite qu'il doit tenir pour
obtenir leur bienveillance ? Ainfi la morale eft fondée fur la raifon qui n'eft
rien elle-même fans l'expérience & fans
la vérité.

C'eft la raifon qui pour l'intérêt des
peuples oblige peu-à-peu la férocité fauvage & impétueufe de céder au droit
des gens ; elle leur découvre les nœuds
qui uniffent les nations aux nations ,
les citoyens à leurs concitoyens, les
hommes avec les hommes. C'eft la raifon qui fixe les droits des fouverains
& des fujets ; elle découvre au légif-
lateur les mobiles qu'il doit mettre en
ufage pour contenir & prévenir les paffions nuifibles & pour exciter & diri-
ger celles qui font avantageufes à l'Etat;

c'eſt la raiſon qui ſuggère à la politique
les voies les plus ſûres pour contenter
les beſoins des nations, pour veiller à
leur défenſe, pour les rendre puiſſantes
& fortunées.

C'eſt la raiſon qui dans l'intérieur des
familles montre à tout homme les avantages des nœuds qui uniſſent l'époux
avec ſon épouſe, le père avec l'enfant,
l'ami avec ſon ami ; elle lui découvre
les moyens de reſſerrer ces liens, d'empêcher qu'ils ne bleſſent, de prévenir
leur diſſolution, enfin d'alimenter dans
les cœurs des autres les ſentimens néceſſaires à ſa propre félicité. D'où l'on
voit que ſans la vérité, ſans l'expérience, ſans la raiſon l'homme ne peut avoir
des idées juſtes ni ſur la morale ni ſur
le gouvernement, ni ſur aucun de ſes
devoirs. Il ne peut être ni homme ni
citoyen. La vérité doit guider l'expérience & celle-ci conduit à la raiſon,
qui nous prouvera toujours que nous
chercher ions vainement un bonheur ſolide & durable ſans la vertu ; & que le
moyen le plus ſûr d'établir notre félicité en ce monde eſt de la fonder ſur
un commerce conſtant de bienfaits &
de ſecours

C'eft encore l'expérience qui toujours occupée du foin de perfectionner notre fort fait éclorre pour nous les fciences, les arts, l'induftrie & cette foule de connoiffances foit utiles, foit agréables, qui rendent à l'homme fon exiftence plus chère; fa vie fe paffe à faire des expériences qui ont pour but de conferver fon être, d'en écarter la douleur, de l'inftruire des vraies qualités des objets qui l'entourent, de les tourner à fon profit, de diverfifier fes fenfations, de multiplier fes fens. C'eft ainfi que l'expérience parvient à foumettre, pour ainfi dire, la nature entière aux befoins, aux plaifirs, aux fantaifies de l'homme, qui, étant l'être le plus agiffant, femble exercer fur la terre l'empire le plus abfolu, au point qu'il fe perfuade que la nature entière n'a que lui feul pour objet dans fes travaux.

La morale eft l'expérience appliquée à la conduite de l'homme en fociété; la politique eft l'expérience appliquée au gouvernement des états; les fciences font l'expérience appliquée aux objets divers dont il peut réfulter foit de l'utilité, foit de l'agrément pour les hommes; l'induftrie n'eft que l'expérience

appliquée aux befoins des hommes à mefure qu'ils fe multiplient. Les nations
fauvages font celles qui n'ont eu l'occa-
fion que de faire un petit nombre d'expériences, ou qui n'ont point appris
tout le parti qu'elles peuvent tirer de
leurs facultés, & des objets que la nature leur préfente ; l'homme fauvage,
ainfi qu'un jeune enfant, eft dénué
d'expérience, ou ne connoît que peu de
vérités. Empêcher les peuples de s'éclairer, c'eft vouloir les tenir dans une enfance perpétuelle, ou vouloir les ramener à l'état des fauvages.

Lorfqu'un père avertit fon enfant de
fe garantir du feu, en lui difant qu'il
peut en réfulter de la douleur ; il lui
annonce une vérité que l'expérience l'a
mis lui-même à portée de connoître ;
cet enfant que fon inexpérience rend
imprudent, n'eft-il pas intéreffé à
s'inftruire d'une vérité d'où dépend
fa fûreté ? Lorfque le philofophe apprend aux nations que la fuperftition eft
un feu dévorant qui finit communément
par embrafer les peuples & par les exciter à leur propre deftruction, ne leur
découvre-t-il point une vérité confirmée par l'expérience d'un grand nom-

bre de fiècles ? Lorfque le fage fait
fentir aux fouverains & aux fujets que
le pouvoir abfolu eft une arme également dangereufe pour les uns & pour
les autres, ne leur annonce - t - il pas
une vérité fondée fur l'expérience de
tous les tems, qui prouve que fous un
tel gouvernement le defpote privé de
puiffance réelle finit par régner fur de
vaftes folitudes, ne commande qu'à des
efclaves chagrin, qui tôt ou tard s'en
prendront à leur tyran des malheurs
qu'ils éprouvent ?

Ceux qui prétendent qu'on ne doit
point annoncer la vérité aux hommes,
font à - peu - près ce raifonnement. » Le
» feu eft néceffaire aux hommes, cet
» élément eft pour eux de la plus gran-
» de utilité, il ne faut donc point les
» avertir de fes dangers, il vaut mieux
» qu'ils demeurent expofés à périr à
» chaque inftant par imprudence que
» d'être mis en garde contre un élé-
» ment deftruchteur, qui duement ap-
» pliqué leur procure de très - grands
» avantages....... » l'oppreffion eft un
» mal accablant pour les peuples ; l'é-
» quité & la liberté font néceffaires à
» leur bien-être, mais il n'eft point à

» propos de les avertir des maux que
» leur fait l'oppreſſion, ni de leur en
» indiquer les remèdes ; ce ſeroit leur
» annoncer une vérité fâcheuſe qui les
» dégoûteroit d'un mauvais gouverne-
» ment : quand les hommes font une
» fois malheureux il vaut mieux qu'ils
» continuent de l'être que de les faire
» ſonger aux moyens de rendre leur
» ſort plus déſirable. »

On tient à peu-près le même langage à l'égard de la ſuperſtition. » Nous
» ſavons, nous dit-on, que la ſuperſti-
» tion eſt une dangereuſe chimère, qui
» de tout tems fit les plus grands maux
» au genre humain ; mais nous la voyons
» partout ſolidement établie ; les nations
» qu'elle mine & détruit lui font très -
» attachées ; un malade qui ignore ſon
» mal n'eſt jamais en danger : ainſi laiſ-
» ſons aux hommes leurs erreurs ſa-
» crées, qu'ils continuent à s'abreuver
» de fiel & de poiſon ; il vaut mieux
» leur laiſſer la langueur qui les acca-
» ble ou la frénéſie qui les tranſporte,
» que de leur rendre des forces ou leur
» donner un calme & un bien - être
» auxquels ils ne font point accoutumés,
» dont ils abuſeroient peut-être ; l'hom-

» me

» me malade est moins à craindre que
» lorsqu'il est en santé. «

Non, la vérité ne peut jamais être
funeste aux hommes ; elle ne peut être
à craindre que pour ceux qui se croient
faussement intéressés à les tromper.
L'homme de bien est - il donc fait pour
se rendre complice de la violence & de
l'imposture ? Pour peu qu'il réfléchisse,
il saura que toute erreur, tout préjugé
sont nuisibles à la terre ; il connoîtra
sur-tout les dangers infinis qui résultent
de nos erreurs religieuses. Plus nous
regardons ces erreurs comme importantes, plus elles sont propres à nous rendre insensés, à troubler notre esprit, à
produire des ravages. Quelle apparence
qu'un homme qui se fait un principe
de s'aveugler & de renoncer à la raison
dans la chose qu'il regarde comme la
plus essentielle pour lui, l'écoute en
toute autre chose ? En effet, pour peu
que nous y réfléchissions, nous verrons
dans les prestiges de la religion la vraie
source des préjugés en tout genre dont
le genre humain est imbu. C'est la superstition qui corrompt les souverains;
les passions, les vices & les préjugés
de ces souverains infectent la société ; la

C

superstition détruit la morale en substi-
tuant ses dogmes mobiles, fabuleux,
& ses extravagances à des vertus réelles.
L'éducation, l'habitude, l'exemple, l'au-
rité concourent à donner une durée
éternelle à des erreurs dont les suites
nécessaires sont de multiplier les vices,
& de rendre les hommes ennemis de
toute vérité. Les tyrans la haïssent parce qu'elle porte la lumiere sur des excès
dont ils sont forcés de rougir : le sacerdoce la poursuit & la décrie, parce que
c'est au mensonge que son existence est
attachée ; les grands la redoutent parce
que c'est sur les préjugés des peuples
avilis que leur grandeur est fondée ;
enfin le peuple la rejette parce qu'il est
ignorant, & incapable d'examiner par
lui-même la valeur des objets pour
lesquelles il conserve une vénération machinale & un respect héréditaire ; enfin
ce peuple craint la vérité, parce ses prêtres & ses tyrans ne lui ont inspiré
que de l'horreur pour elle.

Il n'est point d'erreur utile au genre
humain ; il n'est point de préjugé qui
n'ait des suites plus ou moins terribles
pour la société. Les principes de la
morale exigent la même exactitude que

le calcul ; une fuppofition fauffe fuffit
pour falfifier tout calcul & le rendre
inutile : la vérité n'eft dangereufe que
lorfqu'elle eft alliée avec l'erreur : la
morale eft fondée fur l'intérêt du genre
humain ; fondez-la fur la religion,
vous la rendrez vague, incertaine &
flottante : la politique eft fondée fur
les befoins de la fociété ; fi vous la fondez fur la volonté d'un despote, elle
n'aura plus de folidité : l'autorité fouve-
veraine eft fondée fur la volonté des
peuples ; donnez-lui pour bafe l'autorité divine, & bientôt les fouverains
en abuferont pour rendre leurs fujets
malheureux & fe plonger dans le crime : les rangs, les diftinctions, les dignités doivent être fondés fur les fervices réels que les citoyens rendent à
leur patrie ; fondez-les fur le hafard
de la naiffance, fur la faveur d'un fouverain, fur la vénalité, & bientôt les
plus inutiles citoyens feront les
plus honorés & les mieux récompenfés.
Il ne peut point y avoir de mœurs,
il ne peut point y avoir de bonne éducation, par-tout où c'eft l'argent & non
le talent qui conduit aux grandes places ; fondez l'éducation fur tout ce qu'il

vous plaira, fi elle ne promet rien de
fûr, de grand ; fi elle ne donne point
de récompenfes, vous la fondez fur
une bafe étroite & peu folide. Tout
le monde regarde la fauffeté, la fourberie, le menfonge comme des chofes
odieufes & détestables ; n'y auroit - il
donc que fur les objets les plus intéreffans pour les hommes qu'il fût permis de les tromper fans conféquence ?
Si nous entrons dans les détails de
la vie humaine, tout nous prouvera
qu'il n'eft point de préjugés qui ne foit
accompagné de conféquences infinies.
Nous voyons par-tout les préjugés des
peuples s'oppofer très-fouvent au bien
même que l'on veut leur faire. Ce font
leurs préjugés qui empêchent la réfor-
mation des abus & des mauvaifes loix
fous lefquels ils gémiffent pendant une
longue fuite de fiècles ; ce font les préjugés dans les fciences qui nuifent continuellement à leurs progrès ; ce font
les préjugés qui donnent de la folidité
aux ufages les plus pervers, que chacun condamne en les fuivant toujours ;
ce font les préjugés qui arment les
hommes contre toutes les innovations,
qui leur font rejetter les plus utiles dé-

couvertes, qui les mettent en garde
contre les vérités les plus claires & les
mieux démontrées ; ce sont les préjugés
qui font que les mortels sont perpétuellement aux prises & occupés à s'arracher un bonheur dont ils ne jouiront
jamais.

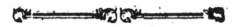

CHAPITRE III.

Le peuple est-il susceptible d'instruction ?
Est-il dangereux de l'éclairer ? Des
maux qui résultent de l'ignorance des
peuples.

L'OPPOSITION que la vérité rencontre toujours dans l'esprit des
mortels ne devroit-elle point rassurer
ceux qui s'exagèrent le danger qui pourroit résulter de la leur annoncer ? A en
croire quelques raisonneurs superficiels,
il sembleroit que des vérités découvertes
à tout un peuple devroient renverser sur
le champ toutes ses idées & produire
une révolution subite dans toutes les
têtes. C'est connoître bien peu la mar-

che de l'esprit humain que d'en prendre cette opinion ; ce danger paroîtroit
bien plus chimérique encore si l'on faifoit attention à la lenteur incroyable
avec laquelle les moindres vérités se
répandent parmi les hommes. Les principes les plus évidens font souvent les
plus contredits ; ils ont à combattre l'i-
gnorance, la crédulité, l'habitude, l'o-
piniâtreté, la vanité des hommes ; en un
mot les intérêts des grands & la stupidité du peuple, qui font qu'ils s'attachent toujours à leurs anciens systêmes.
L'erreur défend son terrein pied à pied :
ce n'est qu'à force de combats & de
persévérance qu'on peut lui arracher la
moindre de ses conquêtes. Ne croyons
point pour cela que la vérité soit inutile ; son germe une fois semé subsiste,
il fructifie avec le tems, & semblable à
ces semences qui avant de lever demeurent longtems enfouïes dans la terre, il
attend les circonstances qui pourront le
développer. C'est lorsque la vérité s'accorde avec les intérêts des hommes
puissans qu'elle devient toute-puissan-
te ; c'est lorsque des souverains éclairés
gouvernent les nations que la vérité

produit les fruits que l'on eſt en droit
d'en attendre. Enfin quand les nations
font fatiguées des miſéres & des calamités fans nombre que leurs erreurs ont
fait naître , la néceſſité les force de recourir à la vérité , qui feule les met à
couvert des malheurs que le menſonge
& le préjugé leur avoient long - tems
fait fouffrir.

Le phyſicien , le géomètre , le mé-
chanicien , le médecin , le chymiſte , à
force de réflexions , d'expériences & de
travaux , découvrent dans leurs cabi-
nets ou dans leurs laboratoires des vérités utiles , mais fouvent contredites
& combattues dans leur nouveauté :
cependant lorſque le tems a conſtaté leur
utilité , leurs découvertes fe tranſmet-
tent juſqu'au peuple , & l'artifan le plus
groſſier finit par exécuter machinalement
& fans peine des opérations , qui dans
l'origine ont été les réfultats des plus
grands efforts de la fcience & du génie.
Pourquoi la fcience du gouvernement
ne fe perfectionneroit-elle pas de même ?
Pourquoi les vrais principes de la politique & de la morale ne pourroit ils
pas fe fimplifier au point d'être fentis

par les hommes les plus ordinaires ? *

Quand même la vérité feroit dans l'efprit des peuples un progrès affez rapide
pour produire des factions, & même
des révolutions; quand même les partifans de la vérité feroient affez nombreux pour joûter à forces égales contre les partifans de l'erreur, feroit-ce
donc une raifon pour rejetter la vérité?
Le menfonge ne caufe-t-il donc pas des
troubles continuels ? Les hommes ne fe

---

* Horace a dit:

interdum vulgus rectum videt.

Cependant tout homme qui écrit ne peut fe
propofer de faire connoître la raifon qu'à ceux
qui font fufceptibles de l'entendre : ainfi pour
l'ordinaire les ouvrages utiles ne font faits ni
pour les grands ni pour les hommes de la lie du
peuple ; les uns & les autres ne lifent guères ; les
grands d'ailleurs fe croient intéreffés à la durée
des abus & le bas peuple ne raifonne point.
Ainfi tout écrivain doit avoir en vue la partie
mitoyenne d'une nation, qui lit, qui fe trouve intéreffée au bon ordre, & qui eft, pour ainfi dire, une moyenne proportionelle entre les grands
& les petits. Les gens qui lifent & qui penfent
dans une nation ne font point les plus à craindre.
Les révolutions fe font par des fanatiques, des
grands ambitieux, par des prêtres, par des foldats, & par une populace imbécille, qui ne lifent ni ne raifonnent.

font-ils pas égorgés de tout tems pour
des impoftures ? Que de fang inutilement répandu pour des folies ! Si l'on
fe battoit pour la vérité, le fang répandu pour elle produiroit au moins un
accroiffement de bonheur, au lieu que
les combats fi fouvent livrés pour l'erreur n'ont jamais produit qu'un accroiffement de mifères.

C'eft à l'erreur, fur-tout quand elle
eft confacrée par la religion, qu'il appartient de troubler le repos des nations ; elle trouve dans les efprits des
peuples des matières combuftibles toujours prêtes à produire des embrafe-
mens. La raifon & la vérité ne caufe-
ront jamais de révolutions fur la terre ;
toutes deux font les fruits de l'expérience, qui ne peut avoir lieu que dans le
calme des paffions ; elles n'excitent point
dans les cœurs ces emportemens fou-
gueux qui ébranlent les empires ; la
vérité ne fe découvre qu'à des ames
paifibles ; elle n'eft adoptée que par des
ames analogues ; fi peu à peu elle change
les idées des hommes, c'eft par des
nuances infenfibles, c'eft par une pente
douce & facile qu'elle les conduit à la
raifon ; les révolutions qu'elle amene,

toujours avantageufes au genre humain, ne peuvent être fâcheufes que pour ceux qui l'oppriment & l'égarent. Le philo-fophe à force de méditer découvre la vérité ; elle n'eft fi difficile à découvrir que parce que tout confpire à la voiler à nos yeux ; perpétuellement adultérée par le menfonge elle devient méconnoif-fable ; c'eft en la féparant de l'alliage de l'impofture que le fage la reconnoît : fi fa nudité paroît d'abord choquante à des hommes prévenus, leurs yeux s'accou-tumeront peu à peu à contempler fes charmes naturels, fans doute bien plus touchans que tous les vains ornemens dont on la couvre & qui ne fervent qu'à la défigurer : avant d'être ornée, la vé-rité doit avoir des fondemens folides ; elle doit reffembler à ces monumens d'ar-chitecture dans lefquels l'ordre le plus ftable fert d'appui à tous les autres.

C'eft au gouvernement & fur-tout à l'éducation qu'il appartient de rendre commune & populaire la vérité que le fage a tant de peine à découvrir ; en vain l'auroit-il tirée du fond du puits, fi l'autorité tyrannique la force d'y ren-trer. L'expérience & l'habitude par-viennent à faciliter à l'homme du peuple, à l'artifan le plus groffier, des opérations très-compliquées ; fommes-nous donc en droit de douter que l'habitude & l'expérience ne lui facilitaffent de même la connoiffance fi fimple des devoirs de la morale & des préceptes de la raifon defquels dépent évidemment fon bonheur ? *J'ai vu*, dit Confucius, *des hommes peu propres aux fciences, je n'en ai point vu qui fuffent incapables de vertus:*

L'erreur n'eft une maladie innée du genre humain, la guérifon de fon efprit n'eft devenue fi difficile que parce que l'éducation lui fait fucer avec le lait un venin dangereux, qui finit par s'identifier avec lui, & qui, développé par les circonftances, produit dans les fociétés les ravages les plus affreux. Par-tout les empoifonneurs du genre humain font chéris, honorés, récompenfés ; leurs attentats font protégés, leurs leçons & leurs inftructions font chérement payées ; l'autorité fuprême, complice de leurs iniquités, force les peuples à recevoir de leurs mains la Coupe de l'impofture, & punit tous ceux qui refufent d'y boire. Par-tout les médecins qui poffédent le contre-

C 6

poifon de l'erreur, font traités d'impofteurs, font découragés, profcrits ou
forcés de fe taire. Si les gouvernemens
donnoient à la vérité les mêmes fecours
qu'ils fourniffent au menfonge, l'on
verroit bientôt les folies des hommes
difparoître & faire place à la raifon.
C'eft dans l'âge tendre que l'erreur s'empare de l'homme, c'eft dans fa jeuneffe
qu'il fe familiarife avec des opinions
monftrueufes dont il eft la dupe toute
fa vie ; fi l'éducation parvient à lui faire
adopter les notions les plus fauffes, les
idées les plus extravagantes, les ufages
les plus nuifibles, les pratiques les plus
gênantes, pourquoi l'éducation ne par-
viendroit-elle pas à lui faire adopter des
vérités démontrées, des principes raifonnables, une conduite fenfée, des vertus
néceffaires à fa félicité ?

L'opinion, comme on a dit, *eft la
reine du monde*. Mais qu'eft-ce que l'o-
pinion ? C'eft la vérité ou la fauffeté
environnée de ténebres. Si le menfonge
pris pour la vérité, fi la vérité envelop-
pée d'obfcurité, gouvernent le monde,
pourquoi la vérité fimple ne prendroit-
elle pas le même empire fur l'efprit des
mortels ? Si l'on refufoit ce pouvoir à

la vérité, il ne faudroit plus dire que
l'homme eft un Etre raifonnable par
fon effence ; il faudroit dire qu'il eft
diftiné à une éternelle déraifon.

Si la religion eft parvenue à dégrader l'homme , à le rendre l'ennemi de
lui-même & des autres , pourquoi la
raifon ne lui infpireroit-elle pas de l'é-
lévation , de l'eftime pour lui - même ,
le defir de mériter celle de fes concitoyens ? Si la fuperftition fait éclorre en
lui un zéle deftructeur , un fanatifme
dangereux , une ardeur fatale pour nuire , pourquoi une politique éclairée
n'exciteroit elle pas en lui la grandeur
d'ame, la paffion d'être utile , l'enthoufiafme de la vertu ? Si dans la Grece
& dans Rome l'on eft parvenu jadis à
former des peuples de héros ; fi les
éco es d'Athènes fe font remplies de
fages , en fe fervent des mêmes mobi-
lés , pourquoi défefpérer aujourd'hui de
faire naître au fein des nations des citoyens actifs , éclairés , magnanimes &
vertueux ? Eft-il donc plus aifé de faire
un fanatique , un martyr , un pénitent ,
un dévot , un courtifan abject que de
former un enthoufiafte du bien public,
un foldat courageux , un homme utile

à lui-même & précieux aux autres ?
Est-il donc plus facile de briser que d'é-
lever l'ame ? La race humaine seroit-
elle donc entiérement dégénérée ?

Ne lui faisons point l'injure de le penser ; les mêmes ressorts auront toujours
le même pouvoir sur les volontés humaines : si nos institutions politiques
veulent encore des citoyens, des héros
& des sages, nous en verrons, sans
doute : si nous ne trouvons par-tout
que des superstitieux pusillanimes, des
guides ignorans, des enthousiastes dangereux, des ministres incapables, des
grands sans mérite, des esclaves rampans, c'est parce que la religion, le
gouvernement, l'éducation & les opinions ridicules dont les nations sont in-
fectées, conspirent à ne former que des
étres abjects ou nuisibles à la patrie. *

* Ceux qui doutent de la possibilité de guérir
les peuples de leurs préjugés, n'ont qu'à jetter
les yeux sur les Anglais, les Hollandais, les
Suisses, &c. qui se sont très-promtement guéris
d'une partie des opinions de l'église romaine,
qu'ils avoient longtems respectées, & des préjugés politiques qui les tenoient asservis au despotisme. On nous dira que c'est par des troubles &
des révolutions que ces peuples sont parvenus à se
détromper. On répondra que c'est l'esprit tyran-

Pourquoi dans cette Espagne, si favo-
risée par la nature, ne vois-je par-tout
que des dévots plongés dans la misere,
indifférens sur la patrie, dépourvus
d'industrie, étrangers à toute science?
C'est que dans ce pays la superstition &
le despotisme sont parvenus à dénaturer
l'homme, à briser les ressorts de son
ame, à engourdir les peuples; il
n'existe point de patrie pour eux; l'activité & l'industrie leur seroient inutiles;
la science seroit punie; l'oisiveté, l'i-
gnorance & des connoissances futiles y
sont uniquement honorées, encoura-
gées, récompensées; le génie y est
étouffé à moins qu'il ne se porte sur
des objets méprisables; la nation ne
veut que des superstitieux & des prêtres; elle ne considère que des guides
qui l'aveuglent, elle regarde comme un
ennemi tout homme qui voudroit l'é-

nique & persécuteur des princes, le fanatisme
des prêtres, l'ambition des grands qui ont causé
ces troubles, qui eussent été moins grands si les
peuples eussent été plus instruits, & leurs guides
plus raisonnables. Enfin on répondra que ces
peuples, après tout, y ont visiblement gagné,
& que des troubles passagers sont plus avantageux qu'une langueur éternelle sous une tyrannie
continuée.

clairer ; elle fait bien plus de cas du fai-
néant qui prie que du soldat qui la
défend ; il n'est donc point surprenant
si elle ne renferme ni citoyens, ni
soldats, ni sages, ni talens. D'où viennent dans le midi de l'Europe ces
mœurs si diffolues, ces fréquens adul-
tères, ces affaffinats fans nombre ? C'est
que dans ces pays l'orthodoxie est la
feule vertu ; la religion y expie tous
les crimes, des pratiques religieufes &
la croyance de quelques dogmes abfurdes tiennent lieu de la morale, & les
écoles de la jeuneffe ne retentiffent que
des difputes vaines & des fubtilités
puériles de quelques théologiens, qui
emploient leur génie à des objets totalement étrangers au bien-être des
peuples.

Dans tous les pays du monde les
prêtres furent de tout tems en poffeffion d'enfeigner la jeuneffe ; ce font eux
qui commencent dans l'âge de l'inexpérience par mettre le bandeau fur les
yeux des mortels : on diroit que par-
tout l'éducation n'eft deftinée qu'à former des efclaves au facerdoce : dans
les nations mêmes qui fe vantent d'être
les plus dégagées de préjugés, des

prêtres sont les seuls instituteurs de la
jeunesse ; on les voit bien plus occupés du soin de faire des superstitieux ,
dévoués à leurs intérêts, que de former
des citoyens à l'état. * Cette conduite
fondée sur les avantages chimériques
que l'on attend de la religion , est sans
doute nuisible à la politique. En conséquence de ce préjugé la jeunesse est
exclusivement confiée à des guides dont
le principe invariable fut & sera toujours d'éterniser les erreurs du genre
humain , de le rendre aveugle , soumis, pusillanime ; de le détourner des

---

* Les souverains pontifes des chrétiens prétendent avoir exclusivement le droit de permettre
la fondation des universités. Dans les états de
la communion romaine ce sont des ecclésiastiques qui enseignent les belles-lettres & les sciences les plus étrangères à la religion. Cet abus
subsiste même en Angleterre ; dans les universités
d'Oxford & de Cambridge ce ne sont que des
ecclésiastiques qui enseignent. En Allemagne les
universités protestantes laissent à des théologiens
le soin d'enseigner la Théologie , mais dans les
universités catholiques ce sont des prêtres & des
moines qui seuls ont le droit d'instruire la jeunesse
dans toutes les sciences. Nous voyons les mêmes
abus chez les Indiens & les Mahométans. En un
mot par-tout les hommes ne semblent avoir été
créés que pour les prêtres.

voies qui le conduiroient à la vraie
fcience, de le prémunir contre la raifon & la vérité. Ne foyons donc point
étonnés fi par-tout nous ne voyons que
des fuperftitieux, remplis de préventions
funeftes, dépourvus de lumieres, étrangers à la morale, inutiles ou nuifibles
à la fociété, toujours prêts à la troubler
dès qu'on leur dit que le ciel le demande.

Un état a befoin de citoyens laborieux, induftrieux, vertueux : une nation ne peut être floriffante & puiffante fi fon chef éclairé ne réunit les
volontés & les forces d'un peuple libre
& magnanime, inftruit de fes vrais intérêts, de fes droits, de fes devoirs ;
attaché à fon gouvernement & à fes
loix ; en état de fentir fon bonheur, &
toujours prêt à le défendre avec courage contre tous ceux qui tenteroient
de le lui ravir. Un fouverain à la tête
d'une nation animée de cet efprit en-
vieroit-il la puiffance précaire de ces
Sultans divinifés à qui la religion ne
forme que des efclaves, fans énergie,
fans activité, fans mœurs ; toujours
prêts à regimber contre le joug qui les
opprime ; toujours indifférens fur la pa-

trie qui n'eſt pour eux qu'une priſon;
toujours ennemis des loix qui les mettent
à la gêne; toujours diſpoſés à
troubler l'état & à changer de maîtres?

Aſſez longtems les hommes ont été
élevés pour les dieux, les prêtres &
les tyrans; le tems ne viendra-t-il
donc plus de les élever pour la patrie
& pour eux-mêmes? Les peuples s'obſtineront-ils
toujours à eſpérer de ces
religions, qui jamais ne leur firent que
du mal, un bien-être que la raiſon leur
procurera dès qu'ils voudront la conſulter?
Des ſouverains, ennemis nés
de leurs ſujets, ſeront-ils donc toujours
forcés de faire deſcendre du ciel les
faux titres de leur pouvoir, tandis que
l'équité, la bienfaiſance, la vertu ſuffiroient
pour les faire régner ſur tous les
cœurs, & pour rendre à jamais leur
trône inébranlable? La vérité, la ſcience,
les talens ſeront-ils donc les victimes
éternelles de la haine ſacerdotale,
d'une politique imprudente, de l'ignorance
opiniâtre, de la barbarie des nations?
Faudra-t-il toujours recourir à la
ruſe, à la fourberie, à la violence pour
contenir les peuples & ſe ſervir des récompenſes
chimériques ou des vaines

terreurs d'une autre vie pour mettre un
frein à des paſſions que tout allume ici-
bas ? Croira-t-on toujours que le bitume
de la ſuperſtition ſoit bien propre à les
éteindre ?

Le gouvernement tient dans ſes mains
les volontés de ſes ſujets ; les nations le
rendent dépoſitaire de leur félicité, il
eſt maître des mobiles qui peuvent faire
agir les hommes, il dépend de lui ſeul
de les rendre vertueux ou vicieux. Que
le ſouverain qui voudra ſincérement le
bien-être de ſon peuple, s'empare donc
de l'éducation ; qu'il l'ôte à ces merce-
naires qui vivent de l'impoſture. Si les
préjugés des nations s'oppoſent à ſes
projets, qu'il permette au moins à la
raiſon de les combattre, & peu à peu
l'erreur en perdant du terrein fera place à la vérité. Qu'il confie les premiers
ans de ſes ſujets à des hommes éclairés
& honnêtes qui ſoient conſidérés. Que
la morale, la philoſophie, l'expérience,
les ſciences utiles & véritables ſuccèdent
à cette théologie, à ces dogmes obſcurs, à ces myſtères ténébreux, à ces
fables riſibles, à ces devoirs frivoles qui
ne ſervent qu'à troubler l'entendement
du citoyen, à confondre ſes idées, à le

rendre méchant. Que l'antique fageſſe, tirée de l'abjeċtion & du mépris où depuis tant de ſiècles elle eſt forcée de languir , ſoit admiſe dans la cour des rois ; qu'elle ſoit eſtimée, écoutée, récompenſée ; qu'elle puiſſe au moins ſe faire entendre. Que les honneurs & les récompenſes ſi longtems décernés à l'inutilité, à l'incapacité, à la rebellion, ſoient enfin accordés au mérite , aux lumières , à la vertu ; bientôt on verra naître une nouvelle race d'hommes qui ſerviront la patrie , qui auront de la ſcience, de l'aċtivité, de l'induſtrie ; qui connoîtront leurs devoirs , qui ſeront animés par les mobiles réels de la gloire, & de la conſidération publique ; enfin qui détachés des préjugés n'en ſeront que plus capables de vaquer au bien-être de l'état, aux intérêts de la morale.

On ne peut trop aveugler un peuple qu'on veut rendre malheureux ; on ne peut trop éclairer celui dont on veut faire le bonheur. Un tyran ne voit rien au delà de ſes paſſions aċtuelles ou de ſes fantaiſies paſſageres ; il ne doit récompenſer que les complices dont il a beſoin pour les ſatisfaire ; il doit ſe li-

guer avec eux pour aveugler un peuple
que la vérité ne feroit que révolter contre son joug : il lui faut des prêtres qui
trompent & qui séduisent, des soldats
qui répandent la terreur, des visirs impitoyables, des flatteurs ennemis de
toute vertu, des ignorans préfomptueux
qui décrient la vraie science, des lâches
sans énergie, des courtisans & des sujets à qui la soumission tienne lieu de
mérite & de talens. *

Ces réflexions suffisent pour nous mettre à portée de juger des maximes de
ces vains spéculateurs qui prétendent
que les hommes ont besoin d'être trom-
pés, que leur bien-être dépend de leurs
erreurs, que la vérité leur seroit dangereuse. C'est la faute des tyrans & des
imposteurs, si la vérité rencontre si

* Plerique rerum potentes perversè consulunt, &
eò se munitiores putant quò illi, quibus imperitant,
nequiores fuere. At contrà id enim decet, cum ipse
bonus atque strenuus sis, uti quam optimis imperites.
SALLUST. S. Augustin s'exprime de même : Reges, dit-il, non curant quam bonis sed quam subdi-
tis regnent ; provinciæ regibus non tanquam rectori-
bus MORUM, sed tanquam rerum dominatoribus &
deliciarum suarum provisoribus serviunt; eosque non
sinceriter honorant, sed nequiter ac serviliter timent.
v. DE CIVITATE DEI LIB. II. CAP. 10.

souvent dans les peuples des esprits fatigués de l'oppression & disposés à secouer le joug. Si les princes écoutoient eux-mêmes sa voix, ils n'auroient point à craindre qu'elle fût entendue de leurs sujets ; l'ignorance où trop souvent ils sont eux-mêmes de leurs véritables intérêts, leur fait trouver la vérité redoutable ; leur propre incapacité les force d'empêcher qu'elle ne désabuse leurs sujets des erreurs fatales sans lesquelles ils ne consentiroient point à souffrir patiemment les maux dont ils sont accablés. Si des nations entieres sont aveugles, corrompues, déraisonnables, ce n'est qu'à la perversité de leurs gouvernemens & de leurs institutions que ces malheurs sont dûs. Si l'on considère avec attention la funeste chaîne des erreurs & des vices qui affligent l'humanité, on verra qu'elle part de l'autel & du trône. Rien de plus étonnant que les systêmes ingénieux que l'on a de tout tems imaginés pour tromper les hommes & pour leur persuader qu'ils n'étoient point faits pour être heureux en ce monde : que d'artifices pour les forcer de plier sous la plus affreuse oppression, & pour les mettre en garde contre la raison & la vérité ! La religion & une fausse politique éternisent ainsi les maux des nations, elles sont parvenues à étouffer en elles jusqu'au desir d'y remédier : par leurs soins vigilans la vérité ne parle qu'à la dérobée, elle ne se montre qu'en secret à un petit nombre de disciples choisis; les peuples ne la connoissent jamais; & lorsqu'ils veulent mettre fin aux misères dont ils sont impatientés, ils ne sont jamais guidés que par l'ambition & l'imposture, qui savent profiter de leur stupidité. *

En effet dans toutes les réformes religieuses & politiques nous voyons les peuples, faute d'instruction, de lumières & de raison; combattre comme des bêtes féroces, s'acharner à leur propre ruine, & devenir les dupes & les instrumens de quelques fanatiques, de quelques séditieux, de quelques fourbes, qui profitent de leur ignorance pour troubler l'état & pour s'en ren-

* *Fallitur quisquis ullum facinus in rebus humanis publicum putat. Persuadentium vires sunt quidquid civitas facit; & quodcumque facit populus, secundùm id quod exasperatur, irascitur.*

V: QUINTILIAN. ORAT. XI.

dre

dre maîtres. Un peuple ignorant, dès qu'il eſt mécontent, eſt toujours prêt à ſuivre l'étendart de la révolte ſous la conduite des charlatans politiques & ſpirituels qui lui promettent de mettre fin à ſes peines. Une nation malheureuſe croit trouver des conſolateurs dans tous les factieux qui la ſéduiſent ; elle ſe jette donc dans leurs bras, & ne fait pour l'ordinaire que changer un tyran contre des tyrans plus cruels encore.

Voilà pourquoi les révolutions, loin de rendre les peuples plus heureux, ne font communément que redoubler leurs miſères ; on réforme avec fureur ; la démence & la brutalité, préſident aux changemens ; on n'a ni plan ni prévoyance, & l'on s'expoſe à de nouveaux orages, au lieu de gagner le port que l'on avoit eſpéré. Si les peuples étoient éclairés, ils connoîtroient leurs intérêts; ils ſupporteroient avec patience les maux attachés à toute adminiſtration ; ils y porteroient les remèdes les plus doux ; ils ſentiroient le prix de la tranquillité ; ainſi que leurs ſouverains ils ne ſeroient pas continuellement expoſés à devenir les bourreaux ou les victimes des mauvais citoyens, qui ſavent tirer parti des

D

calamités publiques pour contenter leurs
paſſions particulieres. Un peuple inſtruit
& bien gouverné eſt paiſible & ſoumis
pour ſon propre intérêt ; un peuple ſtupide & malheureux n'a rien à perdre;
il ſe livre tête baiſſée à quiconque veut
le tromper en lui faiſant entendre qu'il
y a pour lui quelque choſe à gagner.

Que l'on juge après cela des principes de cette fauſſe politique qui veut
que l'on tienne les peuples dans l'ignorance, & que jamais on ne leur montre
la vérité. A en croire quelques ſpécu-
lateurs ſuperficiels *le monde veut être*
trompé ; il lui eſt plus avantageux de
croupir dans les erreurs d'où découlent
toutes les miſeres, que de connoître les
moyens qui les feroient ceſſer. Dire
qu'il eſt des vérités que l'on doit taire,
c'eſt prétendre qu'il eſt des maladies &
des plaies auxquelles il eſt à propos de
ne point appliquer les remèdes infaillibles & connus.

Ne pourroit-on pas demander aux
partiſans de ces maximes inſenſées s'ils
prétendent que l'état ſauvage eſt préférable à l'état policé? Croient-ils que
l'homme ſoit condamné à une miſère
& à une ſtupidité éternelles? En un

mot doit-on réduire le peuple, c'est-
à-dire la partie la plus nombreuse du
genre humain, à la condition des bêtes?
Quelle insulte plus cruelle pour l'espèce
humaine que de croire que la raison ne
soit réservée que pour quelques individus, & que tout le reste n'est point
fait pour la connoître? Mais enfin jusqu'où doit donc aller cette stupidité politique que l'on juge si avantageuse au
bien-être des peuples? Quels sont les
objets sur lesquels il convient de tenir
leurs yeux éternellement fermés? Si
l'on propose à un tyran, à un ministre, à un courtisan, cette question à
résoudre; ils nous diront, sans doute,
qu'il ne faut jamais que le peuple s'é-
claire sur l'administration politique, &
quoique le gouvernement soit destiné
à rendre les sujets heureux, on prétendra que ceux-ci n'ont jamais le droit
de se mêler de la chose qui les intéresse
le plus. Que l'on propose le même problême au prêtre, il répondra que c'est
sur la religion qu'il seroit dangereux que
le peuple fût à portée de raisonner. -
Demandez au jurisconsulte, au magis-
trat, s'il est permis au citoyen d'examiner les loix; aussitôt ils vous diront que

les loix font facrées, qu'il n'appartient
pas au vulgaire d'en raifonner, que les
inftitutions & les ufages les plus nuifibles doivent être maintenus & refpectés,
que le citoyen n'eft pas fait pour cri-
tiquer ou pour entendre les règles &
les formes qui décident de fon fort ; il
fera de la jurifprudence un myftère impénétrable qu'il faut adorer en filence. *

Enfin chacun prétendra que c'eft fur
l'abus qu'il lui importe de voiler que
l'on doit fe garder de raifonner ou de
jamais ouvrir les yeux du peuple. Si
l'on s'en tient à leur décifion, la partie la plus nombreufe du genre humain ne fera faite que pour fervir de
marchepied à quelques impofteurs puiffans qui s'arrogent le droit de l'outrager,
de le piller, de difpofer de fa perfonne
& de fes biens, & qui ne pourroient
y parvenir fans les ténébres de fon ef-

* Les magiftrats dans la plupart des états
prennent le titre d'*interprétes des loix* ; mais les
loix doivent être claires, le magiftrat eft fai
pour les appliquer, elles font vicieufes dès qu'e
les ne font point à la portée de ceux qui doiven
leur obéir. Un juge qui a le droit d'interpréte
la loix ne tardera pas à la faire parler confo
mément à fes propres vues.

prit. Si la nature n'a fait des nations
entières que pour être les jouets des paffions des princes, des prêtres, des magiftrats
& des grands : l'on ne peut nier qu'il ne
foit très-utile à ceux - ci de les tenir
dans l'ignorance la plus craffe & dans
l'abrutiffement le plus profond ; mais fi
l'homme a reçu de la nature le droit
de travailler à fa confervation, fi les
nations ont le droit de fe rendre heureufes, tout mortel a droit à la vérité ;
tout mortel a befoin de lumières, la
raifon lui eft néceffaire, & celui qui
éclaire fes femblables eft un bon citoyen. *

Plaignons l'homme de fes égaremens;
tâchons de le détromper, ne l'infultons
jamais ; il eft fait pour la vérité, il l'aime, il l'embraffe toutes les fois que
fes craintes ne l'empêchent point de l'en-

* Chacun plaide en ce monde pour l'erreur
ou le préjugé qui lui font favorables, comme
chaque homme corrompu plaide en faveur du
vice qui lui plaît. Cependant l'intérêt de la fociété eft une loi générale qui profcrit tout préjugé ainfi que tout vice, quelque favorables ou
agréables qu'ils puiffent être à quelques individus. C'eft l'intérêt général qu'il faut confulter,
& d'après cet intérêt l'on trouvera qu'il n'y a
point de préjugé ni de vice qui ne nuifent à la
fociété, dont l'avantage doit être la loi fuprême.

vifager d'un œil tranquile, ou toutes
les fois que des intérêts mal entendus
ne l'en rendent point ennemi. L'homme eft grand dans toutes les chofes qu'il
s'eft permis d'examiner, il n'eft refté
petit que dans celles qu'il n'a point ofé
voir de fes propres yeux. L'homme a
mefuré les cieux; il a découvert les loix
du mouvement; il a traverfé les mers;
il a pénétré dans les entrailles de la terre; il a foumis les élémens à fes befoins
& à fes plaifirs; il a perfectionné fon
fort toutes les fois qu'il a penfé librement; il eft refté dans les ténebres de
l'enfance fur tous les objets qu'il s'eft
fait un fcrupule d'examiner par lui-même, ou qu'il n'a vu qu'en tremblant.

Le préjugé engourdit l'ame, la crainte eft le premier pas vers l'efclavage; les
hommes ne languiffent dans la mifere
que parce qu'ils manquent de courage,
ou parce que leur inexpérience leur fait
redouter des malheurs chimériques, qu'ils
fe figurent plus grands que les maux
réels qu'ils éprouvent. Le genre humain
ne tremble fous les phantômes de la
fuperftition que parce que fes peres,
ignorans, féduits par les preftiges des
apôtres de l'impofture, lui ont tranf-

mis leurs frayeurs & leurs préjugés ; les nations ne gémiffent fous le joug des defpotes les plus cruels & de leurs loix arbitraires que parce qu'elles craignent encore plus les remèdes que les maux habituels qui les accablent. Si les mortels raffurés de leurs vaines allarmes euffent employé à perfectionner la politique, à rectifier leurs inftitutions, à corriger leurs loix, à fe faire de vrais fyftèmes fur le gouvernement & la morale, la moitié des efforts de génie que leur ont couté leur rêveries théologiques; s'ils euffent appliqué à leurs befoins réels la moitié des dépenfes qu'ont occafionnées leurs cultes, leurs cérémonies, leurs guerres, le fafte de leurs fultans, les fociétés humaines jouiroient de toute la félicité dont elles font fufceptibles en ce monde; mais l'homme n'eft qu'un enfant toutes les fois qu'il s'agit de fes dieux & de fes rois ; il n'a jamais le courage d'examiner leurs titres ; il croupit dans la fange de la fervitude & de h fuperftition, parce que fes peres ont été des efclaves fuperftitieux.

Pour peu que l'on médite on eft tout furpris de voir que les chofes que l'homme doit regarder comme les plus inté-

D 4

reſſantes ſont préciſément celles qu'il à
le moins examinées : l'importance des
objets lui en impoſe , la difficulté le
rebute , l'habitude lui donne un attachement ſtupide pour des principes , des
inſtitutions , des uſages entiérement op-
poſés à ſes intérêts les plus chers. C'eſt
ainſi que l'opinion devient *une maladie
ſacrée* , à laquelle on ſe perſuade que
l'on ne peut ſans crime & ſans danger
apporter un remède. Accoutumés à croire que leurs maux ſont des effets de la
volonté du ciel , à contempler leurs
ſouverains comme les images des dieux,
à ſe régarder eux-mêmes comme des
malheureux indignes des bienfaits de la
divinité & les objets de ſa colère , à
n'enviſager la terre que comme une demeure périſſable d'où la félicité ſera toujours bannie , les hommes ſe croiroient
des impies , des ſacrilèges , des rebelles
s'ils ſongeoient à ſe ſouſtraire aux rigueurs de leur ſort. C'eſt ainſi que la
religion donne une durée éternelle aux
erreurs des humains & leur ôte juſqu'à
la penſée de chercher du ſoulagement à
leurs peines. Par une ſuite de ces opinions ſacrées les hommes réſiſtent à la
raiſon, au bon ſens, aux penchans de

leur nature pour se soumettre aveuglément aux opinions de leurs prêtres. En
conséquence de ces mêmes préjugés,
des nations entières oublient leur dignité, leurs forces & leurs droits pour se
prêter aux fantaisies extravagantes des
conquérans qui les dévorent & les conduisent à la boucherie. C'est par un effet des mêmes préventions que la partie
la plus considérable des sociétés est continuellement sacrifiée au luxe, à l'avarice, aux intérêts d'un petit nombre de
courtisans affamés qui ne sont grands
que par la bassesse des malheureux qu'ils
oppriment, tandis que ceux-ci, dégradés à leurs propres yeux, admirent &
révèrent des hommes dont les titres &
le pouvoir ne sont fondés que sur des
préjugés deshonorans pour ceux qui les
ont.

La vérité élève l'ame; elle fait sentir
à l'homme sa dignité; il ne peut être
actif & courageux s'il ne s'estime lui-
même, & s'il n'est jaloux de l'estime
de ses semblables; pour consentir à travailler il faut qu'il soit assuré de jouir
du fruit de son travail; pour qu'il aime
son pays, son gouvernement & ses loix,
il faut qu'il en retire des avantages ré-

els ; pour qu'il ait des vertus il faut que
la raifon lui prouve le befoin qu'il a de
fes affociés pour fon propre bonheur.

Ainfi fans la vérité l'homme ne fera
jamais qu'un efclave fans cœur, découragé par l'oppreffion, inutile à lui-même, & à fon pays, & prêt à recevoir
tous les vices & les préjugés que voudront lui infpirer ceux dont il eft forcé
de dépendre. Des hommes de cette
trempe ne peuvent être ni des citoyens
généreux, ni des fujets fidèles, ni des
défénfeurs intrépides de la patrie, ni des
membres dont l'induftrie, les talens &
les vertus rendront une fociété puiffante & confidérée.

CHAPITRE IV.

*La vérité n'est pas moins nécessaire aux
Souverains qu'aux sujets. De la corruption & des vices qui résultent des
préjugés des souverains.*

CE qui vient d'être dit prouve assez la fausseté des maximes de ceux
qui prétendent que la vérité peut être
dangereuse pour les peuples. Pour peu
que les souverains voulussent y réfléchir, ils sentiroient eux-mêmes que cette
vérité qu'ils redoutent, que la flatterie
leur cache toujours, dont leurs passions
les rendent si souvent les ennemis &
les persécuteurs, est pourtant le fondement le plus solide de leur gloire, de
leur grandeur, de leur puissance, de
leur sûreté. Les égaremens des princes
auxquels leurs sujets sont si fréquemment sacrifiés, ne viennent que des mensonges dont on empoisonne leur enfance, des passions que l'on sème dans leurs
cœurs, des vices que la bassesse & la
flatterie font éclore & nourrissent en

eux : élevés dans l'ignorance & la corruption, ils font le mal parce qu'ils se
croient intéressés à le faire ; ils tyranni-
sent, parce qu'ils n'ont de leur bonheur, de leurs droits, de leur pouvoir
que des idées trompeuses qu'une éducation criminelle s'est efforcée de leur
inspirer. Ils ne veulent des sujets abrutis que parce que trop souvent incapables de gouverner ils ne sçavent qu'opprimer. Ils ne font superstieux que parce qu'ils n'ont point assez de force pour
être vertueux.

C'est donc sur-tout aux conducteurs
des peuples que la vérité est nécessaire.
Les erreurs d'un particulier, nuisibles
pour lui-même & pour ceux qui l'entourent, n'ont que des effets bornés,
celles d'un souverain influent sur des
nations entieres & détruisent leur bien-
être pour des siecles entiers. C'est aux
idées fausses que les princes ont de la
gloire que font dues ces guerres continuelles qui tarissent le sang & les trésors des états : c'est aux idées fausses
qu'ils se font de leurs droits que sont
dues ces vexations & ces injustices multipliées sous lesquelles leurs sujets sont
forcés de gémir : c'est aux idées fausses
qu'ils se font du bonheur que sont dûs

ces monumens faftueux, ces plaifirs dif-
pendieux, ces profufions inutiles, dans
lefquels les fouverains font fi fouvent
confifter toute leur grandeur : enfin c'eft
aux idées fauffes qu'ils ont de la puiffance qu'eft dû ce défir effréné du pouvoir arbitraire, qui tôt ou tard fe tour-
ne contre l'infenfé qui l'exerce, & qui
ne manque pas de conduire l'état & le
fouverain lui-même à la décadence &
à la ruine.

Il n'y a que la vérité qui puiffe défabufer les rois de ces vaines idées.
Elle leur apprendra qu'ils font des hommes & non des dieux; que leur pouvoir n'eft point émané du ciel, mais
emprunté des nations, qui les ont choi-
fis pour veiller à leurs intérêts : que la
légiflation n'eft point faite pour être
l'expreffion des caprices d'un feul ou de
l'avidité d'une cour, mais des volontés
générales de la nation qui s'y foumet
pour fon bien; que l'autorité eft établie
pour affurer le bien-être de tous & ne
peut fans crime être tournée contre eux ;
que les récompenfes de l'état ne font
point deftinées à l'inutilité titrée, à la
naiffance orgueilleufe, au vice intriguant,
à la baffeffe rampante, à l'incapacité fa-

voilée ; que ces récompenses font faites
pour encourager & payer le mérite per-
fonnel, les fervices réels, les talens véritables, les vertus dont la patrie recueille les
heureux fruits. En un mot tout fouverain qui voudra confulter la raifon apprendra qu'il ne peut avoir de vraie
puiffance , de titres affurés , de droic
inconteftables , s'il ne les fonde fur les
volontés de fes fujets , réunis pour concourir au bien public avec lui ; qu'il ne
peut en être fincérement aimé , s'il ne
mérite leur amour ; qu'il ne peut obtenir de la gloire , s'il ne fait des chofes utiles & grandes ; qu'il ne peut échap-
per à l'ennui qu'en s'occupant de fes devoirs. La vérité lui montrera par des
exemples fans nombre que ce defpotifme effréné , que cette puiffance fans limites , à laquelle tous les princes defirent de parvenir , que la flatterie leur
adjuge , que la religion fanctifie & décerne au nom des dieux , que l'inertie
des peuples leur laiffe fouvent exercer ,
eft un glaive a deux tranchans , toujours prêt à bleffer l'imprudent qui le
manie.

Ne regardons point comme impoffible le projet de concilier les intérêts de

la vérité avec ceux des souverains &
des peuples qu'ils gouvernent. Que l'on
ne traite point de chimérique l'espoir de
voir des circonstances favorables dans
lesquelles la politique éclairée par la
raison sentira l'importance d'anéantir les
préjugés, qui par-tout s'opposent à la
félicité publique. Quoi ! les maîtres de
la terre ne verront-ils jamais que leurs
intérêts véritables ne peuvent être sépa-
rés de ceux de leurs nations sans lesquelles ils ne seroient rien ? Ne se convain-
cront-ils point que leur bien-être propre, que leur pouvoir réel, que la solidité de leur trône, dépendent des efforts sincères d'un peuple magnanime,
que son propre bonheur intéresse à se-
conder leurs vues ? Préféreront-ils toujours le foible avantage de commander
à des esclaves ignorans & mécontens,
au plaisir de commander à des citoyens
fidèles, attachés, industrieux, vertueux ?
Ne se lasseront-ils jamais de voir leurs
états dévastés par les fureurs religieuses, dévoré, par des prêtres inutiles, dé-
déchirés par leurs querelles ; soulevés
par les passions des grands ambitieux,
pillés par des sangsues publiques, réduits
au désespoir pour enrichir des courti-

fans perfides ou pour charmer l'oifiveté d'une cour?

Pour peu que l'on ouvre les yeux on
fentira que c'eft à l'ambition des princes & aux divifions infenfées des prêtres, que font dûs ces triftes préjugés
qui rendent quelquefois des nations en-
nemies pendant une longue fuite de fiécles. Des peuples déteftent ou méprifent d'autres peuples, & font toujours
difpofés à les combatre & à les détruire, foit parce que les intérêts futiles de
leurs fouverains ou les intrigues de leurs
miniftres mettent la difcorde entre des
nations, toujours intéreffées à la paix;
foit parce que des prêtres leur infpirent
de l'averfion pour tous ceux qui ne penfent point comme eux fur des matières
totalement inintelligibles. *

Faut-il donc avoir toujours devant les
yeux l'affreufe perfpective des nations
fans ceffe gémiffantes des playes cruelles
qu'elles fe font fans caufe? Faut-il ne
regarder ce globe & tous les peuples

* Il eft évident que ce font uniquement les
intérêts des princes & des prêtres qui font naître
ces averfions nationales qui mettent à chaque
inftant tout l'univers en feu.

qui l'habitent que comme les jouets
éternels de quelques méchans, intéreffés à les aveugler pour les agacer les
uns contre les autres ? Faut-il ne voir
la terre entière que comme une fombre prifon deftinée à renfermer des captifs, gardés par des geoliers inquiets,
fouvent plus miférables qu'eux ? Les
rois ne renonceront-ils jamais à ce pouvoir deftructeur qui répand par - tout la
défolation, le découragement, l'inquié-
tude, & qui leur fait des ennemis ca-
chés de chacun de leurs fujets ? Ne li-
ront-ils point dans cette Afie, malgré
les bienfaits de la nature, dépeuplée,
changée en folitude par le dépotifme &
la guerre, le fort futur de leurs empires qu'ils détruifent par les mêmes folies ? Enfin ne reconnoîtront-ils jamais
les ouvrages de la tyrannie politique,
de la frénéfie religieufe, de la férocité
des peuples impatientés d'un joug cruel,
dans ces révolutions terribles, dans ces
trônes renverfés, dans ces defpotes égorgés que l'hiftoire leur montre à chaque page ? O *Solon*, *Solon* ! s'écrie Crœfus prêt à
périr. Solon avoit ofé lui montrer la vérité.

Ce font les délires des mauvais rois
qui caufent les délires, les vices & les

malheurs des peuples ; c'eſt du trône
que découlent toutes les folies des nations ; c'eſt donc cette ſource qu'il eſt
important de tarir ; c'eſt aux ſouverains
que la vérité doit ſur-tout ſe faire entendre. Si la puiſſance ſuprême, par une
fatalité conſtante, n'eſt que trop communément livrée à des mains peu capables ou indignes de l'exercer, il eſt pourtant quelquefois des momens favorables
où le ſort permet aux nations de reſpi-
rer. Le deſtin a placé des Titus, des
Trajans, des Antonins ſur le trône de
ces mêmes Céſars, qui ſi ſouvent ont
fait gémir la nature humaine de leurs
honteux excès. Pourquoi douterions-nous
de voir encore la ſageſſe couronnée ?
Pourquoi renoncerions-nous à l'eſpérance de trouver des cœurs droits revêtus
du pouvoir, écouter la vérité : déſiller
les yeux des peuples & bannir ces vains
préjugés qui depuis tant de ſiècles ont
infecté les nations ? La vérité armée de
la puiſſance ſouveraine, a des forces in-
vincibles ; il n'eſt point d'erreur qui
puiſſe réſiſter aux coups d'un monarque
équitable, magnanime, bienfaiſant, dont
les ſoins ont acquis des droits ſur tous les
cœurs. Malgré le preſtige de l'opinion,

la fuperftition elle-même fera forcée de
plier devant un prince que fes vertus
réelles rendront cher à fes peuples.

Si le menfonge, aidé de la puiffance
fouveraine, a inondé tant de pays, quels
fruits ne pourroit-on pas fe promettre
de la vérité appuyée des mêmes fecours!
Cependant les chefs des nations fe pro-
poferoient en vain d'anéantir tout d'un
coup les préjugés de leurs fujets; pour
opérer la guérifon de leur efprit ils doivent donc commencer par s'attirer leur
confiance, & pour la mériter il faut
qu'ils leur montre des talens, des vertus. Pourquoi un prince qui veut af-
faiblir l'empire de l'opinion n'uferoit-il
pas contre elle du même ftratagême que
les tyrans ont fouvent employé contre
des fujets qu'ils vouloient affervir ? *divi-
de & impera*; qu'il laiffe aux partifans
du menfonge le foin de fe divifer; que
les miniftres de l'erreur fe combattent
& fe détruifent; qu'ils fe couvrent de
ridicule aux yeux des nations; qu'ils
difputent entre eux; qu'ils fe décrient;
que leurs hypothèfes fragiles s'entrecho-
quent librement; leurs querelles ne peuvent avoir des conféquences pour l'état,
elles ne dégénèrent en des combats.

fanglans que lorfque l'autorité fe mêle
de leurs futiles débats ; jamais ils ne
deviennent férieux que par le poids que
leur donne l'autorité fouveraine. Les armes de l'impofture & de l'opinion feroient bientôt émouffées fi la raifon, la
vérité, la philofophie avoient le droit de
dévoiler leurs complots, de faire fentir
l'indignation & le mépris que méritent
des difputes qui ne font jamais que des
folies diverfifiées. Malgré les égaremens
des hommes la raifon a toujours des
droits fur leur efprit, leurs importantes
rêveries font forcées de céder aux traits
de la fatyre ; le fanatifme lui-même ne
peut réfifter au ridicule. Que les apôtres du menfonge perdent au moins le
droit exclufif de parler aux nations;
qu'il foit permis à la raifon de les inftruire à fon tour; fi elle ne peut totalement diffiper leurs chimères, elle affoi-
blira du moins leurs funeftes influences.
Que l'autorité fouveraine, occupée d'objets plus réels, plus dignes de fon attention, fe tienne neutre, & bientôt
les impoftures facrées, les fectes, ren-
verfées les unes par les autres & atta-
quées par le bon fens, difparoîtront
ou du moins rentreront dans la pouffiere
des écoles d'où jamais elles n'auroient

dû fortir. La tolérance univerfelle, la liberté d éc ire & de penfer font les remèdes infaillibles qu'un fouverain éclairé peut apporter aux préjugés de fes, peuples.

On nous demandera, fans doute, ce que lé prince peut fubftituer à la religion ; je réponds qu'aux chimères il pourra fubftituer des réalités. La vraie morale enfeignée de bonne heure par une éducation fenfée; la vertu rendue habituelle, fortifiée par l'exemple, confacrée par les loix, encouragée par les récompenfes ; le vice, l'incapacité, la fraude, l'injuftice, punis, découragés, méprifés, fuffiront pour former des citoyens honnêtes & vertueux, des fujets convenables à un gouvernement qui fe propofe la vraie grandeur, la vraie fûreté, la véritable félicité de fa nation. Les bonnes mœurs & le bien-être d'une fociété ne peuvent être les fruits que de l'heureux accord de la politique & de la raifon. Un gouvernement capricieux, corrompu, dépourvu de raifon, n'eft point fait pour avoir des fujets vertueux & raifonnables : en vain appellera-t-il les dieux, les prêtres, la religion à fon fecours, il ne fera que join-

dre le fanatifme aux derèglemens de fes
efclaves : en vain l'éducation leur en-
feigneroit-elle la morale ; en vain la religion leur montreroit elle des récompenfes & des peines à venir ; l'exemple du
maître, les récompenfes dont il eft le
dépofitaire, le defir de lui plaire, la paffion de s'élever & de s'enrichir pour fe
fouftraire à l'oppreffion, feront des mobiles bien plus forts que les fpéculations
d'une morale que tout dément à chaque inftant, ou que des terreurs religieufes que l'on oublie toutes les fois
que l'imagination eft occupée d'un intérêt préfent,

Il eft aifé de prouver à tout efprit non
prévenu que les idées religieufes font
plutôt un principe de deftruction que
de folidité pour la vraie morale ; la fcience des mœurs ne peut fans danger être
foumife aux caprices des prêtres, à leurs
oracles contradictoires, à leurs interprétations changeantes. La faine morale, fi néceffaire à la politique, ne peut
fe concilier avec les principes d'une religion turbulente par fon effence & faite
pour altérer tôt ou tard la tranquilité
publique. Ces vérités ne paroîtront étran-
ges qu'à ceux que leurs antiques pré-

ventions auroiént rendus fourds à la raifon. Si une divinité malfaifante dans fes
décrets éternels a réfolu que les nations
fuffent toujours malheureufes en ce monde, il ne leur eft point permis de fon-
ger à finir leurs mifères ; fi un dieu,
partial pour les rois feuls; a voulu que
fes repréfentans fur la terre euffent le
droit d'être injuftes impunémen , &
d'exercer de *droit divin* la licence la
plus effrénée, ce Dieu a, fans doute,
voulu que les hommes étouffaffent la
paffion d'être libres, l'amour de leur confervation propre, le defir du bonheur,
l'activité, l'induftrie, le courage, l'é-
nergie. Des êtres ainfi dénaturés ne peuvent plus être regardés comme des hommes ; réduits par la fuperftition à l'état
des bêtes, devenus de vils automates,
ils ne doivent recevoir leurs impulfions
que de ceux qui les gouvernent , & ceux-
ci rendus licentieux par l'abus du pouvoir , ne doivent leur donner que des
impulfions criminelles. L'efclave d'un tyran ne peut être que vicieux & dépravé ; l'élévation, la grandeur d'ame ,
l'honneur véritable, ce refpect légitime
que le mérite fe !doit à lui-même ne
font point faits pour des pays où le ca-

price décide feul de la valeur des hommes & fixe les objets de la confidération publique. Le point d'honneur n'eft dans des efclaves que leur vanité allarmée. Le vrai mérite n'eft point ombrageux : il fe met au deffus des infultes & des mépris.

En un mot la vertu eft incompatible avec l'abjection d'ame que produit la fervitude ; le vrai mérite & les talens font alors inutiles ou dangereux ; la probité, la modération, les lumieres, l'amour du bien public écarteroient de la fortune ceux qui auroient la témérité de les montrer. Le vice & la médiocrité font feuls faits pour réuffir auprès des hommes que leur incapacité rend inquiets. La morale n'eft qu'une chimère & la vertu n'eft qu'un vain nom fous un gouvernement où les intérêts les plus forts concourrent à dégrader les efprits & à ne faire des fujets que des enfans frivoles, vains, envieux de leurs jouets puériles & capables de tout pour fe les procurer ; *

Dès

* Il eft aifé de fentir que la *frivolité* que, l'on voit régner dans quelques nations eft l'effet

Dès que l'homme est forcé de se mépriser lui-même il n'est plus susceptible
de vertu ; dès qu'il ne peut travailler à
son propre bonheur il faut qu'il tombe
dans l'apathie & le découragement, il
devient inutile ; dès que tout lui montre
son intérêt à mal faire, à quoi pourroient
servir les préceptes stériles d'une éducation & d'une morale qui lui diroient
de faire le bien ? Sous un gouvernement
qui opprime il faut se mettre à portée
d'opprimer, ou consentir soi-même à
souffrir l'oppression : sous un maître injuste il faut lui ressembler ou renoncer
à ses faveurs ; il faut se conformer à ses

du gouvernement, qui néglige de porter les esprits vers des objets grand & utiles, ou qui les en
détourne. D'ailleurs l'instabilité qui regne dans
les pays soumis au pouvoir arbitraire doit influer
sur les esprits & les rendre volages, légers &
vains, ou leur faire attacher un grand prix à des
objets futiles. Le faste, la parure, l'amour de la
dépense deviennent des choses nécessaires dans les
pays gouvernés par des hommes qui prennent
eux-mêmes le faste & la prodigalité pour de la
grandeur, & qui n'ont point d'idées de l'utilité.
Sicut Principes, ita & Populus. Dans une nation
où les grands peuvent tout, il faut suivre cette
maxime : *Principibus placuisse viris non ultima laus
est.*

HORAT. Epist. 17. Lib. 1. vers. 5.

E

goûts, servir ses passions, le flatter dans
les vices, lui faciliter ses extorsions : en
vain une éducation honnête auroit-elle
inspiré des sentimens vertueux a un
homme destiné à servir un tel maître,
il s'apperçoit bientôt ou qu'il faut oublier ses principes, ou s'éloigner d'une
cour qui n'est faite pour recevoir que
des êtres corrompus.

La raison ne peut rien contre un gouvernement injuste, contre les exemples
d'une cour dépravée, contre les promesses & les menaces d'un despote en
démence. La vertu n'est point faite pour
un pays mal gouverné ; elle ne peut y
être le partage que de quelques sages
obscurs dont l'ame noble & généreuse
refuse de plier le genou devant le crime
puissant, ou le vice méprisable, devenus les distributeurs des graces. Dans
une nation soumise au pouvoir arbitraire
l'éducation pourroit se borner à dire :
» Souviens-toi que tu es esclave ; étouf-
» fe les sentimens de la nature ; ne te
» rappèle jamais les priviléges de ton
» être ; sois simple, rampant & soumis,
» si tu veux t'élever ; imagine de nou-
» veaux moyens d'affliger & d'écraser
» ta patrie, si tu veux que tes talens

» te foient utiles. Sois ambitieux ; mais
» fouviens-toi qu'il faut cacher ta mar-
» che , afin de donner le change à tes
» rivaux. Sois toujours complaifant pour
» le vice en crédit, fi tu cherches la fa-
» veur. Sois injufte & fans pitié , fi tu
» fonges à ta fortune. Sois hypocrite
» ou dévot , fi le prince le demande.
» Sois débauché & licentieux , s'il eft
» voluptueux ; en un mot renonce à des
» vertus puériles , qui mettroient des
» obftacles perpétuels aux defirs de ton
» cœur.«

Telles font les maximes qui conviennent aux fujets d'un defpote ; telles font
celles que fuivent ces courtifans ennemis
de toute vérité, qui l'écartent foi-
gneufement du trône , qui la traitent de
dangereufe , qui arment fans cefle contre
elle la puiffance fouveraine , & qui en-
dorment les princes dans une ignorance
profonde de leurs devoirs , & des malheurs qui les menacent. Ces efclaves
flatteurs craignent de contrifter leur maître & de perdre fa faveur. Ainfi les
rois ne s'apperçoivent que fur le bord
de l'abîme des conféquences terribles que
l'ignorance , la corruption des mœurs ,
l'oppreffion multipliée ont fait de lon-

gue main éprouver à leurs états : ils
voient avec étonnement leurs provinces
incultes, appauvries, dépeuplées, incapables de fournir à leurs profusions ac-
coutumées, à leurs guerres inutiles, à
leurs fantaisies infatiables : en vain cher-
chent-ils des chefs expérimentés pour
écarter les dangers, des conseillers habiles & sincères pour les aider de leurs
avis ; des soldats courageux pour défendre leurs empires ; ils ne rencontrent
par-tout que des ames vénales, des mer-
cenaires sans lumieres, des ambitieux
ignorans, propres à redoubler les playes
des nations ; ceux-ci contens de s'assu-
rer un port contre l'orage s'embarras-
sent très-peu de ce que deviendront après
eux & l'état & le prince.

Un souverain ennemi de la vérité,
dépourvu de lumieres & d'équité, étran-
ger au mérite, qui ne veut que des flatteurs, ne peut être servi par des sujets
fidèles, sincérement attachés à sa personne, occupés du bien public, intéressés à la gloire de leur maître. Uniquement
ment occupés de leur propre fortune ils
applaudiront à ses vices qu'ils espéreront
faire tourner à leur profit ; ils s'efforce-
ront de le corrompre, ils lui montrent

tont la grandeur dans la prodigalité, ils
le détourneront des affaires, ils le plon-
geront dans la molesse & dans la volup-
té. L'exemple du prince, toujours con-
tagieux, infectera tous ceux qui l'ap-
procheront ; il n'aura point d'amis, il
n'aura que des complices de ses déréglemens, des ennemis du mérite & de toute vertu, qui obsédant leur maître, em-
pêcheront la triste vérité de frapper ses
oreilles. Ainsi les maux des nations se
perpétuent ; le souverain, endormi dans
le vice, n'est averti de sa ruine que lorfqu'il est trop tard pour y porter reme-
de. *Celui*, dit Saadi, *qui conseille un ty-*
ran, lave ses mains dans son propre sang.

En vain la vérité tenteroit-elle de se
faire entendre à des hommes de cette
trempe, sa langue leur seroit totalement
inconnue, & d'ailleurs comment péné-
treroit-elle jusqu'à eux ? Comment se
feroit-elle entendre au milieu des plaisirs,
de la dissipation, & des asclamations de
la flatterie ? C'est donc aux peuples que
la vérité doit pour lors s'addresser. Une
nation s'éclaire à mesure qu'elle renferme un plus grand nombre d'hommes capables de méditer, de faire des expériences pour elle, de rectifier ses idées,

de combattre fes préjugés ; quelles que
foient les préventions de la multitude ,
les lumieres ne laiffent pas de fe répandre peu à peu , elles portent à la fin une
portion de clarté dans tous les yeux.

Les vices du gouvernement font fouvent éclore la verité. Les mécontentemens généraux mettent les efprits en
mouvement ; au lieu des révolutions
cruelles qui fe font dans les contrées
totalement abruties , il fe fait une heureufe révolution dans les idées de ceux
qui habitent des pays plus éclairés ; alors
la vérité , appelée par le vœu du public , force fouvent toutes les barrières
qu'on lui veut oppofer. La raifon une
fois fentie devient un befoin fi preffant
pour les hommes , que ceux qui gouvernent , malgré leur attachement pour
leurs erreurs, malgré l'intérêt qu'ils s'i-
maginent avoir de les maintenir , malgré l'ignorance où ils font de leurs propres intérêts , malgré le peu de volonté
qu'ils ont de remédier aux maux publics , font forcés quelquefois de céder
à la force de l'évidence , appuyée des
fuffrages de toutes les nations.

C'eft ainfi qu'à mefure que les nations s'éclairent nous voyons les mœurs

s'adoucir, nous voyons l'humanité tempérer les fureurs de la guerre ; nous voyons le despotisme lui-même prendre un ton plus raisonnable & n'oser braver ouvertement la décence & le cri public. Dans l'Europe instruite le despotisme n'exerce point ses fureurs à front découvert comme dans l'ignorante Asie. Les ministres de la superstition, forcés par la raison qui peu à peu s'est répandue, sont quelquefois obligés de renoncer à leurs principes inhumains, de se montrer au moins plus pacifiques & plus doux ; ils n'osent plus abuser aussi impudemment de la crédulité des peuples que leurs prédécesseurs effrontés ; ils craindroient le ridicule s'ils faisoient sonner trop haut leurs prétentions ridicules ; ils seroient détestés s'ils donnoient trop ouvertement le signal de la persécution & de l'inhumanité : au sein des nations les plus instruites la douceur des mœurs, compagne ordinaire de la raison & des lumières, oblige ces barbares à faire du moins une trève apparente & simulée avec la liberté de penser que leur cœur détestera toujours.

La vérité devient irrésistible lorsqu'elle

E 4

est appuyée de l'opinion publique; les gouvernemens eux-mêmes en sont entraînés; nul homme n'a le courage d'être insensé tout seul; la folie n'est puissante que lorsqu'elle a le grand nombre pour elle; l'imposture ne triomphe que quand elle a beaucoup d'approbateurs, de fauteurs, de complices. Les tyrans religieux & politiques ne sont absolus que dans des nations aveugles & privées de raison.

Malgré l'inertie des peuples, malgré la négligence & la mauvaise volonté de ceux qui les ont gouvernés, la raison a fait sans doute des progrès très visibles; la lenteur de sa marche ne l'a point empêché de détruire une foule d'erreurs, & d'ébranler vivement ces superstitions qui se flattent d'une éternelle durée; nous voyons l'esprit humain tendre sans cesse à la perfection, ou du moins se rapprocher insensiblement du vrai; & quoique le terme désirable où il l'adoptera sans partage ne soit peut-être, de même que le bonheur parfait, qu'une chimère, ne laissons pas d'y tendre, le désir de l'obtenir nous donnera de l'activité; le désespoir & l'inaction ne remédient à

rien. Ayons donc le courage de chercher la vérité ; ne nous en laiſſons impoſer ni par l'univerſalité , ni par la
force, ni par l'antiquité des préjugés.
Les erreurs du genre humain ſont univerſelles parce que l'expérience a dû
précéder la raiſon ; ces erreurs ſont devenues ſacrées , parce que jamais elle
ne furent examinées ; elles ont paru
reſpectables] parce qu'elles ont longtems duré.

C H A P I T R E V.

*De la vénération pour l'Antiquité , ou du
reſpect que les hommes ont pour les
uſages , les opinions, les inſtitutions
de leurs peres.*

L'ANTIQUITÉ donna toujours du
poids & de la ſolidité aux opinions des hommes & des inſtitutions,
des uſages, des coutumes , des ſyſtè-
mes qui ont duré long-tems leur paroiſſent inviolables & ſacrés ; tout ce
qui remonte à un tems immémorial
leur ſemble mériter de l'eſtime ; ils ont

E 5

pour ce qui eſt ancien la même vénération que pour la vieilleſſe , qu'ils
ſuppoſent toujours enrichie d'expériences & de lumieres ; ils ſe perſuadent
que leurs peres , évidemment ignorans & ſauvages , étoient plus éclairés
qu'eux-mêmes : ils ſuppoſent que leurs
prédéceſſeurs ont avant eux peſé très-
mûrement les choſes , que leurs inftitutions portent les empreintes de la ſageſſe & de la vérité : en un mot ils
s'imaginent que ce que leurs ancêtres
ont jugé convenable ne peut être ni
altéré ni anéanti ſans crime & ſans
danger. Les hommes ſe regardent comme dans une minorité perpétuelle ; ils
s'en rapportent aveuglément aux déciſions de ceux qui ſont plus âgés qu'eux.
C'eſt ainſi que les nations furent toujours les dupes de l'antiquité ; elles
croient que leurs fondateurs ont été
plus ſages ; plus h biles , plus vertueux
que leur poſtérite ; la pareſſe & l'ignorance des hommes font qu'ils conſentent
à le dégrader plutôt que de chercher
des remedes à le rs peines. Ce n'eſt
que ſur des préjugés que ſe fonde l'o-
pinion „ que le monde va toujours en
empirant ; que les mœurs dégénèrent ;

„ que nous ne devons pas nous croire
„ plus sages que nos peres ; qu'il ne
„ faut point toucher aux usages reçus,
„ que les institutions antiques sont sa-
„ crées, qu'il ne faut rien changer, &
„ que toute innovation est dangereuse. "
Telles sont les maximes futiles que l'on
entend répéter sans cesse, & qui se trouvent souvent dans la bouche même des
personnes éclairées. * Ces faux principes, déjà enracinées dans l'esprit du
vulgaire, reçoivent des forces continuelles de la part des Gouvernemens,
dont les vues sont souvent trop bornées

---

* Cicéron a dit : *Nihil movebit sapiens in sa-
cris, scit enim mortali naturæ non esse p ssibile certi
quidquam de his cognoscere.* Cependant il se mo-
quoit lui-même de la superstition de son pays, &
le livre de la divination étoit tres-propre à révolter les évots de Rome. Justinien dit très-grave-
ment *quem mater amictum dedit semper esse custo-
diendum.* Les Egyptiens gouvern s par des Prêtres, furent ennemis de toute innovation ; les
Chinois en sont ennemis par politique; chez eux
la vie la plus longue & la plus appliquée ne suffit
pas pour apprendre à lire. Par une loi de Zaleu-
cus tout homme qui avoit quelque innovation à
proposer devoit le faire la corde au cou Æ od us
Turilco. suivre François du XVIe. siecle, voudroit
que la même loi fût établie en France, mais elle
y subsiste dans le fait ainsi que par-tout ailleurs.

pour fentir la conféquence des préjugés
invétérés & pour en chercher les vrais
remedes, ou qui fe croyent intéreffés
à laiffer fubfifter des abus dont ils fe
flattent de recueillir les fruits. Ne rien
changer, ne rien innover font des maximes, ou de la ftupidité, ou de la tyrannie qui ne veut point fe corriger.

Où en ferions-nous hélas ! fi nos ancêtres avoient eu pour les leurs, &
ceux-ci pour leurs dévanciers, l'aveugle
vénération que l'on exige de nous pour
les préjugés antiques ? L'homme feroit
encore fauvage, il erreroit tout nud dans
les bois, il mangeroit du gland, il fe
nourriroit de viandes crues. Cependant
l'efpèce humaine a fait des pas marqués
vers la perfection ; mille erreurs ont
paffé ; mille autres leur ont fuccédé pour
paffer comme les premieres. La nature
en effet ne fe régle point par nos maximes infenfées ou par les intérêts de
ceux qui voudroient tenir les mortels
dans l'imbécillité ; elle fe rit de leur
folie, & finit par détruire tout ce qui
n'eft point conforme à la vérité.

Il eft évident que la nature a fait
l'homme fufceptible d'expérience & par
conféquent de plus en plus perfectible ;

c'eft donc une abfurdité que de vouloir l'arrêter dans fa courfe en dépit d'une loi éternelle qui le pouffe en avant. Puifque la nature de l'homme lui fait defirer le bonheur, il faut que l'homme s'éclaire ; les impofteurs & les tyrans ne font pas plus forts que la nature univer-felle, ils ne peuvent pour toujours le tenir dans fa ftupidité. C'eft cette loi de la nature qui entraîna l'enfant du premier homme, s'il y eut un premier homme ; c'eft la même loi qui a fuc-ceffivement entraîné tous les mortels, qui nous entraîne nous-mêmes, & qui entraînera nos défendans. Pour empê-cher les hommes de s'éclairer, il fau-droit que le tyran & le prêtre trouvaf-fent le moyen de changer l'organifation humaine. En vain font-ils la guerre la plus cruelle à fa fcience ; en vain dans la vue d'affurer leur empire, entourent-ils fes têtes humaines dès l'enfance des bandelettes facrées de l'opinion ; l'homme cherchera toujours à fe rendre heureux, le defir du bien-être ne s'étouffera ja-mais dans fon cœur ; à force de circu-ler d'erreurs en erreurs il rencontrera la vérité ; plus forte que toutes les digues qu'on lui oppofe, elle renverfera tous les projets iniques , toutes les inftitutions extravagantes , tous les menfonges folle-ment révérés des mortels.

C'eft fans doute au refpect déraifon-nable que les hommes accordent à l'An-tiquité que font dus ces préjugés qui font par tout pays attacher une haute idée à la *naiffance* : opinion fatale qui influe évidemment de la façon la plus nuifible fur toutes les fociétés. Par une fuite de ce préjugé ridicule , pour eftimer un homme on ne demande jamais ni ce qu'il eft , ni les talens qu'il poffede , ni les vertus dont il eft orné ; on fe borne à demander le nom de fes ancêtres. En-conféquence de cette idée , dont fouvent on eft la dupe même lorfqu'on en fent le ridicule , le mérite obfcur eft ou-blié ; les talens font mis au rebut quand ils n'ont point un nom ou des titres à préfenter ; la naiffance eft une tache qui étouffe toutes les vertus ; l'homme que la nature a doué du génie le plus vafte , des connoiffances les plus rares , de la plus grande capacité , ne peut fon-ger à fe placer fur la même ligne qu'un ftupide diftingue par fes ayeux , mais qui n'eft rien par lui-même. Que dis je le grand homme ne peut fe tirer de

l'abjection qu'en rampant en esclave
aux pieds de l'ignorance hautaine.
Lorsqu'un heureux hazard eleve aux
grandes places un homme obscur, capable de les remplir, le public s'indigne, & complice d'un préjugé dès-
honorant qui l'avilit lui-même, il trouve
très-étrange qu'au préjudice d'une noblesse trop fiere pour s'instruire, le
choix soit tombé sur un mortel que sa
naissance sembloit exclure du droit de
servir son pays. *

* Sous le Roi Jean, la noblesse de France vit
avec la plus grandre douleur le peuple affranchi
de la servitude former, sous le nom de *tiers état,*
un corps qui eût le droit de parler dans une nation dont il faisoit la partie la plus nombreuse. Il
n'est rien de plus avilissant pour les nations que
les préjugés de la noblesse; dans plusieurs pays le
gros des citoyens n'est regardé que comme un
troupeau de bêtes de somme. La Noblesse, d'où
se tirent les courtisans & les grands, forme dans
presque toutes les sociétés une *Aristocratie* réelle,
aussi nuisible au souverain qu'onéreuse à son peuple. Le Prince n'est souvent forcé de fouler les
peuples que pour satisfaire l'avidité d'une noblesse, qui ne l'entoure que pour mendier sans cesse,
parce qu'elle juge indigne d'elle de travailler utilement. Le préjugé de la noblesse nuit à la noblesse elle-même qu'il empêche de faire sa fortune par des voies utiles à l'état. L'orgueil que

Dans la plupart des nations Européennes, un homme n'est considéré qu'en vertu de sa race ; la naissance seule donne le droit de prétendre à tout ; les services réels ou prétendus des peres tiennent lieu de mérite & de vertus aux descendans ; il résulte de là que ceux qui sortent d'un sang que l'opinion révere, assurés d'avance des places & des récompenses ne se donne aucune peine pour acquérir les qualités nécessaires au bien-être de la société : il leur suffit d'être nés pour parvenir aux honneurs, à la considération, au crédit, à la faveur, & pour devenir les arbitres du sort des nations. C'est à la naissance seule qu'appartient le droit d'approcher de la personne des Princes, de leur donner des conseils, de régler le destin des Empires, de commander les armées, de juger les citoyens. C'est à la naissance seule que sont accordés les priviléges, les distinctions, les dignités, les richesses, qui pour le bien de l'état ne devroient être accordés qu'à ceux dont l'état a éprou-

donne la noblesse fait par-tout des nobles malheureux. Sont-ils dans l'indigence, vous les voyez ou trop fiers ou trop peu instruits pour s'en tirer.

vé les services. C'est au rang seul que
la justice est rendue ; c'est au rang qu'appartient le droit d'être injuste & d'opprimer impunément. En un mot les nations ne semblent faites que pour travailler, afin de mettre dans l'abondance
& le luxe des hommes qui depuis des
siecles n'ont pour eux que les mérites
fictifs de leurs premiers ancêtres. *

En effet si nous analysons ces prétendus services, à quoi se réduiront-ils ?
Hélas ! nous trouverons que ce grand
chargé d'un nom pompeux, que les nations s'efforcent de récompenser des services de ses pères, descend ou de quelque guerrier séditieux, turbulent, sanguinaire, ou de quelque esclave intrigant du pouvoir tyrannique, qui lui
prêta son secours pour subjuguer, pour
désoler, pour massacrer ses concitoyens.
En un mot nous trouverons que ce n'est
très-souvent qu'en vue des forfaits des
pères que la nation respecte & considere

---

* La noblesse devroit être *personnelle* & jamais
héréditaire. Selon la remarque d'un homme d'esprit, *l'église romaine enseigne que l'on peut appliquer les mérites des vivans aux trépassés, mais la noblesse prétend qu'on doit appliquer aux vivans les mérites des trépassés.*

les enfans inutiles, incapables & méchans. * L'on nous dira peut-être que
les états ont besoin de *pépinieres*, qui
leur fournissent des hommes que leur
naissance destine à les défendre. Nous
répondrons que tout citoyen est appellé
à la défense de l'Etat: que celui qui
n'est que soldat, finira tôt au tard par
oublier qu'il doit être citoyen ; il ne
fera plus que l'instrument mercenaire du
maître qui le paye ; il asservira la Patrie
au lieu de la défendre ; & son orgueil le
rendra souvent aussi incommode à son
Souverain lui-même qu'à son pays.

* Dans quelques gouvernemens militaires on
fait une très-grande distinction entre la noblesse
militaire & la noblesse *de robe*. Celle-ci est dégra-
dée par le Souverain lui-même ; il n'accorde
point à ceux qui rendent la justice en son nom les
mêmes distinctions qu'aux gens de guerre. Comme si la fonction de rendre la justice étoit moins
honorable que celle de tuer des hommes souvent
très-injustement ! Il est évident que ce préjugé,
défavorable aux ministres des loix, est fondé sur
les notions barbares & féroces d'un peuple con-
quérant, qui faisoit un grand cas de la force &
peu de cas de l'équité. Le guerrier est communément peu sensible à la justice. Comme Achille,
Jura negat sibi nata, nihil non arrogat armis.
HORAT. de arte poetic. vers. 122.

Ainſi la vérité met au néant des titres
ſi peu fondés ; l'utilité publique exige
que les récompenſes de l'état ſoient pro-
poſées à l'émulation de tous les citoyens
& juſtement réſervées pour ceux qui
ſervent utilement l'état. L'intérêt permanent des nations & de leurs chefs
veut que tout homme qui a des lumieres & des vertus ſoit préféré à celui
qui n'aura; que des ayeux. L'expérience
ne nous prouve-t-elle pas que c'eſt pour
l'ordinaire dans le ſein de l'oſcurité que
la nature fait naître les ames les plus
fortes , les génies les plus vaſtes , les
talens les plus utiles à la ſociété ?

Mais les vérités les plus claires paroiſſent des folies à des yeux prévenus ;
elles éprouvent toujours les plus fortes
contradictions de la part même de ceux
qui ſouffrent des préjugés que ces vérités combattent. Tous ceux qui combattirent des erreurs anciennes paſſèrent pour
des inſenſés & furent traité en ennemis.
Les découvertes les plus avantageuſes
dans les ſciences & dans les arts trou-
verent pour l'ordinaire des contradicteurs
acharnés ; ou furent rejetées avec dé-
dain : leurs auteurs furent ſouvent cou-
verts de ridicule , décriés , perſécutés ;

tout homme qui propofa des changemens fut regardé comme un fou, un furieux, perturbateur du repos public, un
préfomptueux, un arrogant, par ceux
mêmes à qui ces changemens étoient
le plus avantageux. La poſtérité recueille
feule les fruits des travaux du génie. *
Quelles furent les clameurs contre ceux
qui oferent attaquer ces préjugés antiques
& facrés, depuis longtems les objets
de la vénération des peuples ! auſſitôt les
puiſſances s'armérent contre la vérité ; en
défendant l'erreur elles crurent défen-

* Les hommes femblent fouvent s'offenfer des
fecours qu'on leur préfente. Indépendamment de
l'intérêt, la vanité & l'envie font deux grands
obftacles qui s'oppofent à la vérité. Tout homme qui dogmatife déplaît ; tout homme qui s'annonce par quelque grande découverte fait craindre fa fupériorité ; adopter fes idées ce feroit dé-
férer à fes lumieres, & reconnoître la grandeur
de fon génie, aveu toujours humiliant pour la
vanité. Lorfque Harvey eut découvert la circu-
lation du fang, il n'y eut en Europe qu'un feul
Médecin qui fût de fon avis, encore étoit-il étran-
ger. En adoptant fa découverte fes confreres euffent avoué leur infériorité & leur ignorance. Les
Athéniens punirent celui qui vouloit ajouter une
nouvelle corde à la lyre. Le parlement de Paris a
proferit l'ufage de l'antimoine &c. &c. &c.

§ve le *Palladium*, le gage de la sûreté
publique.

Les préjugés , qui dans les nations
modernes , devenues cependant plus policées & plus douces , adjugent pourtant encore de si grands avantages à la
profession des armes , font des preuves
de leur vénération déraisonnable pour
l'antiquité , & des restes d'une ancienne
barbarie , qui faisoit regarder la violence , la rapine , le meurtre comme des actions louables , & ceux qui les exerçoient
comme des personnages diſtingués. En
effet si nous voulons chercher la source
d'une foule d'opinions fauſſes & d'uſages
impertinens auxquels nous trouvons encore nos concitoyens très-fortement attachés , nous ferons forcés de remonter
à ce qui se pratiquoit chez les Scytes ,
des Celtes , des Gaulois , des Germains ,
des Sarmates , des Vandales , des Goths,
&c. en un mot chez les Sauvages , dont
les princes & les grands ont soigneuſe-
ment conservé les folies.

D'où viennent ces armoiries si bizar-
rement ornées dont parmi nous la nobleſſe paroît encore si jalouse & si fiere ?
L'on y voit des animaux & des figures
que des sauvages tout nuds se traçoient

d'abord fur la peau pour fe rendre plus
terribles, qui, lorfqu'ils eurent appris à
fe vêtir, furent portés groffierement fur
des écus ou boucliers, & furent enfuite entourés des peaux des bêtes qu'ils
avoient tuées à la chaffe. Telle eft la
véritable origine de cet art puérile connu
fous le nom d'*Héraldique*, qui fervit de
bafe à la fcience non moins futile des
généalogies, inventée pour repaître la vanité de quelque hommes très-curieux
de prouver à l'univers qu'ils defcendoient
en droite ligne de quelqu'ancien fauvage
féroce & vagabond. Ces colliers, ces
chaînes dont les fouverains fe fervent
encore pour décorer leurs favoris, & pour
exciter les defirs des grands qui les entourent, étoient déjà des diftinctions pour
les mêmes brigands dans une antiquité
très-reculée. *

C'eft encore à ces brigands farouches
& ombrageux que les européens moder-
ne font redevables de leurs idées fi cruel-

* Le romain *Manlius* fut furnommé *Torqua-*
tus pour avoir enlevé le collier à un gaulois qu'il
avoit vaincu. Tous les ordres de Chevalerie ont
des colliers pour marque diftinctive. L'opinion
& le préjugé viennent à bout de faire paffer pour
une décoration les fignes les plus puériles & les
plus ridicules.

les & si fausses sur le *point d'honneur*, &
de ces combats singuliers ou duels par
lesquels des citoyens croient leur honneur engagé à répandre leur propre sang,
ou celui de leurs concitoyens pour l'of-
fense la plus légere : préjugé si fortement enraciné que non content de braver l'humanité, il a jusqu'ici résisté & à
la religion & aux loix. Par une suite
de cet affreux préjugé les habitans des
contrées policées, aussi féroces que les
Celtes leurs pères, même au sein des
villes, même au sein de la paix, se
montrent armés d'un glaive, qui annonce qu'ils sont toujours prêts à détruire leur semblable, & à se venger
eux-mêmes.

C'est à la barbarie altière de la noblesse Celtique que la noblesse moder-
ne doit encore le mépris qu'elle montre
pour les sciences & les arts. Nos grands,
comme leurs ancêtres sauvages, se font
gloire de tout ignorer, & ne font cas
que de l'art odieux de piller, de ravager, de tuer. Le militaire dans le gra-
de le plus infirme, le plus dépourvu de
lumieres, se croit fort au dessus du ma-
gistrat le plus élevé, du génie le plus
sublime, du citoyen le plus utile & le

plus induſtrieux ; tandis qu'aux yeux de la raiſon l'artiſan le plus dédaigné eſt ſouvent préférable à ces hommes de ſang & à ces grands qui de race en race ne ſe ſont ſouvent illuſtrés que par des baſſeſſes & des inhumanités.

Par une ſuite du mépris que les grands ont conſervé pour la ſcience, les princes la mépriſent & ne ſont que rarement inſtruits ; ceux qui voudroient former & leur cœur & leur eſprit, eſſuyeroient de la part des courtiſans les mêmes reproches qu'Amalaſonte, à qui les ſeigneurs Goths repréſenterent *que les études qu'elle faiſoit faire à ſon fils nuiroient au courage* dont ſa nation féroce avoit beſoin, c'eſt-à-dire, ne s'accoutumeroient pas à l'humeur turbulente & ſanguinaire d'une nobleſſe qui ne demande qu'à ſacrifier les nations à ſa rapacité ou à ſa vanité. *

Les dieux & les cultes que l'on préſente aux peuples actuels ſont auſſi peu ſenſés que ceux de leurs peres. Les prêtres modernes, ainſi que les druïdes des Celtes, entretiennent & les grands

---

* *V Procop. hiſt. goth. lib. 1. cap. 2. & Peloutier, hiſt. des Celtes tom. I. livre II. chap. 7. & 8.*

& les peuples dans l'ignorance & le
mépris de la science afin de régner sur
eux. Ils ont la même politique que les
Scytes, qui crevoient les yeux de leurs
esclaves pour que rien ne les détournât
des travaux auxquels ils les vouloient
employer.

D'où l'on voit que nous sommes,
graces à nos préjugés antiques, encore
des Scytes, des Celtes, des Sauvages.
Les nations modernes se gouvernent encore par les mêmes maximes que les
hordes de leurs ancêtres, dont la guerre & les crimes étoient l'unique élément.
Notre noblesse regarde la paix comme
un état violent : cette paix la plonge dans
une honteuse oisiveté, parce qu'un préjugé ridicule lui persuade qu'il faut ou
tuer, ou ne rien faire, & qu'il seroit
indigne d'elle de se livrer à des occupations utiles. En conséquence nous
voyons en Europe des milliers de soldats
pendant la paix demeurer les bras croisés, tandis que par des travaux publics
& nécessaires ils pourroient alors au
moins dédommager la patrie des maux
que lui font toujours les guerres les plus
heureuses. Si les chefs qui commandent
ces troupes si souvent inutiles, se cro-

F

voient déshonorés en les faisant travailler pour le bien de l'état qui les paye
& les nourrit, on leur dira que les romains, qui ont conquis la terre, ne dé-
daignoient pas durant la paix d'employer leurs mains victorieuses à faire des
aqueducs, des chemins, des canaux, en
un mot des travaux utiles, dont les rui-
nes mêmes sont encore imposantes pour
les modernes énervés & si vains.

Ce sont visiblement les préjugés trans-
mis par nos ancêtres qui corrompent encore pour nous les idées de la politique :
c'est par eux que nous confondons sans
cesse la violence avec le droit. Combien
de jurisconsultes modernes ne regardent-
ils pas la conquête comme conférant un
droit légitime de maltraiter & d'asservir
un peuple vaincu ? * Plusieurs savans

* Grotius, Puffendorf &c. Toutes les absurdités qui ont été débitées sur le droit politique
viennent de ce qu'on a cru que les princes & les
peuples n'étoient pas soumis aux mêmes devoirs
que les particuliers. De même toutes les absurdités religieuses sont fondées sur ce qu'on a cru que
les dieux n'étoient point soumis aux loix de la
nature & de la raison, pouvoient agir arbitrairement, avoient une justice différente de la nô-
tre : d'où l'on voit à quel point les principes politiques & théologiques sont propres à corrompre la morale.

célébres n'ont-ils pas de l'équité des idées aussi fausses que ces Gaulois qui disoient aux Romains *qu'ils portoient leur droit à la pointe de leur épée, & que tout appartient aux guerriers courageux*? Les souverains actuels ne se prétendent-ils pas en droit de régner despotiquement sur leurs nations, parce que ces nations furent autrefois conquises par des brigands, aux droits desquels les princes ne rougissent point de succéder? N'est-ce pas en vertu de ces prétendus droits que tant de monarques se rendent souvent également incommodes à leurs propres sujets, qu'ils traitent en ennemis, & aux sujets des autres qu'ils voudroient envahir?

Par une suite de ces notions absurdes la tyrannie se trouve justifiée, la violence, la rapine & la fraude semblent donner des droits réels; les chefs des nations appellent *gloire* ce qui devroit les couvrir d'ignominie, & ce qu'ils punissent eux-mêmes du dernier supplice dans un citoyen obscur qui voudroit les imiter en petit. Les nations, imbues des mêmes idées, sont assez stupides pour se glorifier lorsqu'elles ont à leur tête des maîtres turbulens, qui pour répandre la

terreur chez leurs voisins , les conduisent elles-mêmes à la boucherie & les
réduisent à la misère. Les excès les plus
abominables des princes trouvent des
admirateurs & des panégyristes dans des
peuples tout fiers d'être les instrumens
& les victimes des bourreaux qui les
immolent à leurs fausses idées de gloire.

Ainsi des préjugés sauvages perpétués
dans l'esprit des souverains & des peuples , sont encore aujourd'hui la base de
la politique tant intérieure qu'extérieure
des états : ils sont presque toujours en
guerre: sous prétexte de ces guerres ,
qui n'ont que très-rarement la défense
ou les intérêts véritables de la patrie
pour objet, les nations ont sans cesse sur
pied des armées innombrables, à l'aide
desquelles les princes les enchaînent , les
ruinent, & finissent par s'affoiblir eux-
mêmes & par tomber dans la misère.

Tels sont les effets des idées fausses
de grandeur & de gloire que les peuples modernes ont héritées des scythes
leurs ancêtres. Elles ont banni la justice
de la terre ; elles ont fait pour les princes une morale à part, dont la force &
la ruse sont les uniques bases. Cette
morale, sous le prétexte spécieux du

bien des nations & de la *raifon d'état* ,
les autorife à violer fans remors les
devoirs les plus faints de la nature , non
feulement à l'égard de leurs prétendus
ennemis , mais encore à l'égard de leurs
propres fujets. C'eft à des préjugés fi
nuifibles , que la liberté , la propriété ,
la tranquilité , le bonheur & la vie des
peuples font par-tout indignement fa-
crifiés.

Un gouvernement militaire fera toujours féroce , violent , turbulent : les
loix ne pourront s'y faire entendre ;
les mœurs y feront néceffairement corrompues , la juftice fera profcrite , & les
peuples ne parviendront pas à fe civilifer
parfaitement. Sous un tel gouvernement
le prince , s'il eft le maître de la nobleffe
& des foldats , fe liguera avec eux pour
accabler fa nation défarmée , ils auront
des intérêts féparés de tous ceux des
autres citoyens. Pour que les peuples
foient heureux , ils faut qu'ils foient libres ; pour être libres , il faut qu'ils
n'ayent à craindre que la loi. Les militaires ne font utiles à fa patrie que lorfque , citoyens & libres eux-mêmes , ils
font foumis aux loix , & non aux caprices d'une cour , qui fans raifon pro-

diguera leur fang & s'immolera la félicité publique.

Pour nous défabufer de l'opinion favorable que nous avons trop communément pour les inftitutions anciennes, il
fuffit de voir ce qui fe paffe fous nos
yeux. Puifque nos contemporains examinent fi peu les chofes les plus importantes pour eux, avons-nous lieu de croire que celles qui nous ont été tranfmifes
par nos peres ayent été mieux examinées ? Nos religions, nos gouvernemens, nos loix, nos coutumes, nos
opinions datent communément des tems
d'ignorance & de barbarie ; ce font nos
ancêtres qui nous ont fait paffer des
ufages, des abus, des préjugés que le
tems a rendus facrés ; de race en race
l'éducation, l'habitude, l'exemple, l'autorité ont propagé & maintenu les notions les plus infenfées, les ufages les
pilus ridicules, les inftitutions les plus
contraires au bien public, enfin tant d'o-
pinions abfurdes dont la raifon gémit.
Les fuperftitions modernes n'ont d'autres fondemens que des merveilles an-
noncées à des nations imbécilles, fédui-
tes par des enthoufiaftes ou des impofteurs qui ont vifiblement abufé de leur

simplicité. C'est au témoignage de nos crédules aïeux & de leurs guides religieux que le sacerdoce en appelle encore aujourd'hui pour constater ses titres hautains, son indépendance, ses prérogatives sublimes; c'est eux qu'ils ont le front d'attester pour] nous convaincre des miracles, des dogmes, des mystères qu'ils nous disent de croire en dépit de la raison.

Les souverains exercent-ils un pouvoir arbitraire, tyrannisent-ils impunément, & prétendent-ils avoir le droit héréditaire d'opprimer leurs sujets actuels? ils se fondent une possession immémoriale; ils s'arrogent un droit imprescriptible de mal faire, parce que des nations, subjuguées par la violence ou séduites par la ruse, ont oublié de limiter leur pouvoir & de les soumettre à l'équité. Les grands, les nobles ne montrent tant de mépris pour leurs concitoyens, & ceux-ci ne continuent à se mépriser eux mêmes & à trembler devant eux, que parce qu'ils ne sont point encore rassurés de la terreur que causèrent à leurs ancêtres des brigands sortis du nord pour usurper leurs possef-

fions. * En un mot nos loix, nos opinions, nos coutumes ne font fi extravagantes, fi onéreufes pour les peuples,
fi contraires à leurs befoins préfens, que
parce que toutes ces chofes font les ouvrages informes de l'inexpérience, du
peu de prévoyance, des befoins paffagers, de la barbarie, du délire de nos
pères groffiers & de leurs fouverains déraifonnables.

C'eft pourtant aux lumières de ces
hommes dépourvus de fcience & de raifon que l'on a perpétuellement recours
lorfqu'il s'agit des opinions religieufes,
des gouvernemens, des loix & du fort
des nations! On prétend *qu'il faut re-*

* Dans la plupart des Royaumes de l'Europe
les fouverains ont détruit le gouvernement, ou
plutôt l'anarchie féodale ; cependant les inftitutions féodales, fi onéreufes pour les peuples, fubfiftent encore par-tout. Bien plus, les Loix Ro-
maines font encore en vigueur dans un grand
nombre de pays dont le gouvernement n'a rien
de commun avec celui des Romains. La jurifprudence Romaine elle-même, que le préjugé fait
paffer pour la *fageffe écrite*, n'eft qu'un amas con-
fus de loix peu d'accord, compilées par les ordres du defpote Juftinien & rédigées par un vil
efclave de ce prince. A proprement parler, les
peuples n'ont nulle part un corps de loix vraiment conforme à leurs befoins.

monter aux sources primitives, on ne voit point que c'est remonter à des tems de ténèbres, de stupidité, de trouble & de violence. S'en rapporter à l'antiquité, n'est ce pas en effet se soumettre aux décisions absurdes d'une multitude féroce & grossière, qui, privée d'expérience & de vues, fonda tumultuairement des empires, dont depuis les circonstances se sont altérées, dont les besoins ont changé, qui ont acquis plus de lumiere, & qui se perfectionneroient sans doute s'ils ne continuoient à être gouvernés d'après les systêmes absurdes de l'antiquité? C'est la religion des juifs, modifiée à quelques égards, qui est aujourd'hui l'objet de la vénération de l'Occident. Les superstitions du peuple le plus misérable de l'Asie sont respectées par toute l'Europe, qui se croit éclairée & devenue raisonnable; des fables débitées par un prêtre égyptien fourbe & cruel à une poignée d'esclaves, décident encore maintenant du sort des empires; c'est dans ses livres sacrés, c'est dans des recueils d'absurdités mal digérées que le sacerdoce va chercher la décision de ses

F 5

querelles ; il s'en sert pour fermer la bouche au bon sens & à la verité.

Les Francs, les Goths, les Visigoths regnent encore sur nous ; leurs loix brutales fixent notre jurisprudence & décident du juste & de l'injuste pour nous : leurs usages surannés règlent le sort des états, qui depuis se sont policés, qui ont acquis des arts, de l'industrie, du commerce, des manufactures & des sciences inconnues de ces farouches conquérans. *

Tels sont les effets malheureux de cette vénération stupide que les hommes ont par-tout pour d'antiques préjugés, dont ils sont si souvent les dupes & les victimes. Quoi ! de ce qu'un abus

---

* Il n'y a pas moins d'extravagance à vouloir se donner la torture pour justifier l'antiquité de ses folies religieuses & politiques. En matiere de religion les hommes n'ont jamais raisonné. Bien des gens ne peuvent se persuader que les payens ayent adoré le bois, la pierre, des animaux, des oignons &c. Ne voyons-nous pas de nos jours adorer du pain & manger le Dieu qu'on adore ? Il y eut sans doute des incrédules en tout tems, mais en tout tems la multitude fut crédule. Chez les Grecs Euhemere, en décriant les Dieux ne fit que ce qu'Adrien Baillet a fait plus doucement & Bayle plus décidément, chez les Européens

a subsisté pendant des milliers d'années,
en est-il moins un abus ? De ce que
nos peres imbécilles ont aveuglément
adopté les fables des fourbes & des
ambitieux qui vouloient les séduire &
les gouverner, s'ensuit-il que leur postérité doive continuer à respecter des systêmes & des usages qui répugnent à leur
raison & qui nuisent à leur bien-être ?
De ce qu'une longue possession a mis des
souverains à portée de faire plier les
peuples sous leurs caprices dangereux,
faut-il en conclure que les nations ne
sont plus en droit d'en appeler de la négligence de leurs ancêtres & de ramener
leurs chefs à l'équité ? Des pères imprudens ont-ils donc eu le pouvoir de
stipuler que leur postérité seroit obligée
pour toujours de vivre dans l'indigence,
dans l'infortune & dans les larmes, afin
de fournir aux luxe, aux prodigalités,
aux extravagances meurtrières d'une
cour effrénée ? De ce que des loix incommodes ont l'antiquité pour elles ;
faudra-t-il en conclure qu'elles doivent
être éternelles & qu'il n'est point permis
ni de les changer ni de les abroger ? Enfin de ce que les hommes languissent depuis des siècles dans des maladies cruel-

les & invétérées, faut-il en conclure
que l'on ne peut fans crime en rechercher les caufes & leur appliquer des
remedes ?

Quoique les préjugés des peuples,
ainfi que ceux de l'ignorante tyrannie,
ayent oppofé en tout tems des obftacles
continuels aux progrès de la raifon, on
ne peut s'empêcher d'appercevoir des
changemens très-marqués dans la façon
de penfer des nations. Que dis-je ? les
intérêts & les paffions des rois fe font
quelquefois accordés avec ceux de la vérité, & peu à peu leurs fujets ont eu des
occafions, finon de s'éclairer tout-à-fait,
du moins de fe détromper de quelques-
unes de leurs chimeres.

C'eft ainfi que les préjugés de la religion fe font affoiblis en plufieurs contrées ; l'impofture y a perdu une partie
de fon crédit, & s'il lui eft toujours
refté un pouvoir très-grand, la douceur
des mœurs & les intérêts de l'état oppofent fouvent des barrières à fes entreprifes infolentes & à fes fureurs divines.
En effet quel eft l'homme parmi nous
affez prévenu en faveur de l'antiquité
pour ne pas voir avec douleur & mépris
les extravagances religieufes, & la pieu-

fe barbarie de nos pères ? Quel eft le citoyen affez peu éclairé pour admirer encore ou pour approuver le zèle infenfé qui fit entreprendre les croifades ? Qui eft-ce qui ne lit point avec horreur l'hiftoire des guerres cruelles du Sacerdoce & de l'empire, & les effets meurtriers des prétentions de ces pontifes romains, qui commandoient infolemment à des fouverains dégradés par la fuperftition? Qui eft ce qui n'eft point indigné de ce fanatifme deftructeur qui pendant des fiécles arma les peuples pour leur propre ruine ? Qui eft-ce qui ne lit point avec colère l'affreufe hiftoire des maffacres ordonnés par des prêtres & des rois qui commandoient de fang-froid aux nations de s'égorger pour de vaines opinions ? Quel homme fenfé ne gémit point aujourd'hui à la vue des excès de ces peuples religieux & fans mœurs qui s'entredétruifoient pour des fyftêmes que jamais ils ne comprirent ? Eft-il quelqu'un qui ne rie de la fimplicité de ces crédules fondateurs de monaftères, qui dans l'idée de plaire à leur dieu ont doté richement l'inutilité & la pareffe de tant de cénobites qui dévorent l'état ? Enfin parmi ces fouverains fi ennemis de la

vérité , fi vigilans pour empêcher que
leurs fujets ne s'éclairent , en eft il quelqu'un aujourd'hui qui vit avec plaifir
fes peuples encore affez aveugles pour
fervir les fureurs du fanatifme fi fouvent
fatales aux rois , & les prétentions facrées de ces pontifes romains qui ont
fi longtems difpofé des couronnes & du
repos des états ? *

On voit donc que la vérité a des avantages réels pour ces fouverains , qui
prefque toujours lui déclarent la guerre;
ils font quelquefois obligés d'y recourir
pour arrêter les effets de l'ignorance des
peuples que leurs préjugés ont rendus
frénétiques.

*. Il eft évident que les papes , que la plus
nombreufe des fectes chrétiennes regarde comme
les *Vicaires* de fon Dieu , ont voulu rétablir le
gouvernement *théocratique* fur la terre. L'ambition des rois les rendit inconféquens à leurs principes religieux ; en effet fi la religion eft la plus
importante des chofes , il eft clair qu'un chrétien
doit obéir en tout à fon chef fpirituel, & que l'autorité eccléfiaftique doit l'emporter toujours fur
l'autorité civile. Si les Prêtres ont le droit d'ex-
communier un prince ou de le bannir de l'églife ,
ils ont le droit de le rendre odieux à fes fujets ,
& dès qu'il leur eft odieux il n'eft plus en fûreté.
D'où l'on peut conclure que les prêtres font les
maîtres du fort des fouverains dans une nation fu-
perftitieufe.

Ces réflexions nous prouvent encore que l'expérience & la vérité ont du pouvoir sur les peuples, & parviennent peu à peu à les guérir de leur démence. Sous un monarque détrompé le sujet ne tarde point à l'être ; l'erreur sacrée elle-même seroit bientôt étouffée, ou du moins elle seroit incapable de produire aucun ravage, si les rois n'en étoient pas eux-mêmes infectés. Les idées & les opinions des peuples dépendent de celles de leurs souverains ; la grandeur suprême en impose, son exemple entraîne, son pouvoir se fait respecter, ses récompenses séduisent, & le vulgaire croit toujours que ses maîtres font plus éclairés que lui. Si à ces notions profondément gravées dans l'esprit des peuples les princes joignoient une bonté véritable, un désir marqué de faire le bonheur de leurs sujets, des bienfaits réels, des soins vigilans & des lumieres, il n'eft point d'opinions & de préjugés qui puffent réfifter aux attaques de la puiffance souveraine : Un monarque vertueux eft plus fort que le menfonge ; les avantages réels qu'il procure font faits pour triompher tôt ou tard des chimères. Le fanatifme, l'igno-

rance & l'imposture n'ont de force que
sous des tyrans. Les peuples font alors
obligés de chercher dans le ciel des
confolateurs du mal qu'ils éprouvent
ici-bas.

C'eſt donc, je le répète, aux fouverains que la fageſſe doit fur-tout
adreſſer fes leçons ; ce font eux qui font
deſtinés à penfer, à faire des expériences pour les peuples ; ceux-ci profitent
rarement de celles qu'ils ont faites ; trop
fouvent ils font forcés de les interrom-
pre ; les races fe fuccèdent, & les expériences des pères font communément
perdues pour les enfans. Il eſt néanmoins des fecouſſes qui font une im-
preſſion durable fur les eſprits des peuples, & qui les forcent quelquefois à
changer le cours de leurs idées ; ils font
heureux lorſque ceux qui les guident
font aſſez habiles pour profiter alors des
difpoſitions générales & pour les tourner à l'avantage de la fociété. Les nations feroient depuis longtems dégagées
de fuperſtition ſi leurs gouverneurs a-
voient fu mettre à profit les crifes
qu'elle a produites chez elles pour les
défabufer. Mais hélas ! les princes fouvent aveuglés par leurs paſſions, privés

de lumières & quelquefois trop timides , n'ont eu pour l'ordinaire ni le courage , ni les talens , ni les vertus néceffaires pour fe détromper eux-mêmes & pour détruire les erreurs des peuples ; contens de quelque avantages momentanés ils composèrent avec le menfonge ; ils en laifférent communément fubfifter la racine, qui tôt ou tard reproduifit des fruits pernicieux.

CHAPITRE VI.

Les préjugés politiques & religieux cor-
rompent le cœur & l'efprit des fou-
verains & des fujets. Le citoyen doit
la vérité à fes concitoyens.

TAnt que les fouverains feront en-
nemis de la vérité & fe croiront intéreffés à perpétuer les abus établis , leurs fujets feront dans la langueur, la raifon ne pourra s'en faire entendre , la fcience ne pourra les éclairer, la morale leur fera totalement inutile, & l'éducation ne leur donnera que des préceptes vagues qui jamais ne pourront influer fur leur conduite. Voilà fans doute pour-

quoi tant de penſeurs découragés ont
cru l'erreur néceſſaire au genre humain,
& ſe ſont imaginé que leurs maux étoient
ſans remèdes ; ils ont vu le menſonge ſi
puiſſamment affermi ſur ſon trône qu'ils
ont craint de l'attaquer ; ils ont trouvé
les plaies de la race humaine ſi profondes, ſi invétérées, ſi multipliées qu'ils
en ont détourné les yeux avec effroi,
& les ont décidées incurables. D'après
ces idées déſeſpérantes, ces médecins
puſillanimes ou n'ont rien fait ou n'ont
offert que de vains palliatifs ; quand ils
ont fait connoître aux hommes le danger de leurs ſituation, ils les ont jetés
dans le déſeſpoir en leur déclarant qu'il
étoit inutile de chercher à l'améliorer,
& que les remèdes qu'on pourroit leur
propoſer feroient plus dangereux que
les maux auxquels ils étoient accoutumés.

Cependant, comme nous l'avons prouvé, les maux ſi variés de l'eſpèce humaine ne paroiſſent incurables qu'à ceux
qui n'ont point eu le courage de remonter juſqu'à leur ſource primitive,
ni la patience d'en chercher les ſpécifi-
ques aſſurés. La ſuperſtition, ſuite néceſſaire des idées fauſſes & ſiniſtres qu'ils

se font faites de la Divinité, est le levain fatal qui empoisonna pour eux la
nature entière : elle donna l'être à des
rois absolus, à des despotes licentieux,
à des tyrans effrénés qui pervertirent,
comme on l'a vu, les mœurs des nations,
qui les rendirent esclaves, qui écartèrent
à jamais les lumières & la vérité, & qui
sous prétexte de les gouverner anéanti-
rent leur bonheur, leur activité, leurs
vertus. De quel poids peuvent être les
leçons d'une sage politique & de la raison qui disent aux hommes de vivre dans
l'union & la concorde, d'être justes &
bienfaisans, de s'occuper du bien public, tandis que la religion les divise,
les rend querelleux, les met aux prises,
leur défend de chercher leur bonheur
ici-bas, fixe leurs yeux égarés sur une
patrie céleste dont les intérêts n'ont rien
de commun avec leur patrie terrestre ?
tandis que d'un autre côté l'injustice du
gouvernement anéantit en eux toute
idée d'équité, brise le lien social pour
eux, les force à détester une patrie
qui ne les fait jouir ni de la liberté,
ni de la sûreté, les dépouille, punit
leur industrie par des impôts multipliés,

méprife & dégrade les talens, opprime ou dédaigne la vertu, profcrit la fcience & la vérité? La morale peut-elle avoir quelque prife fur des hommes que tout follicité à être avares, faftueux, ambitieux, diffimulés, rampans, flatteurs, & qui ne peuvent fe tirer de l'infortune qu'en y plongeant les autres? Comment des loix partiales & iniques feroient-elles un frein pour des défefpérés, auxquels l'avidité des cours, les rapines des grands, les vexations des miniftres, l'avarice des traitans ont arraché tous les moyens de fubfifter? Que pourront opérer les erreurs imaginaires de la fuperftition fur des hommes dont les malheurs & les vices font les fuites des fauffes idées que cette fuperftition elle-même a données fur les dieux & fur les fouverains qu'elle fuppofe leurs images? Semblable à la lance d'Achille, la religion a-t elle donc la faculté de guérir les bleffures qu'elle a faites? Non, fans doute, c'eft elle qui forma des dieux méchans; ils furent repréfentés par des princes méchans, qui ne furent obéis que des fujets dont tout fervit à corrompre & le cœur & l'efprit.

* C'eſt ainſi que les nations ont trem-
blé ſous des prêtres & des tyrans, qui
ne firent jamais qu'éternifer leur déraiſ-
ſon, leur ignorance, leurs vices & leurs
malheurs.

Ce ſont-là en effet les vraies ſources
de la dépravation générale dont la raiſon gémit, & que la religion prétend
ſi vainement combattre à l'aide des
phantômes qu'elle oppoſe à des réalités.
Ses flatteries ont dépravé les cœurs des
princes ; ces princes ont empoiſonné
leurs cours & les grands qui les appro-
chèrent, ceux-ci furent obligés de s'aſ-
ſimilier à leurs maîtres. Les courtiſans
& les grands infectèrent de proche en
proche tous ceux qui furent dans leur
dépendance. Chacun voulut plaire à des

---

* .... *Nihil eſt quod credere de ſe*
Non poſſit cum laudatur Dis æqua poteſtas.
JUVENAL. ſatir 4. verſ. 70.

Si l'on prenoit pour éclairer les princes la
moitié des peines que l'on prend pour les flatter
ou leur empoiſoner l'eſprit, il y a lieu de croire
que l'on en feroit de grands hommes & que leurs
ſujets feroient bien plus heureux. Il eſt impoſſible de former le cœur d'un jeune prince devant
lequel ſes inſtituteurs ſont forcés de tomber à
genoux.

hommes puiſſans , chacun s'efforça de
les imiter ſoit de près ſoit de loin. De
là l'amour du faſte , les frénéſies du luxe , la ſoif de l'or & tous les crimes
qu'on emploie pour l'obtenir. Les protégés & les cliens de ces hommes ſi pervers devinrent comme eux d'une avidité effrénée , il fallut à tout prix contenter les déſirs extravagans que l'exemple avoit fait naître en eux. Enfin le peuple prit pour modèles des êtres vicieux
qu'il crut plus heureux que lui ; & les
plus malheureux déclarant la guerre à
la ſociété, qui ne faiſoit rien pour eux ;
ſe vengèrent de la négligence & de
l'injuſtice des riches & des puiſſans par
des vols, des aſſaſſinats & des crimes,
que ni les menaces de la religion , ni
la terreur des loix ne purent point arrêter.

Que le genre humain ne ſe trompe
donc plus ſur la cauſe de ſes maux, qu'il
ſecoue le joug inſupportable de ces préjugés ſacrés qui ne ſerviront jamais qu'à
troubler ſon eſprit ; qu'il s'occupe de
la terre qu'il habite ; qu'il ſonge à ſon
exiſtence préſente ; que les nations, détrompées des *droits divins* de leurs
chefs, les rappellent à l'équité ; qu'el-

les foumettent à des loix ; qu'elles reprennent des droits inaliénables ; foit qu'ils ayent été arrachés par la force , ou furpris par la fraude , ou accordés par l'ignorance & la fimplicité. Que le citoyen n'obéiffe qu'à la loi ; qu'en y vivant foumis il foit libre & fans crainte de perfonne ; qu'il travaille pour fon propre bonheur ; qu'il ferve une patrie , & non une marâtre indigne de fon amour , & non pas des tyrans qui l'accablent de fers.

Qu'inftruit par la raifon & la vérité, qui lui montreront toujours fes intérêts véritables , l'homme s'attache à fes af-fociés dont il dépend par fes befoins ; qu'il maintienne une fociété néceffaire à fa félicité ; qu'il défende une patrie que tout lui rendra chère ; qu'il obéif-fe à des loix qui feront le gage de fa fûreté ; qu'il foit foumis aux puiffances légitimes & que celles-ci foient foumi-fes à l'équité. En un mot que la vé-rité foit montrée à l'homme ; que fa raifon foit développée par l'éducation , que la légiflation & le gouvernement lui rendent néceffaire la pratique des vertus que l'éducation lui aura enfei-gnées , qu'une morale éclairée le rende bon par principes, citoyen par intérêt, sujet soumis pour son propre bienêtre.

Il est inutile de songer à rendre les hommes meilleurs tant que leurs préjugés les plus forts tendront à les pervertir. Les préceptes de la morale sont une barrière trop foible contre les passions, les intérêts, les séductions multipliées qui les sollicitent au mal. L'homme n'aimera jamais sa patrie tant qu'elle sera gouvernée par des chefs qui ne songeront qu'à l'opprimer ; les loix ne lui en imposeront point tant que tout l'invitera à les éluder ou à les enfreindre ; tant qu'il les verra violées impunément par des êtres privilégiés que la faveur en dispense. * Il n'aura point d'intérêt de pratiquer la vertu, d'acquérir des talens, de se rendre utile, tant que des souverains injustes ne répandront leurs

---

* Les priviléges, les prérogatives, les exemptions accordées en tout pays à quelques citoyens favorisés & refusés à tous les autres, tendent visiblement à détruire le respect pour les loix, & à éteindre dans les esprits les idées de l'équité. Quelles idées de justice peut avoir un citoyen qui voit que les loix qui châtient le foible ne sont point faites pour les grands ?

faveurs & les récompenfes que fur des
fujets fans mérite & fans probité. Que
peut en effet la morale contre tant de
motifs réunis qui fuggèrent à l'homme
qu'il lui eft avantageux de mal faire?
Ceux qui la prêchent feront-ils autre
chofe que des empyriques dont les pro-
meffes trompeufes fe trouveront à chaque inftant démenties : en vain décla-
meront-ils contre des objets que tout
apprend à defirer : en vain voudront-
ils étouffer des paffions que tout rend
néceffaires : en vain crieront-ils aux
mortels d'être juftes , modérés , bienfaifans, de fe dégager de l'envie ; de
méprifer les grandeurs , les titres , les
richeffes ; de fe contenter de peu , tandis que tout leur prouvera que l'injuftice , la dureté , la rapine , la flatterie ,
la baffeffe font les feuls moyens d'obtenir les chofes que tout leur apprend à
defirer , de s'élever jufqu'à ces hommes heureux qui décident du fort des
autres.

Quelle digue les notions exaltées de
la religion oppofent-elles au torrent général qui entraîne les hommes fi fortement au mal ? N'eft-ce point cette religion elle-même qui en corrompant

les fouverains fut la caufe premiere de
la corruption des fujets? N'eft-ce point
elle qui en femant la haine & la difcorde rendit les concitoyens ennemis?
N'eft-ce point elle qui par fes lâches
expiations enhardit l'homme au crime?
N'eft-ce point elle qui en fondant fa
morale fur les volontés contradictoires
& déraifonnables de fes dieux, ou de
leurs miniftres, rendit cette morale énigmatique & douteufe? De quel droit
viendroit-elle donc oppofer des barrières aux défordres qu'elle a fait naître
& qu'elle fomente? En vain cherchera-
t-elle dans les cieux des motifs pour
contenir des excès que les cieux ont
fait éclorre & que tout encourage fur
la terre ; en vain voudra-t-elle brifer
dans l'homme les liens qui l'attachent
à lui-même ; en vain lui commandera-
t-elle de fe haïr & de fuir fon bonheur ; en vain lui dira-t-elle d'étouffer
les defirs & les mouvemens inhérens à
fa nature : plus fortes que des mobiles
imaginaires, que des terreurs éloignées
& douteufes, les paffions entreront en
compofition avec une religion qui expie, ou elles fecoueront fon joug lorfqu'elles la trouveront trop incommode.

Si à ſes vices le méchant ſait allier la
ſuperſtition, il offenſera ſes dieux avec
remors, ou dans ſes emportemens il n'y
aura nul égard.

Les loix oppoſeront elles une barriere
plus ſûre aux déréglemens des hommes?
Hélas! ne ſont-elles pas communémemt
l'expreſſion de la partialité, & de l'injuſtice du plus fort? Ne ſont-elles pas
un joug onéreux impoſé par la puiſſance ſur le col de la miſère impuiſſante?
N'ont-elles pas continuellement pour objet d'étouffer l'induſtrie, de gêner la liberté, d'interdire au citoyen malheureux les moyens de ſe tirer de preſſe?
Ces loix obſcures, compliquées, multipliées ne ſont-elles point des fléaux póur
les nations, des reſſources fécondes pour
ſurprendre la bonne foi, dont l'artifice,
la fraude, & l'injuſtice ſe ſervent pour
tromper la candeur & la ſimplicité; des
filets pour enlacer l'innocence, des piè-
ges à l'aide deſquels l'iniquité vient à
bout de triompher de l'équité; des armes dont la tyrannie ſe ſert pour accabler l'innocent & ſauver le coupable?
Enfin une juriſprudence inſidieuſe n'eſt-
elle point par-tout une ſource de démè-
lés entre les proches, de querelles dans

les familles , de haines entre les citoyens,
de richeſſes pour des hommes pervers
qui vivent des malheurs de leurs ſemblables ? Par ſon moyen des formes puériles , des coutumes barbares , des uſages
inſenſés ne mettent ils pas au néant les
titres de la raiſon & du bon droit ?
Cette juſtice qui fait la baſe de toute ſociété n'eſt-elle pas ſoumiſe aux caprices , aux interprétations arbitraires , aux
déciſions partiales , à la négligence , à
l'impéritie de quelques juges ſéduits ou
prévenus ? Dans quelques contrées ne
voyons-nous pas l'adminiſtration de la
juſtice honteuſement vendue à des hommes ſans talens , ſans lumières , ſans vertus , à qui il ſuffit d'avoir de l'argent
pour acheter l'urne où ils agiteront
l'honneur , la liberté , la fortune , le bien-
être & la vie de leurs concitoyens ? *

* La vénalité des charges paroît être un des
excès les plus crians auxquels le deſpotiſme ait
jamais pu ſe porter. Vendre le droit de juger
c'eſt annoncer à un peuple qu'on le regarde comme une vile marchandiſe , dont on a le droit de
diſpoſer comme d'un cheval ou d'une bête de
ſomme. Tout homme qui réfléchira aux terribles
conſéquences de la vénalité des charges de judi-
cature , reconnoîtra facilement qu'elle eſt né
ceſſairement dans une nation la ruine de toute juſ-

Enfin quelles idées veut on que les
peuples fe faffent de l'équité, de la modération, de l'humanité ; quels feront
leurs principes & leurs fentimens fur la
vertu quand ils verront leurs fouverains
accorder tous les avantages de la fociété
à des hommes qui n'ont pour eux que
le hazard de la naiffance ; accumuler
des titres, des honneurs, des graces,
des récompenfes fur des citoyens inutiles, leur donner des privilèges, faire
vivre dans la fplendeur, des flateurs,

tice, de tout talent, de toute fociété. Quand il
fuffit d'avoir de l'argent pour occuper une place,
il n'eft queftion que d'amaffer affez d'argent pour
l'acheter ; on ne s'embarraffe plus de s'inftruire
de fes devoirs ; d'étudier les droits des hommes,
d'acquérir des lumieres. On ne s'informe que des
prérogatives de fa charge, des émolumens qu'elle procure, du pouvoir qu'elle confère, de la
faculté qu'elle donne de vexer impunément les
autres fans être vexé foi-même. Si l'on demande
quel reméde apporter à ce mal, je dirai que c'eft
le *concours*, c'eft de rendre les charges & les
grands emplois de la fociété acceffibles aux bonnes mœurs, à la probité reconnue, aux grands
talens. Alors les bonnes mœurs, l'étude & les
talens, affûrés d'être récompenfés, deviendront
auffi communs qu'ils font rares aujourd'hui, &
l'or ne fera plus la feule mefure de la valeur des
hommes.

des fycophantes, des hommes fans talens & fans vertus ; permettre à quelques citoyens de pillier, de vexer impunément tous les autres, & de s'en-
graiffer de leur fubftance ; autorifer par
des loix la rapine, la violence, les extorfions les plus cruelles ? Que deviendront les mœurs fi ces excès, loin d'être
punis, loin d'attirer l'infamie, font en-
couragés, confidérés, enviés, & fi chacun voit les citoyens les plus pervers &
les plus dangereux, protégés dans les
crimes & fouftraits à la juftice ? Que
deviendra l'affection pour la patrie fi
elle ne fert qu'à renfermer & enchaîner
une multitude deftinée à repaître la vo-
racité d'un tyran & de fes fuppots ?
Que deviendront l'activité le mérite &
l'induftrie fi les ames font dégradées,
fi l'incapacité feule eft payée, fi la fcience eft dédaignée, fi le travail du peuple fe multiplie fans augmenter fon ai-
fance & fon bien-être ? Comment veut-
on que le cultivateur foit laborieux, fi
fon travail ne lui attire que de nouveaux
impôts ? Comment veut-on que le mifera-
ble à qui le gouvernement imprudent
a coupé toutes les reffource, & qu'il
réduit au défefpoir, ne fe jète pas dans

le crime, & en dépit des supplices qui
le menacent n'imite pas de loin les voleurs publics, les criminels privilégiés,
les assassins du peuple, qu'il voit sou-
tenus par le gouvernement & respec-
tés des sujets ? Comment trouver de la
probité, de la franchise, de la bonne
foi, de la confiance, de l'amitié solide
dans des pays où ceux qui gouvernent,
toujours en crainte & en défiance contre
les sujets, dont ils ont la conscience
d'exciter les murmures, ne sont occupés qu'à faire pulluler des fourbes, des
espions, des délateurs, des traîtres, des
gens intéressés aux malheurs de leurs
concitoyens ? Enfin comment les peuples acquerront-ils de la raison tant que
le malheur les empêchera de s'instruire,
tant que leur éducation sera négligée &
confiée à des hommes qui défendent de
raisonner ; tant qu'ils seront gouvernés
par des ennemis de la vérité ?

On voit donc que ni la religion, ni
les loix, ni la morale ne peuvent rien sur
les hommes mal gouvernés ; ils seront
toujours mal gouvernés tant que la religion leur donnera des idées fausses de la
Divinité & des princes qui se vantent
d'être ses lieutenans sur la terre. Il est

impoſſible que les nations changent rien à leurs inſtitutions tant qu'elles regarderont comme divines celles mêmes dont elles éprouvent tous les jours les plus cruels effets. Comment une ſociété penſeroit-elle à ſe ſouſtraire au joug impérieux de ſes prêtres, ſi la vérité ne la détrompe jamais de ces dieux irrités qu'elle ſuppoſe acharnés à faire durer ſes malheurs ? Quelles reſſources pour une nation qui ſe perſuade que ſes chefs, quelque tyrannie qu'ils exercent, ſont les images de ſon Dieu, ſont établis par lui, & peuvent impunément la détruire la piller, la ravager ſans qu'il lui ſoit permis de limiter leur pouvoir ou de réſiſter à leurs coups? Un peuple ou ſes guides auront-ils aſſez de lumieres pour réformer & anéantir des loix, des uſages, des établiſſemens nuiſibles, quand ils ſeront les dupes des préjugés de l'antiquité, ou quand ils auront la foibleſſe de craindre toute innovation comme dangereuſe ! La politique aura-t-elle des principes ſûrs, les états ſeront-ils floriſſans & inſtruits de leurs véritables intéréts, tant qu'on regardera la vérité comme nuiſible, l'examen comme criminel, & la philoſophie comme l'ennemie du repos des nations ? Enfin la morale pourra-t-elle jamais toucher les cœurs des hommes & leur infpirer le goût de la vertu, tant que leurs préjugés les feront dépendre d'une Divinité malfaisante, de fes prêtres fanitiques, de fes répréfentans négligens & vicieux qui fans ceffe contredifent la nature & la raifon ?

On'nous dira peut-être que la vérité imprudemment annoncée aux peuples peut produire en eux une fermentation nuifible à leur propre tranquilité; on prétendra que les chagrins habituels qu'ils éprouvent ne peuvent leur faire autant de mal que les tranfports furieux ou les changemens impétueux auxquels ils fe livreroient s'ils venoient à découvrir leurs droits, leurs intérêts, ce qu'ils fe doivent à eux mêmes, les indignes abus que font de leur confiance ceux à qui ils l'ont donnée, & l'exercice inique de l'autorité dont les nations font toujours les vraies propriétaires. Quelles révolutions terribles ! quels renverfemens foudains, nous dira-t-on, dans les fociétés politiques, fi les préjugés des hommes venoient à difparoître tout d'un coup ! On fe figure tous les trônes ébranlés, les Monarques égorgés, les citoyens baignés

G 5

dans leur propre fang ; on fe repréfente
les loix anéanties, les rangs totalement
confondus, la fubordination détruite, enfin une anarchie complette fuccédant à un
ordre quelconque qui rendoit du moins la
fociété fupportable, malgré les maux
qu'on y fouffroit.

Nous avons déjà répondu en partie à
ces objections chimériques ; * nous
avons affez fait voir que la vérité péné-
troit lentement, & rencontroit des obftacles infinis avant de parvenir jufqu'aux
yeux des peuples, victimes patientes de
leurs préjugés. Subjugués par une force
d'inertie qui les retient dans l'efclavage,
inhabitués à penfer, accoutumés à refpecter l'autorité malgré fes injuftices &

---

* Voyez Chapitre III. Les ennemis de la vérité & les fauteurs des abus fubfiftans affectent
toujours d'être *amis du repos*, & de craindre que
les peuples détrompés, c'eft-à-dire, devenus
plus raifonnables, ne deviennent plus méchans ;
mais cette crainte eft chimérique : les lumières
tendent toujours à rendre les mœurs plus douces
& à faire rejetter la violence. Un peuple féroce
oppofe des armes à fes maîtres, un peuple inftruit leur oppofe des remontrances, des repré-
fentations, des idées raifonnables. D'ailleurs les
nations jouiffent-elles d'un vrai *repos* fous un mauvais gouvernement ? *pacem appellant ubi folitudi-
nem faciunt.* Les peuples fous la tyrannie font
dans une crife perpétuelle.

ses rigueurs, dépourvus de plan & de
la connoissance des moyens de terminer
leurs maux, dans l'impossibilité de réunir leurs volontés & leurs forces comme
le pouvoir qui les accable, les peuples
ne sont guères disposés aux changemens
subits; il faut toujours que leurs maux
soient portés à l'excès pour les déterminer à des résolutions extrêmes: alors
même ce n'est point la vérité qui les
porte à la fureur, ils deviennent les dupes de l'ambition de quelques Démago-
gues, qui font tourner à leur profit les
mécontentemens du vulgaire, & qui,
sous prétexte de guérir la patrie de ses
plaies, lui en font souvent de plus profondes & de plus cruelles.

Ce n'est donc point, je le répète, la
vérité qui produit ces ravages, c'est la
démense des gouvrnemens qui en ty-
rannisant un peuple retenu dans l'ignorance, le réduisent au désespoir & le
disposent à se prêter aux vues des méchans qui voudront le séduire. Les princes se croient intéressés à l'aveuglement
de leurs sujets dans la vue de leur nuire impunément & de leur porter, sans
danger pour eux-mêmes, des coups dans
les ténebres; pour lors semblables à

G 6

une troupe indifciplinée les nations fe battent fans ordre, elles fe détruifent elles-mêmes fans aucun fruit, & les tyrans fuccombent fans faire ceffer la tyrannie.

Concluons donc encore que la vérité eft également néceffaire & au fouverain pour affurer fon pouvoir, & aux fujets pour être heureux, foumis & tranquiles. Si l'ignorance où font les princes de leur vrais intérêts, de leurs devoirs de ce qui conftitue leur gloire, leur grandeur, leur puiffance folide, les détermine trop communément à tyrannifer & aveugler leurs fujets, l'ignorance de ceux-ci fait qu'ils fe prêtent aux paffions des mauvais citoyens qui veulent troubler l'état. Un bon roi, loin de craindre la vérité, la prendra toujours lui-même pour guide & voudra qu'elle éclaire fon peuple afin qu'il fente fon bonheur; il verra qu'elle eft l'appui de la nation & du trône; un defpote qui commande à des fujets irrités ne devient point la victime de la vérité, mais de l'imprudence & de l'ignorance impétueufe de fes efclaves furieux; fa nation, ainfi que lui, font à la merci du fanatifme religieux & po-

litique. Tout peuple qu'on opprime eſt
intéreſſé au changement ; il ne craindra
point que la révolution lui ſoit nuiſible.
Tant que les ſouverains s'oppoſeront
aux progrès de la raiſon, les peuples
ſeront aveugles & turbulens ; tant que
les peuples ſeront aveugles, ainſi que
leurs monarques, les uns & les autres
ſeront les jouets de l'impoſture & de
l'ambition : tant que les nations ſtupi-
des ſeront les dupes de la ſuperſtition
& du deſpotiſme, elles ſeront dépour-
vues d'induſtrie, de puiſſance & de
vertu.

Si des vues intéreſſées portent des
tyrans à empêcher qu'on n'éclaire leurs
ſujets, les princes équitables reconnoîtront qu'ils n'ont pas le droit de les
priver de la vérité. Le ſouverain ainſi
que le moindre de ſes ſujets eſt obligé
de contribuer à l'utilité publique ; il ne
peut donc ſans injuſtice punir celui qui
bien ou mal ſelon les talens qu'il a reçus, s'efforce de contribuer à l'utilité
des autres. (*) Si les idées qu'un écrivain propoſe ſont utiles & bien fondées, il eſt du devoir de ceux qui gou-

* V. Le commencement du Chapitre II.

vernent de les adopter ; fi l'examen les
fait trouver fauſſes, il ſuffit de les rejetter. Il n'y a que la tyrannie qui ſe
croie en droit de punir ceux qui peuvent ſe tromper.

Que les rois écoutent donc la vérité
s'ils veulent ſavoir l'art de régner ; c'eſt
pour lors qu'ils établiront leur puiſſance
ſur des fondemens inébranlables ; c'eſt
quand les peuples ſeront heureux &
inſtruits, qu'ils auront de l'activité, des
mœurs & des vertus : que les princes
renoncent à la tyrannie s'ils veulent des
ſujets bien attachés, des citoyens magnanimes, des miniſtres éclairés, des
ſoldats intrépides, des cultivateurs laborieux, des provinces peuplées, des
patriotes généreux, des hommes vertueux. De quel droit le deſpote préten-
droit-il à ces avantages ? Son domaine eſt une terre ingrate, aride, malheureuſe, dans laquelle les talens, la
ſcience, la vertu ne peuvent ſe natu-
raliſer ; leurs ſoutiens ſont des merce-
naires qui ne s'intéreſſent à leur maître que dans l'eſpoir de le dépouiller
lui même.

Si le menſonge eſt l'unique ſource des
maux du genre humain ; ſi la vérité

procure les avantages les plus réels à
la politique & à la morale, quels doivent être nos fentimens pour ces hommes dont la profeffion n'eft qu'un trafic d'impoftures, qui mentent au nom
du ciel, dont l'unique fonction ici bas
eft de tromper & les peuples & les rois
fur les objets les plus importans pour
eux ? Que penferons-nous de ces miniftres des Dieux qui sèment de fleurs
les routes de la tyrannie, & qui par
des prieres, de pratiques & de vains
facrifices expient les outrages qu'elle
fait aux nations ? Aurons-nous un refpect imbécille pour ces courtifans flatteurs, pour ces grands fans honneur
qui ne doivent leur grandeur qu'à la baffeffe & a la flatterie, & qui croient
élever le monarque en dégradant
fon peuple ? La raifon & vérité ne
ne font elles donc point en droit de
combattre des préjugés qui font méconnoître aux fouverains leurs devoirs,
& aux fujets leurs droits ? L'intérêt
des fociétés & de leurs légiflateurs n'e-
xige-t-il point que l'on contredife les
maximes de ces empoifonneurs publics,
qui encouragent les defpotes aux injuftices, aux rapines, au carnage, & qui

font entendre aux peuples qu'ils font
faits pour digérer en filence tous les
outrages qu'on leur fait ?

Non, il n'y a que des monftres dénaturés ou des infenfés qui puiffent
penfer de fang-froid aux mifères du
genre-humain ; l'homme de bien doit
porter un cœur fenfible & une ame
élevée ; l'ami du genre humain ne peut
encenfer ceux qui l'oppriment : celui qui
connoît la vérité doit attaquer l'erreur;
il doigt parler ; fon filence le rendroit
complice des impofteurs dont les menfonges & les flatteries couvrent la terre
de malheureux : il croira donc fervir la
race humaine en la détrompant de fes
chimères, en réduifant les féducteurs
au filence , en montrant aux nations
leurs droits inconftables, aux rois leurs
intérêts & leurs devoirs , au citoyen
les mœurs néceffaires à fa félicité.

Ainfi quand le fage aura le bonheur
de connoître la vérité, qu'il ne l'en-
fouiffe point en avare dans le fond d e
fon cœur ; il la doit à fes femblables ,
à fes concitoyens, au genre humain.
Il eft inhumain & fordide s'il refufe
de partager avec eux le tréfor qu'il a

découvert. * Que le mortel qui penſe
n'écoute donc point le langage ignoble
& puſillanime de ceux qui prétendent
que le citoyen obſcur doit ſe condamner au ſilence & qu'il ne peut le rompre ſans ſe rendre criminel. A en croire des ames ſans énergie il ſembleroit
qu'un homme qui penſe doit languir
dans l'inutilité, & qu'il devient un inſenſé, un téméraire, un inſolent, dès
qu'il éleve ſa voix dans la multitude
pour avertir ſes aſſociés des dangers
communs qu'ils courent. Quoi! eſt ce
donc un attentat dans un paſſager qui
navigue d'avertir le Pilote que ſon vaiſſeau fait eau de toutes parts, qu'il eſt
manacé d'un écueil, & d'exhorter ſes
compagnons à prévenir le péril ? *

---

* Ceux qui prétendent que l'on ne doit point
dire la vérité ſont des hommes plus curieux de
leur repos que du bien public. Celui qui diſoit
que *s'il tenoit toutes les vérités dans ſa main, il ſe
garderoit bien de l'ouvrir*, n'avoit certainement
point d'enthouſiaſme pour le bien de ſes concitoyens. *Parum ſepultæ diſtat inertiæ celata virtus.*
Horat. Carm. Lib. 4. Od. 9. Un anonyme Grec
a dit avec raiſon que *taire la vérité, c'eſt en fouir
ſon or.* v. Epigrammatvm delectus. & v. le
Chap. II. de ce traite'
* On dit que dans un vaiſſeau battu par une

Hélas! où en seroit le genre humain!
comment parviendroit-il à perfectionner
ner son sort, si ses erreurs sont si respectables
pectables que l'on ne puisse les attaquer
sans crime, ou si personne n'a le courage
rage de penser d'après lui-même & de
s'écarter des opinions de la multitude?
Faut il donc que l'homme pour être
un bon citoyen se dénature, & résiste
te sans cesse aux penchans qui le portent
tent à chercher son bien-être? Si personne
ne n'osoit jamais déchirer le voile du préjugé,
jugé, comment les nations languissantes
tes sous des sultans, efféminés, plongés
gés dans la molesse, criminels par habitude
bitude & souvent à leur insu, remédieroient
dieroient elles à des maux que l'imposture
ture leur peint comme nécessaires &
auxquels la religion leur défend de penser?
ser? Quel homme parmi nous auroit
le front de blâmer aujourd'hui un sage
obscur qui dans Tyr ou Sidon auroit

tempête, où chacun travailloit pour prévenir le
danger, il se trouva un passager qui se tenoit
les bras croisés & qui paroissoit totalement indifférent
férent sur tout ce que se passoit autour de lui.
Quelqu'un lui ayant demandé raison de sa conduite,
duite, il se contenta de répondre qu *il n'étoit que
passager.* Voilà l'histoire de tous ceux qui ne s'intéressent
téressent point aux maux de leur pays.

ofé réclamer de fon tems contre les facrifices abomidables que l'on faifoit à
Moloch? Cependant nous ne pouvons
douter que ce fage n'eût été pour lors
traité d'*impie*, de *blafphémateur*, de *fé-*
ditieux, & que pour avoir pris en main
la caufe de la nature outragée on ne
l'eût immolé à la rage des prêtres comme un perturbateur du repos de la fociété. * Si perfonne n'ofe blâmer un
tel homme, fi l'on s'intéreffe à lui,
fi fon fouvenir eft cher, de quel droit
blâmeroit-on aujourd'hui celui qui parmi nous décrieroit les délires de la fuperftition, les fureurs caufées par le
fanatifme & toujours prêtes à renaître,
les faintes cruautés de l'inquifition, les
féditions & les querelles du facerdoce
chrétien, les dangereufes extravagan-

---

* Il eft bien étrange que les chrétiens, qui regardent les incrédules comme des hommes fi blâmables, ne s'apperçoivent pas que d'après leur
façon de penfer ils condamnent les fondateurs de
leur propre religion. Les apôtres n'étoient-ils
pas des incrédules & des perturbateurs du repos
public à Jérufalem ! Les miffionnaires qui vont
aux Indes ne font-ils pas des féditieux qui annoncent des nouveautés ? Etre incrédule n'eft-ce pas
refufer de croire ce que l'on croit dans les pays
où l'on fe trouve.

ces du despotisme, les indignités que
la démence politique fait éprouver à
tant de peuples? Enfin sous quel prétexte pourroit-on condamner l'enthousiasme bienfaisant d'un ami de la raison,
qui s'efforceroit de combattre les préjugés des peuples, de dissiper les phantômes qui les troublent, & de présen-
ter des remèdes contre les fléaux qui
désolent la terre ?

Respecter les opinions reçues, c'est
presque toujours respecter le mensonge;
dissimuler la vérité ou la cacher, c'est
se rendre le complice de l'imposture;
refuser de parler vrai aux hommes quand
on le peut, c'est trahir la cause du genre humain, c'est lui retenir une dette
que lui doivent les talens. Le mensonge n'est odieux que lorsqu'il nous empêche de connoître les choses qui intéressent notre bonheur; quelle idée de-
vons-nous donc avoir de ces mensonges affreux dont l'espèce humaine toute
entière est la victime ! N'est ce point
refuser ses services à la société que de
ne vouloir pas partager avec elle des
lumières que l'on a puisées dans son
sein ? N'est-ce donc point un devoir
d'avertir la patrie, cette mère qui nous

éleve, qui nous défend & nous foutient
des piéges que lui tendent des enfans
imprudens & dénaturés qu'elle réchauf-
fe dans fon fein? Le véritable ennemi
du public, le vrai rebelle, le vrai perturbateur du repos de fon pays, n'eft-
ce pas le tyran qui l'opprime, le fourbe qui la divife, le fanatique qui l'arme d'un couteau facré pour s'en frapper elle même, le courtifan qui flatte
fes impitoyables maîtres, le miniftre qui
la charge de fers, le guerrier qui prête fon bras & fon épée à fes indignes
oppreffeurs? Enfin l'ennemi de la fociété eft celui qui veut qu'on la plonge dans l'aveuglement & la mifère afin
que fes maux fe perpétuent. Malades
pufillanimes ou en délire! faut-il que
vous ne regardiez comme vos amis que
ceux qui vous trompent fur votre état!
Comment guérirez vous des plaies profondes & cachées qui vous minent à votre infu & qui ne font incurables que
parce que jamais vous n'ofâtes y appliquer des remèdes? Ne craignez point
la vérité, fes remèdes font doux, il
n'y a que ceux du menfonge qui foient
inutiles, violens & dangereux. Affez
longtems vous fûtes les dupes de ces

Empyriques facrés qui vous endormez dans l'efpérance vaine de voir ceffer vos maux ; n'écouterez-vous jamais les confeils de la fageffe, les préceptes de la raifon, les oracles de la vérité, qui peu à peu vous rendront la fanté & vous mettront à portée d'en jouir, fans jamais en abufer ?

CHAPITRE VII.

De la Philofophie. Des caractères qu'elle doit avoir. Du but qu'elle doit fe propofer.

LES hommes, comme on vient de le prouver, font prefqu'en tout genre les victimes perpétuelles d'une foule de préjugés qui non feulement anéantiffent leur bien être, mais encore les détournent de l'idée de mettre fin à leurs peines. Ces préjugés influent fur toute la conduite de leur vie : tout mortel accoutumé à réfléchir eft tout furpris de voir que la plupart des inftitutions humaines ne font qu'un long tiffu d'extravagances & de folies. S'il

examine les gouvernemens, il voit que
la politique, par son eſſence viſiblement deſtinée à maintenir les ſociétés,
à concentrer leurs forces, à veiller à
leur ſûreté, à faire obſerver les règles
immuables de l'équité, par un renverſement affreux eſt devenue le principe de
leur deſtruction, la ſource des vices qui
les diviſent, des oppreſſions qui les font
gémir, des paſſions qui les dévorent,
des préjugés qui les aveuglent, des entrepriſes funeſtes qui conduiſent les nations à la ruine. S'il médite les loix,
il voit par-tout la liberté de l'homme
miſe aux fers, l'équité naturelles ſubor-
donnée aux caprices de l'uſage, de l'opinion, de la tyrannie, & le bien-être
de la multitude obligé de céder aux
intérêts momentanés de quelques hommes puiſſans, qui ne font des loix que
pour leur avantage préſent. S'il recherche les droits & les titres de la grandeur, du rang, de cette inégalité oné-
reuſe qu'il voit dans les ſociétés, de
ces diſtinctions partiales qui donnent
tout à quelques citoyens & qui privent
les autres des droits même de l'humanité, il eſt tout étonné de voir que
ces choſes ſont fondées ſur l'uſurpation,
la violence, l'injuſtice des ſouverains,

& fur l'imbecillité des fujets. S'il examine les effets de l'éducation & le but
qu'elle fe propofe, il voit que par-tout
elle n'a pour objet que d'apprivoifer les
efprits avec des fyftêmes fabuleux, d'infpirer du mépris pour la raifon, de fa-
çonner les mortels au joug de la fervitude, d'étouffer la nature, de détruire
fes penchans, de renverfer fes idées les
plus claires, enfin de rendre les hommes fouples, aveugles, malheureux &
vicieux. Si notre fage porte les yeux fur
la religion, il n'y voit que l'impofture
& les égaremens de l'imagination troublée par de fauffes terreurs réduits en
fyftême par des enthoufiaftes ou par des
fourbes, qui fe font propofés de faire
trembler & d'éblouir le genre humain
pour l'affervir à leurs propres intérêts.
En un mot l'homme qui penfe voit
par-tout les corps & les efprits des
mortels plongés dans de honteux liens,
comme environnés de bandelettes qui
les tiennent dans une éternelle enfance,
& qui les empêchent d'agir, de penfer,
de raifonner, de déployer leur énergie,
de prendre des forces & de la croif-
fance.

A quoi fert la fageffe fi elle ne rend
heureux

heureux ? Comment fe rendre heureux
fans la connoiffance des rapports qui font
entre l'homme & les êtres qui l'entourent ? Comment découvrir ces rapports,
fi l'on ne fait ufage de fes fens, & fi
l'on ne foumet à l'expérience & à la
réflexion les objets que l'on veut examiner ? Comment faire des expériences
vraies & juger fainement des chofes,
fi les organes font viciés, fi l'efprit a des
entraves, s'il eft engourdi par l'habitude & dépravé par le préjugé, fi le cœur
eft corrompu par des exemples funeftes,
fi l'ame eft troublée par des paffions
violentes ? En un mot comment aimer la
fageffe, fi l'on ne connoît fes avantages,
ou fi l'on ne fent les maux que produit
la folie ? Comment fe procurer cette
fageffe fans chercher la vérité ?

Le philofophe eft donc un homme
qui, connoiffant le prix de la fageffe &
les dangers de la folie, pour fon bonheur propre & pour celui des autres
travaille à chercher la vérité. Cela pofé,
appliquons à la philofophie la règle générale qui doit être établie pour juger
fainement des hommes & de leur conduite ; voyons fi elle eft vraiment utile ; voyons fi elle procure des avanta-

H

ges réels à celui qui la possede & à ceux qui en recueillent les fruits ; d'après cet examen mésurons nos sentimens pour la philosophie & pour ceux qui la professent.

Si l'habitude de méditer, si les sciences & les arts ne servoient qu'à faire imaginer des systêmes stériles, à raffiner sur des plaisirs passagers & souvent dangereux, à nourrir le luxe, à favoriser la molesse, à repaître l'oisiveté, quel cas pourroit-on en faire ? Quelle estime devrions-nous à ceux qui s'en occupent ? Quelle reconnoissance la société doit-elle à ces hommes qui n'emploient les forces de leur esprit qu'à des disputes théologiques dont les suites sont communément si fatales, à des controverses qui troublent & divisent les citoyens ; à des recherches laborieuses qui ne conduisent à rien ? Les connoissances humaines pour mériter notre estime doivent avoir des objets plus nobles, plus utiles, plus étendus ; c'est son propre bonheur, c'est le bonheur de ses associés, c'est le bien-être de toute l'espèce humaine que l'ami de la sagesse doit se proposer ; c'est en pesant les préjugés des hommes dans la balance

de la raiſon qu'il apprend à s'en dégager lui-même, qu'il peut procurer le
calme à ſon cœur, qu'il peut mettre
des bornes à ſes deſirs, qu'il ſe détrompe des objets que le vulgaire pourſuit
aux dépens de ſon repos, de ſa vertu,
de ſa félicité : c'eſt en attaquant les erreurs qui troublent la raiſon ou qui
l'empêchent de ſe développer que la
ſageſſe peut aſpirer à la gloire ſi légitime de contribuer un jour à diminuer,
ou même à faire diſparoître les calamités en tout genre dont les mortels
ſont affligés.

L'homme le plus libre eſt celui qui
a le moins de préjugés ; l'homme le
plus heureux eſt celui qui a le moins
de beſoins, de paſſions, de deſirs, ou
qui eſt le plus à portée de les ſatisfaire ;
l'homme le plus ſatisfait eſt celui dont
l'eſprit eſt le plus agréablement occupé,
& dont l'ame jouit le plus ſouvent du
dégré d'activité dont elle eſt ſuſceptible ; l'homme le plus content de lui-
même eſt celui qui a droit de s'aimer
& de s'eſtimer, qui rentre avec complaiſance dans ſon propre intérieur, &
qui a la conſcience de mériter de la

part des autres les sentimens qu'il a pour
lui même.

Ainsi le philosophe est libre. Vit-il
sous la tyrannie ? Son esprit est au moins
dégagé des entraves qui incommodent
celui des autres ; il ne tremble point
comme eux devant leurs terribles chimères ; son ame a conservé tout son
ressort ; la violence n'a point de prise
sur sa pensée ; il se fortifie contre l'infortune, & en raison de sa propre énergie, qui se nourrit d'elle-même, de
son imagination plus ou moins susceptible de s'allumer, le sage devient un
enthousiaste & souvent un martyr de la
vérité. Son ame sera paisible au sein
même du malheur, il ne sera point ab-
batu par les mépris du vulgaire ; il
bravera les menaces de la tyrannie,
elle ne peut rien contre celui qui ne
craint point la mort. * C'est ainsi que
souvent l'on a vu l'ame de quelques
sages rendue plus audacieuse par le
danger, irritée par les obstacles, échauf-
fée par la gloire, attaquer ouvertement

* Apollonius de Thyane disoit que le Dieu qui
avoit fait les rois terribles l'avoit fait sans peur ;
paroles qui eussent été mieux placées dans la bouche d'un vrai sage que dans celle d'un imposteur.

le menſ ᴏnge, la ſuperſti:ion & la tyrannie au riſque même de ſuccomber ſous
leurs coups. S'ils ont été regardés comme des inſenſés par leurs concitoyens
prévenus ; ſi leurs co temporains aveugles leur ont refuſé le tribut de louanges que mérit⦁ leur courage, leur
imagination allumée les ſoutenoit contre
l'injuſtice de leur ſiècle, elle leur montroit une poſtérlté reconnoiſſante de
leurs bienfaits ; elle leur faiſoit entendre d'avance les b_nédictions & les
applaud ſſemens que les hommes détrompés donneroient un jour à leur mémoire & à leurs entrepriſes généreuſes.
Oui, ſa⁻s doute, ô S_crate ! dans ta
priſon ton ame é.oit plus libre, plus
élevée, plus contente que celle de cet
infame Anitus, & de ces juges ſuperſtitieux qui te condamnèrent à la mort.

Ce fut encore des hommes de cette
trempe qu'ont été réellement ou qu'ont
affecté de paroître ces ſtoïciens fameux
qui mépriſoient la douleur, qui montroient de la ſérénité dans les tourmens
& dont la tranquilité ne ſe démentoit
point au milieu des traverſes, de l'indigence & des afflictions. Tels furent
les Lycurgue, les Zénon, les Epictete,

H 3

les Antonin ; & tels voulurent paroître les cyniques, les bramines, les
fakirs & les péniens, en un mot ces
hommes courageux & quelquefois infenfés qui dédaignerent réellement ou par
feinte tout ce que les mortels defirent.
Les uns pourvus d'une ame forte furent des enthoufiaftes génereux de la
vérité, des héros de la vertu, des philofophes fincères ; les autres ne furent
fouvent que des frénétiques, des hypocrites des charlatans, des hommes vains qui
par la fingularité de leur conduite ou de
leurs maximes s'efforcèrent d'a tirer les
regards du vulgaire & de marcher par
des routes détournées à la gloire qu'ils
affectoient de méprifer. La fincérité, la
bonne foi avec foi-même, mettent feules
de la différence entre le vrai philofophe
& celui qui ne veut que le paroître ;
l'un fe montre tel qu'il eft, l'autre joue
un rôle emprunté, fujet à fe démentir.

Il n'eft point de préjugé plus commun
que de confondre la fingularité ou le defir de fe diftinguer des autres avec la philofophie : philofophe & homme fingu-
lier furent fouvent des fynonimes. N'en
foyons point furpris, le vulgaire, qui
jamais ne pénètre au delà des apparen-

tes . est attiré par le spectacle nouveau
de tout homme qui s'écarte des routes & des maximes ordinaires, qui suit
une conduite opposée à celles des autres,
qui s'onnonce par un extérieur bizarre,
qui méprise ce que ses semblables desi-
rent, qui renonce aux richesses, à la
grandeurs, aux douceurs de la vie ; la
bizarrerie de sa conduite, après avoir
ébloui les yeux, séduit quelquefois en
faveur de ses opinions, & l'on finit
par écouter celui qui n'avoit d'abord
attiré les regards que par sa singularité ;
que dis-je ? souvent d'un objet de pitié
ou de risée il devient un objet d'éloges
& d'admiration *.

Dinstinguons donc la philosophie du
prestige, voyons sans préjugé celui qui
la professe, ne prostituons point le nom
de la sagesse à l'humeur chagrine, à
l'orgueil ; souvent sous le manteau du
cynique & du stoïcien, sous les apparences du désintéressement, du mépris
des grandeurs, de la louange, des plai-

* Le philosophe est presque toujours forcé de
s'écarter des opinions du vulgaire : mais tout
homme qui n'a point les idées du vulgaire n'est
pas un philosophe pour cela ; c'est l'amour de
la vérité qui seul lui donne droit à ce titre.

firs, nous ne trouverons que des ames
bilieufes, rongées par l'envie, dévorées
d'ambition, embrafées du vain defir,
d'une gloire ufurpée toutes les fois qu'on
ne la doit point aux avantages réels
qu'on procure à la fociété.

Si la philofophie eft la recherche de la
vérité, la bonne foi avec foi même, la
fincérité avec les autres doivent être les
premières qualités du philofophe. Les
grands talens & l'art de méditer ne font
point exclufivement accordés à des ames
tranquiles, honnêtes, vertueufes ; l'homme qui penfe n'eft point toujours un
fage ; un penfeur peut être d'un tempérament vicieux, tourmenté par la bile,
afferyi à des paffions incommodes ; il
peut être envieux, orgueilleux, empor-
té, diffimulé, chagrin contre les autres
& mécontent de lui-même ; mais alors
il n'eft guères capable de faire des expériences fures ; fes raifonnemens feront
fufpects, il ne pourra fe voir lui même
tel qu'il eft, ou s'il apperçoit malgré
lui les défordres de fon cœur, il fe met
à la torture pour fe les diffimuler, pour
les juftifier à fes propres yeux, & pour
donner le change aux autres : fa philofophie, ou plutôt les fyftêmes informes

de fon cerveau fe fentiront de fon trouble, on ne trouvera point de liaifon dans
fes principes, tout y fera fophifme &
contradiction; la mauvaife foi, l'orgueil, l'envie, la bizarrerie, la mifan-
thropie perceront de toutes parts; & fi
le vulgaire, ébloui de fes talens & de
la nouveauté de fes principes, croit
voir en lui un philofophe profond &
fublime, des yeux plus clairvoyans n'y
verront que de la bile, de la vanité
mécontente, & fouvent la noirceur en-
duite du vernis de la vertu. *

Il faut une ame tranquille pour en-
vifager les objets fous leur vrai point
de vue; il faut être impartial pour juger fainement des chofes; il faut fe
mettre au deffus des préjugés, dont la
philofophie elle même n'eft que trop
fouvent infectée, pour la perfectionner, pour la rendre plus perfuafive,

---

* Non feulement les hommes font ingénieux
à fe tromper eux-mêmes & à juftifier leurs vices
à leurs propres yeux & à ceux des autres; mais
ils ont l'adreffe de faire tourner leurs défauts au
profit de leur vanité; ils croient-que leurs concitoyens doivent leur favoir gré de leurs mauvaife humeur, de leur bile, de leur orgueil, dès
qu'ils les couvrent du beau nom de la philofophie.

plus touchante, plus utile au genre humain. * En effet l'arrogance des philofophes a dû fouvent dégoûter les hommes de la phillofophie ; fes difciples, fiers de leurs découvertes réelles ou prétendues, ont quelquefois montré leur fupériorité d'une façon humiliante pour leurs concitoyens ; des penfeurs atrabilaires ont révolté les hommes par leurs mépris infultans , & n'ont fait que leur fournir des motifs pour s'attacher plus opiniâtrément à leurs erreurs , & pour décrier les médecins & les remèdes. D'autres fe font complu à étaler aux yeux de leurs femblables les maux dont ils fouffroient, fans leur indiquer les vrais moyens de les guérir. Que dis-je ! ils les ont fouvent exagérés, & fe font efforcés d'ôter jufqu'à l'efpoir de les voir jamais finir.

Le philofophe n'eft en droit de s'eftimer lui-même que lorfqu'il fe rend utile en contribuant au bonheur de fes femblables ; les applaudiffemens intérieurs de fa confcience font légitimes & néceffaires lorfqu'il a la confcience

* Tacite dit d'Agricola *retinuit , quod eft difficillimum , ex fapientiâ modum*. Tacit. in vi. Agricol. Cap. 4. in fine.

de les avoir mérités. Hélas ! dans un
monde aveuglé par le préjugé & si souvent ingrat, cette récompense idéale
est presque toujours la seule qui reste
a la vertu ! Ainsi que le sage s'estime
quand il a fait du bien ; que son ame
s'applaudisse d'être libre au milieu des
fers qui retiennent les autres ; que son
cœur se félicite d'être dégagé de ces
vains desirs, de ces vices, de ces passions honteuses, de ces besoins imaginaires dont ses associés sont tourmentés ;
mais qu'il ne se compare point à eux
d'une façon choquante pour leur amour-propre ; s'il se croit plus heureux, qu'il
n'insulte point a leur misère, qu'il ne
leur reproche point avec aigreur les
maux qui les affligent, & sur-tout qu'il
ne les jette point dans le désespoir. La
philosophie manque son but & révolte
au lieu d'attirer lorsqu'elle prend un ton
arrogant & dédaigneux, ou lorsqu'elle
porte l'empreinte de l'humeur ; l'ami de
la sagesse doit être l'ami des hommes &
ne les mépriser jamais ; il compâtit a
leurs peines, il cherche à les consoler,
à les encourager. L'amour du genre humain, l'enthousiasme du bien public,
la sensibilité, l'humanité, le desir de

H 6

ervir son espèce, de mériter son estime, sa tendresse, sa reconnoissance, voilà les motifs légitimes qui doivent animer l'homme de bien; voilà les motifs qu'il peut avouer sans rougir; ces motifs méritent nos éloges lorsque nous les trouvons sincères ou lorsque nous en ressentons les effets avantageux. Sans cela la philosophie ne sera qu'une déclamation inutile contre le genre humain, qui ne prouvera que l'orgueil ou le chagrin de celui qui déclame, sans jamais convaincre personne.

De quel droit en effet le sage mépriseroit-il les hommes ou leur feroit-il des outrages? Est-ce parce qu'il croit avoir des lumieres & des connoissances supérieures à celles des autres? Mais ces lumieres sont inutiles & ces connoissances sont vaines s'il n'en résulte aucun bien pour le genre humain. De quel droit haïroit-il son espèce, & quelle gloire peut-il résulter d'une misanthropie qui le déclareroit ennemi du genre humain? L'humanité, l'amour des hommes, la sensibilité, la douceur ne sont-elles pas des vertus? Toute gloire pour être solide ne doit-elle pas se fonder sur ces heureuses dispositions & sur les effets avan-

tageux qu'elles doivent opérer ? Quels
motifs l'homme qui pense auroit-il pour
mépriser les autres ! Est-ce parce qu'ils
sont ignorans & remplis de préjugés ?
Hélas ! l'éducation, l'exemple, l'habitude & l'autorité ne les forcent-ils pas à
l'être ? Est-ce parce qu'ils sont des esclaves, remplis de passions, de vices & de
desirs frivoles ? Ceux qui règlent leurs
destinées, les imposteurs qui les séduisent, les modèles qu'ils ont devant les
yeux, ne produisent-ils pas dans leurs
cœurs tous les vices qui les tourmentent ? Mépriser ou haïr les hommes pour
leurs égaremens, c'est les insulter lorsqu'on devroit les plaindre, c'est les outrager parce qu'ils sont malheureux, c'est
leur reprocher des infirmités nécessaires
& qu'ils n'ont pu s'empêcher de con-
tracter.

Ainsi consolons l'homme, ne l'insul-
tons, ne le méprisons jamais ; inspirons-
lui au contraire de la confiance ; appre-
nons-lui à s'estimer, à sentir sa propre
valeur ; donnons de l'élévation à son
ame ; rendons-lui, s'il se peut, le ressort que tant de causes réunies s'efforcent
de briser. La vraie sagesse est courageu-
se & mâle, ses leçons ne son point fai-

tes pour emprunter le ton impérieux de
la superstition dont le but ne semble
être que de consterner, d'avilir, d'anéantir l'esprit humain. Si le philosophe a
de l'énergie & de la chaleur dans l'a-
me ; s'il est susceptible d'une indignation
profonde, qu'il s'irrite contre les mensonges dont son espèce est la victime ;
qu'il attaque avec force les préjugés qui
sont les vraies sources de ses maux ; qu'il
détruise dans l'opinion de ses semblables l'empire de ces prêtres & de ces
tyrans qui abusent de son ignorance
& de sa crédulité ; qu'il jure une haine
immortelle à la superstition qui tant de
fois fit nager la terre dans le sang; qu'il
jure une inimitié irréconciliable à cet
affreux despotisme qui depuis tant de
siecles à fixé son trône au milieu des
nations éplorées. S'il se croit éclairé ;
qu'il instruise les autres ; s'il est plus
intrépide, qu'il leur prête une main
secourable ; s'il est libre, qu'il leur suggère les moyens de se mettre en liberté ; qu'il les détrompe de leurs préventions avilissantes, & bientôt les chaînes
forgées par l'opinion tomberont de leurs
mains. Insulter des malheureux, c'est
le comble de la barbarie ; refuser de

tendre la main à des aveugles , c'eſt le
comble de la dureté ; leur reprocher
avec aigreur d'être tombés dans l'abîme ,
c'eſt unir la folie à l'humanité. *

Si le ſage guéri de l'épidémie du
vulgaire ſe trouve plus heureux & plus
content de ſon ſort ; ſi la ſérénité règne dans ſon cœur, qu'il la communique aux autres ; le bonheur eſt un bien
fait pour être part gré, qu'il mépriſe
donc lui même, & qu'il apprenne aux
autres à mépriſer ces futiles grendeurs,
ces richeſſes ſouvent inutiles , ces plai-
ſirs ſuivis de douleurs, ces vanités puériles, qui rempliſſent la vie de tant d'inquiétudes , de chagrins & de remors ;
qui s'achètent communément au prix
de la paix intérieure, du bonheur réel,
de la vertu, de l'eſtime que l'on ſe doit
à ſoi même, & de l'affection que l'homme en ſociété doit pour ſon propre
intérêt chercher à faire naître dans ſa
ſes aſſociées. Le vrai ſage, s'il veut mériter la confiance de ſes ſemblables , s'il
prétend à la gloire d'être le médecin
du genre humain, doit lui montrer l'in-

* Voyez dans La fontaine la fable du maître
d'école & de l'enfant qui ſe noye. *Livre premier*,
Fable 19.

térét le plus tendre; il doit le plaindre
le confoler, le fortifier, le guérir; il
doit entrer dans fes peines, fupporter
fes égaremens, regarder fes chagrins &
fes tranfports comme des effets néceffaires de fa maladie, & ne point fe rebuter de fon ingratitude ou de fes délires; le moment de la reconnoiffance
fera celui de la guérifon.

Que dis-je? le fage doit fa tendreffe
& fa pitié au vicieux, au crimininel
même; il doit les plaindre des honteux
liens qui les attachent au mal, des habitudes malheureufes qui rendent le vice néceffaire à leur bien-être, des préjugés aveugles qui les conduifent à la
ruine: il doit leur montrer les précipi-
ces qui s'ouvrent fous leurs pas, les
conféquences fatales de leurs égaremens
les effets déplorables de leurs défordres
& de leurs crimes, Il doit effrayer &
détromper ces maîtres de la terre qui
croient les malheurs des peuples néceffaires à leur grandeur, à leur puiffance, à leur felicité: il leur peindra avec
force les tableaux redoutables de ces
defpotes égorgés par des fujets réduits
au défespoir, de ces odieux fultans
mêlant à la fin leur fang à celui des

victimes que leur caprice s'est immo-
lées. * Ou bien prenant un ton plus
doux, il tentera d'amollir leurs cœurs
d'y réveiller l'humanité engourdie par
le luxe, l'inexpérience du mal-aise, la
flatterie ; il leur présentera le spectacle
touchant des peuples plongés dans la
misère, la sueur & les larmes ; si leur
cœur est encore sensible à la vraie gloire, il leur montrera ces mêmes peuples,
soulagés par leurs soins, célébrant les
louanges & bénissant les noms de ceux
qui les rendent heureux. C'est ainsi que
le sage peut se flater d'adoucir la férocité & de guérir les erreurs de ces princes eux-mêmes, qui, dupes des mensonges dont la flaterie les repaît, se
croient intéressés à perpétuer l'ignorance, la foiblesse, l'indigence des nations :
c'est sur-tout leur cure que la philosophie doit se proposer ; lorsque les chefs
des corps politiques jouiront de la santé,
les membres ne tarderont point à re-
prendre de la vigueur : les peuples ne
sont malheureux & déraisonnables que
parce que leurs souverains ont rarement

*Ad generum Cereris sine cæde & vulnere pauci
Descendunt Reges, & siccâ morte Tyranni.
JUVENAL. SAT. X. vers. 112.*

des idées vraies du bonheur, & ne
confultent point la raifon: détrompons
les princes de leurs chimères, & bientôt leurs fujets feront contens & raifonnables.

Si la philofophie trouve l'oreille des
fouverains fermée à fes confeils, quelle s'adreffe au peuple. La vérité a deux
moyens de triompher de l'erreur; foit
en defcendant des chefs aux nations,
foit en remontant des nations à leurs
chefs. Ce dernier moyen eft fans doute
le plus folide & le plus efficace; en effet un fouverain vertueux difparoît fouvent pour faire place à un tiran infenfé, dépourvu de talens, de lumières &
de vertus; mais une nation inftruite &
raifonnable n'eft point fujette à mourir.

Quoi qu'il en foit, le philofophe portera toujours fon tempéramment dans
fa philofophie. S'il a de la chaleur dans
l'imagination, de l'élévation dans l'a-
me, du courage, fa marche fera impétueufe; & dans fon enthoufiafme,
femblable à un torrent, il entraînera
fans ménagement les erreurs humaines.
poffede-t-il une ame fenfible? attendri
fur le fort des mortels, il gagnera leur
confiance; il remuera les cœurs, il ver-

fera du beaume fur des plaies que l'aigreur ne feroit qu'envenimer. Le philofophe le plus doux, le plus tendre,
le plus humain fera toujours le plus
écouté; la douceur attire & confole,
elle rend plus touchans les charmes de
la vérité : fi on la montre fous des traits
irrités, parlant avec hauteur, entouré
du cortège de la mélancolie, elle déplaît,
elle révolte, elle ne peut attacher les
regards.

C'eft donc fouvent à lui-même que le
philofophe doit s'en prendre fi fes leçons
deviennent infructueufes, & rendenr
la raifon & la vérité défagréables pour
ceux dont elles font deftinées à foula-
ger les peines. Une philofophie tyrannique, impérieufe, infultante, humilie
& ne perfuade jamais; une philofophie
chagrine, auftère, ennemie de la joie,
effarouche & n'eft point faite pour attirer. Une philofophie trop exakée &
qui propofe une perfection impoffible,
étonne fans influer fur la conduite, ou
jette dans le découragement. Si les leçons du fanatique religieux s'efforcent
d'élever l'homme au deffus de fa fphè-
re ponr s'égarer dans les régions de l'em-
pirée, fon propre poids le fera bientôt

retomber fur la terre; quelquefois il n'eft averti que par de lourdes chutes, qu'il ne devoit point fortir d'une nature où tôt ou tard il eft forcé de rentrer.

Il faut donc à l'homme une philofophie humaine, qui l'attire, qui le confole, qui le foutienne. C'eft pour la nature, c'eft pour la terre, c'eft pour lui-même, c'eft pour la fociété que l'homme eft fait; c'eft ici-bas qu'il doit chercher fa félicité. Affez longtems il fut le jouet d'une philofophie furnaturelle, ou plutôt d'un vrai délire, qui le rendit infenfé & furieux, qui ne lui montra fon bonheur que dans les cieux, & qui l'empêcha d'être heureux fur la terre. Affez longtems de prétendus fages lui ont ordonné de fe détefter lui-même, de s'avilir à fes propres yeux, d'étouffer les defirs de fon cœur, de fuir les plaifirs, de faire divorce avec la félicité, de ramper dans l'affliction de ne regarder la vie que comme un pélerinage, de gémir & foupirer toujours; ces vaines leçons, fi contraires à celles de la nature, ou ne furent point écoutées au fein de la diffipation, dans le tumulte des paffions & des plaifirs, ou quand elles furent fuivies,

et ne fervirent qu'a rendre l'homme
farouche, infociable, atrabilaire, mécontent de lui-même & desautres.

La fageffe n'eft point l'ennemie des
plaifirs légitimes & de la félicité des
hommes. Son afpeƈt n'eft point fait pour
effaroucher les ris & pour bannir les
graces; elle ne combat que les plaifirs
trompeurs que le répentir fuit toujours;
elle ne s'arme que contre les paffions
oppofées au repos des humains; elle ne
déclare la guerre qu'à ces préjugés qui
les défolent. L'objet de fes defirs eft de
les rendre quelque jour plus contens;
de voir la liberté, l'abondance & la
paix régner en tout pays; de voir l'induftrie, l'aƈtivité & la joie ranimer leurs
habitans. Si l'efpoir du fage n'eft qu'u-
ne chimère, fon ame honnête aime à
s'en repaître, cette illufion foutient fon
courage, anime fon aƈtivité, l'excite à
la recherche de la vérité, & fait que fon
efprit produit des fruits utiles à la fociété.

Le fpeƈtacle de l'homme heureux ne
peut déplaire qu'au tyran & qu'au prêtre qui ne fe plaifent à régner que fur
des malheureux; qu'au fombre fuperfti-

tieux, qui follement s'imagine que fon Dieu s'irrite du bonheur de fes créatures, & qu'il fait un crime aux mortels de chercher les objets capables de rendre leur exiftence plus douce. Non, il n'eft point de fpectable plus raviffant pour l'homme que de voir des heureux; il n'eft point d'idée plus flateufe que de pouvoir en faire. Contempler de fang-froid les maux de fes femblables, s'irriter de leur joie, condamner leurs plaifirs innocens, n'être point ému de leurs foupirs, fe complaire à leur voir répandre des larmes, c'eft avoir la férocité d'un tigre, l'ame atroce d'un démon malfaifant.

Jamais la vraie fageffe ne défend à l'homme de s'aimer; elle lui infpirera toujours un amour raifonné de lui-même; elle l'encouragera à mériter fa propre eftime & celle de fes affociés; elle approuvera les paffions qui pourront lui attirer des fentimens fi doux; elle les dirigera vers des objets véritablement utiles; elle ne blâmera que celles qui troubleront la fociété & qui nuiront au bonheur de ceux qui en feront tourmentés; elle ne profcrira que ces plaifirs trompeurs & paffagers que fuivent

des douleurs réelles & des regrets durables. * En un mot le vrai philofophe
eft l'ami des hommes., l'ami de leur
bien-être, l'ami de leurs vrais plaifirs.
L'auftérité, la févérité, la rudeffe, ne
font point les fignes qui caractèrifent la
fageffe. La brutalité, l'aigreur, l'impo-
liteffe, la fatyre annoncent un homme
dur, défagréable, mal élevé, & non
un philofophe. La fageffe eft aimable,
elle a des charmes faits pour féduire
tous les yeux, fa langue fait fe propor-
tionner au monarque comme au dernier
des fujets; fondée fur la vérité, elle ne
conduira jamais les hommes à la corruption.

Mais la philofophie ne détruit pas
l'homme dans celui qur la poffède. Le
philofophe n'eft point un homme fans
paffions; il ne feroit qu'un impofteur
& un charlatan, s'il prétendoit fe mettre au deffus de la douleur ou s'il vouloit s'annoncer comme exempt des paffions, des foibleffes, des infirmités hu-

_____

* Modus ergò diligendi præcipiendus eft homini,
id eft quomodo fe diligat aut profit fibi : quin autem
fe diligat aut profit fibi dubitare dementis eft.
                                                 SENEC.

maines. * Ce n'est point une apathie
stoïque, une orgueilleuse insensibilité,
une indifférence inhumaine qui prouvent la philosophie & qui caractèrisent
le philosophe; le stupide a souvent une
indifférence plus profonde que celle que
la philosophie peut procurer. Le sage
a le droit sensible, il est susceptible,
d'attachement, il sent le prix de l'amitié; il éprouve un amour légitime pour
les objets qui ont des droits sur son
cœur; il éntend le cri de l'infortune,
il éprouve avec douleur les coups du
sort, il est touché des peines des autres;
il est affligé de celles dont il est la victime lui même; il désire de les faire
cesser; il nest point indifférent sur les
richesses, dont mieux que personne il
connoit le bon usage; il n'est point
l'ennemi du pouvoir, dont il sait la
façon de se servir pour sa propre félicité; il chérit la gloire, l'estime, la réputation comme des récompenses auxquelles tout l'homme utile est en droit
d'aspirer.

* Antonin disoit au sujet de Marc-Aurele:
Souffrez qu'il soit homme: ni la philosophie ni l'Em
pire n'ôtent point les passions.

En

En un mot, le vrai philofophe n'affecte rien ; de bonne foi avec lui même
& fincère avec les autres, il ne fe fait
pas un point d'honneur de ceffer d'être
un homme, de fuir ce qui lui doit
plaire, de méprifer ce qui lui eft avantageux, il s'applaudit de fes lumières,
& fe croit digne de l'eftime & de l'affection des autres quand il en a bien
mérité. Eft-il dans l'indigence, il tâ-
chera d'en fortir ; mais il fe refpecte
trop pour en fortir par des voies dont
il auroit à rougir. Eft-il dans le mépris ?
il cherche à fe venger des injuftes dé-
dains par des talens, par d'utiles découvertes. Eft-il dans l'affliction ? il a plus
de reffources & de motifs qu'un autre
pour diftraire fon efprit par la réflexion;
il fe confolera dans les bras de l'étude.
Eft-il opulent ? il fait l'art de jouir. Eft-il
affis fur le trône ? il s'applaudira des
moyens que le deftin lui fournit de
travailler à fon propre bonheur, à fa
propre gloire, à fon propre plaifir
en répandant à pleines mains le bonheur fur tout un peuple qui bénira fon
zèle & chérira la fource de fa félicité.

Ce n'eft donc ni la fingularité, ni

I

la mifantropie, ni l'arrogance quiconf.
titue la philofophie; c'eft l'efprit obfer-
vateur, c'eft l'amour de la vérité, c'eft
l'affection du genre humain, c'eft l'indignation & la pitié des calamités qu'il
éprouve ; en un mot c'eft l'humanité
qui caractérife le fage. Si la philofophie
ne lui procure point un bonheur complet, elle le met au moins. fur la route
pour l'obtenir ; fi elle ne le mène point
toujours à la connoiffance entière de la
vérité, elle diffipe au moins une portion
des nuages qui empêchent de l'appercevoir; fi elle ne lui montre point toujours des réalités, elle fert au moins à
détruire pour lui un grand nombre d'illufions dont les autres mortels font les
jouets infortunés.

CHAPITRE VIII.

De la philosophie pratique & de la philosophie spéculative.

ON nous répète sans cesse que ceux qui ont professé la philosophie & qui se sont vantés d'être les interprètes de la raison, loin de donner aux hommes des exemples de vertus, se sont très-souvent livrés à des vices honteux, & ont paru quelquefois n'avoir secoué le joug des préjugés que pour se permettre sans scrupule les dérèglemens les plus condamnables. Ces défauts doivent être imputés aux hommes & non à la philosophie; un homme doué de pénétration & de génie peut être vicieux, mais ce n'est point dans l'habitude de penser que l'on doit chercher la cause de sa corruption; c'est son tempérament, ce sont ses passions, ce sont les idées fausses qu'il se fait du bonheur qui le déterminent au mal; c'est l'habitude qui lui fait tenir une conduite qu'il est bien plus qu'un autre forcé de condamner.

I 2

Souvent un esprit juste peut se trouver
joint à un cœur pervers, de même que
souvent un cœur droit peut se trouver
joint à un esprit faux ou borné. D'ailleurs un homme éclairé sur un point
peut s'aveugler sur les autres ; il sentira
la force d'un principe, mais les mauvais
penchans de son cœur seront plus forts
que ses spéculations. Cependant il en est
plus sévèrement puni que tout autre ;
les lumières de son esprit, qu'il se trouve
obligé de combattre à chaque instant,
portent à tout moment sur sa conduite
un jour fatal propre à réveiller en lui
la honte & le remors. L'homme instruit qui fait le mal a bien plus que le
méchant ignorant des motifs pour se
haïr lui même ; il a beau se faire illu-
sion, il a la conscience de sa mauvaise
foi & rougit de ses égaremens, parce
qu'il en connoît les suites nécessaires.
Le médecin habile, saisi d'une maladie,
en connoît mieux le danger que celui
qui n'est point versé dans la médecine. *

* *Philosophus in ratione vitæ peccans, hoc tur-*
pior est ; quod in officio, cujus magister esse vult,
labitur, artemque vitæ professus, delinquis in vitá.
CICERON. TUSCULAN. II. Cap.

Nous voyons fouvent des hommes
corrompus fe détromper des préjugés
religieux dont leur efprit a fenti la futilité, en conclure très - imprudemment
que la morale n'a point de fondemens
plus réels que la religion ; ils s'imaginent que celle-ci une fois bannie, il
n'exifte plus de devoirs pour eux, &
qu'ils peuvent dès lors fe livrer à toutes
fortes d'excès. Si nous remontons à la
fource de la prétendue philofophie de
ces mauvais raifonneurs, nous ne les
trouverons point animés d'un amour
fincère pour la vérité ; ce n'eft point
des maux fans nombre que la fuperftition fait à l'efpèce humaine, dont nous
les verrons touchés ; nous verrons qu'ils
fe font trouvés gênés des entraves im-
portunes que la religion, quelquefois
d'accord avec la raifon, mettoit à leurs
dérèglemens. Ainfi c'eft leur perverfité
naturelle qui les rend ennemis de la
religion ; ils n'y renoncent que lorfqu'elle eft raifonnable ; c'eft la vertu qu'ils
haïffent encore bien plus que l'erreur ou
l'abfurdité ; la fuperftition leur déplait
non par fa fauffeté, non par fes conféquences fâcheufes, mais par les obftacles qu'elle oppofe à leurs paffions, par

I 3

les menaces dont elle se sert pour les effrayer, par les phantômes qu'elle emploie pour les forcer d'être vertueux. Des hommes de cette trempe deviennent irréligieux, sans avoir ni le cœur assez libre ni l'esprit assez éclairé pour devenir des philosophes, ils renoncent au mensonge sans s'attacher à la vérité, à la morale, au bon sens, à la raison, qui s'opposeroient encore bien plus à leurs excès, & qui duement examinés, leur fourniroient des motifs plus réels, plus solides, plus sûrs, pour résister à leurs penchans déréglés.

Pour être philosophe, il faut aimer la sagesse; *Sage* & *Savant* sont des termes synonymes chez les orientaux. Mais pour aimer la sagesse, il faut en connoître le prix. Des hommes livrés au vice peuvent ils être regardés comme des amis de la sagesse? Des mortels emportés par le torrent de leurs passions, de leurs habitudes criminelles, de la dissipation, des plaisirs, sont-ils bien en état de chercher la vérité, de méditer la nature humaine, de découvrir le système des mœurs, de creuser les fondemens de la vie sociale? Non, le dérèglement ne sera jamais la suite de la vraie philosophie , les égaremens du cœur & de l'esprit ne passeront jamais pour de la sagesse ; des hommes sans syftême & sans mœurs, pour s'être détrompés de quelques erreurs gênantes , ne pourront sans folie s'annoncer pour de profonds raisonneurs. La vraie sagesse ne se vantera point de ces conquêtes honteuses qu'elle a pu faire sur la superstition ; elle rougiroit de compter parmi ses partisans des ennemis de toute raison, des esclaves de leurs passions , des êtres nuisibles au genre humain. Cette sagesse admettroit-elle au nombre de ses disciples des princes , des ministres , des courtisans qui ne se sont détrompés de la superstition que dans la vue de trouver dans l'irreligion des motifs de plus pour se confirmer dans le crime ? La philosophie pourroit-elle se glorifier d'avoir pour adhérens dans une nation diffolue une foule de libertins diffipés & sans mœurs, qui méprisent sur parole une religion lugubre & fausse sans connoitre les devoirs que l'on doit lui subftituer ? Sera-t-elle donc bien flattée des hommages intéressés ou des applaudissemens stupides d'une troupe de débauchés, de voleurs publics,

I 4

d'intempérans, de voluptueux, qui de
l'oubli de leur dieu & du mépris qu'ils
ont pour son culte, en concluent qu'ils
ne se doivent rien à eux-mêmes ni à
la société, & se croient des sages parce
que souvent en tremblant & avec remors, ils foulent aux pieds des chimères
qui les forçoient à respecter la décence
& les mœurs?

Non, la philosophie ne peut point
être flattée de voir grossir sa cour par
des êtres totalement dépourvus de raison, de lumières, de vertus. Le vrai
philosophe est l'apôtre de la raison &
de la vérité; il les cherche de bonne foi,
il les médite dans le silence des passions,
il les découvre aux autres lorsqu'il s'en
croit capable, & s'il est pénétré des
vérités qu'il annonce, il prouve par sa
conduite la bonté de ses préceptes, &
la supériorité d'une morale naturelle sur
une morale surnaturelle & fausse qui, si
elle l'appuye quelquefois, la combat &
la détruit encore bien plus souvent. Un
méchant troublé par des passions orageu-
ses, un scélérat endurci dans le crime,
un voluptueux perpétuellement enivré
de plaisirs déshonnêtes, sont-ils donc en
état de raisonner? Ont-ils l'impartialité

requife pour juger avec candeur ? Ont-ils le loifir de faire des expériences fûres ? Sont ils affez clairvoyans pour démêler la vérité & la féparer du menfonge avec lequel on la trouve fi fouvent alliée ? Non, fans doute, des hommes légers, intéreffés, diffipés, examinent toujours très-mal, s'ils entrevoient quelques lueurs de vérités, elles font foibles, ils n'embraffent jamais fon enfemble, ils n'en voient que la partie qui flatte leurs paffions, ils ne la prennent point pour guide. Les paffions peuvent quelquefois rencontrer jufte ; elles renverfent fouvent des erreurs & des préjugés qui s'oppofent à leur marche, mais la raifon peut feule détromper parfaitement ceux qui la méditent avec les difpofitions néceffaires.

Ainfi l'on paffera condamnation fur les reproches que l'on eft quelquefois en droit de faire à ceux qui font profeffion de philofophie ; on conviendra du peu d'accord qui fe trouve entre leur conduite & leurs leçons : on reconnoîtra que les grandes lumières & l'innocence dans les mœurs, la prudence dans la conduite, la probité même ne font point toujours réunies. Mais enfin qu'en pour

I 5

ra-t-on conclure contre la philosophie ?
La vérité en est-elle moins utile parce
qu'elle est souvent annoncée par des
hommes qui ne la prennent point eux-
mêmes pour guide ? Les démonstrations
du géométre qui montre l'évidence en
feront-elles moins certaines parce qu'il
n'aura pas de mœurs ? La sagesse en
est-elle moins précieuse parce qu'elle
n'influe point sur la conduite de celui
qui nous la découvre ? Lorsqu'assis autour d'une table abondamment servie
nous y trouvons des mets délicieux,
allons-nous nous informer des mœurs
de celui qui les a préparés ? Les apôtres
de l'erreur, les ministres de la superstí-
tion, ne nous crient-ils point sans cesse
qu'il faut adopter leurs leçons , sans
adopter leur conduite , toutes les fois
que celle-ci dément leurs pompeuses
spéculations ? *

Distinguons donc pour toujours la vé-

* *Non præstant philosophi quod loquuntur, multùm tamen præstant quòd loquuntur , quod honestâ
mente concipiunt.*
SENECA DE VITA BEATA CAP. XX.
Le Philosophe n'est pas comme le prêtre qui
s'engage à instruire par sa conduite , le philosophe qui écrit s'engage à instruire par ses écrits.

rité de celui qui l'annonce ; diſtinguons
la ſageſſe de l'organe , ſouvent impur ,
qui en eſt l'interprête ; diſtinguons la
philoſophie de celui qui s'arroge le titre
de philoſophe ; adoptons la raiſon , de
quelque part qu'elle nous vienne ; ne
la rejettons jamais ſous prétexte qu'elle
n'eſt point annoncée par un être raiſonnable ; quelle que ſoit ſa conduite , écou-
tons avec docilité tout homme qui nous
dira d'être humains , juſtes , ſenſibles ,
bienfaiſans , époux tendres & fidèles ,
citoyens généreux & déſintéreſſés ; n'é-
coutons jamais l'homme le plus grave
dans ſon maintien , le plus auſtère dans
ſes mœurs , lorſqu'il nous preſcrira d'ê-
tre inhumains , zêlés , intolérans , injustes ou indifférens envers nos ſemblables.
Les leçons de la ſageſſe ont ſans doute
plus de poids dans la bouche d'un ſage ,
mais elles ne ſont point à dédaigner lors
même que nous les recevons d'un homme qui ne ſuit pas ces mêmes leçons.
Chériſſons , admirons , imitons celui qui
eſt aſſez heureux pour joindre la pratique au précepte , recherchons la ſociété , faiſons - en notre ami ; liſons avec
tranſport les maximes utiles du vicieux

I 6

qui nous inſtruit, mais fuyons ſes vices
& n'imitons point ſa folie.

Le philoſophe eſt un mortel reſpecta-
ble lorſqu'il prouve par ſa conduite qu'il
eſt lui-même pénétré des vérités qu'il
annonce ; mais elles n'en ſont pas moins
des vérités lors même que ſes actions
démentent ſes paroles. L'homme le plus
pervers peut avoir de grands talens, il
peut avoir médité la politique, appro-
fondi la nature, étudié le cœur humain,
bien plus il peut avoir acquis des idées
vraies de la morale & s'être enrichi de
découvertes inconnues de celui qui avec
plus de ſageſſe, de ſimplicité, de vertu, aura moins de pénétration que lui ;
des cœurs dépravés ont ſouvent bien
plus de talens & d'eſprit que les cœurs
honnêtes & vertueux. La vérité, déja
ſi rare, le ſeroit encore bien plus ſi les
hommes ne vouloient l'admettre que
lorſqu'elle leur ſera préſentée par des
êtres parfaits. Le philoſophe n'eſt point
un Dieu, il n'eſt point égal aux dieux. *

* Ingens intervallum inter me & cateros homines
factum eſt ; omnes mortales multo antecedo, non multùm me Dii antecedunt. SENEC. EPIT. 54. Il appelle ailleurs les philoſophes pares & ſocii Deorum, non ſupplices. EPIST. 3. Sapiens tam æquo

Le philofophe eſt un homme fujet aux
paſſions & aux infirmités humaines , il a
befoin d'indulgence ; fes leçons ſont
eſtimables dès qu'elles ſont avantageufes , fa conduite eſt blâmable dès qu'elle
eſt déraiſonnable ; il n'eſt plus l'apôtre
de la raiſon , il eſt l'apôtre du vice dès
que fes maximes tendent à corrompre
les mœurs.

Diſtinguons donc deux fortes de philofophie ; l'une eſt *ſpéculative* & l'autre
eſt *pratique*. L'une & l'autre peuvent
encore fe foudivifer en deux branches ,
celle qui eſt naturelle ou qui tient du
tempérament & celle qui eſt acquife.
Quoiqu'il en foit , gardons-nous de regarder comme des amis de la fageſſe ,
comme des bienfaiteurs du genre-humain , ces imprudens raiſonneurs qui
quelquefois ont inventé des fophifmes
ingénieux pour difculper le crime, pour
légitimer le défordre & pour jetter du
doute fur les règles immuables des
mœurs. Pour être un philofophe , il ne
ſuffit point d'attaquer les préjugés reçus,

animo omnia apud alios videt contemnitque quam
Jupiter. EPIST: 74. C'eſt dans un homme qui croit
aux dieux joindre l'impiété à l'arrogance la plus
ridicule !

il faut leur fubftituer des vérités utiles ; c'eft peu de combattre les délires de la fuperftition fi l'on ne la remplace par la faine raifon En vain le philofophe a-t-il anéanti les chimères, les dogmes, les vertus fauffes & frénétiques que la religion révère, fi d'un autre côté il permet aux mortels de fuivre leurs penchans déréglés & de fe livrer fans honte à leurs paffions aveugles.

La fageffe ne peut donc point adopter ces écrits dangereux qui autorifent la débauche, qui amolliffent le cœur, qui préfentent le vice fous des couleurs aimables, qui juftifient la fraude, qui décrient la févérité des mœurs, qui jettent le ridicule fur la vertu, enfin qui répandent des nuages fur les devoirs invariables & facrés qui découlent de notre être & qui font les appuis de toute fociété. Quels reproches n'ont point à fe faire ces écrivains lubriques & fans mœurs, dont les ouvrages, dévorés par une jeuneffe bouillante, l'excitent à la débauche & l'animent à fa propre deftruction ! De tels écrits font des empoifonnemens publics ; leurs auteurs reffemblent à ces révoltés qui ouvrent les portes des prifons pour groffir leur parti des misérables qu'elles renferment. Infirmer ou détruire les loix éternelles de la raison, c'est travailler à la ruine du genre humain.

Ainsi après avoir attaqué les erreurs des mortels, celui qui médite n'ira point les remplacer par des erreurs nouvelles plus funestes que les premières ; à la tyrannie religieuse & politique il ne fera point succéder l'anarchie des passions ; aux chaînes de la religion il ne fera point succéder le déchaînement des vices ; aux pratiques & aux devoirs que le fanatisme impose, il fera succéder des vertus plus réelles. L'apologiste du vice n'est point l'ami de la sagesse ; c'est un attentat contre le genre humain que d'encourager l'homme à se nuire, & de s'efforcer d'étouffer en lui la honte & le remors destinés à punir le crime. Celui qui justifie le désordre est un méchant qui ne travaille qu'à se justifier lui même, ou qui cherche à corrompre ses semblables pour en faire des complices ou des approbateurs de ses goûts déréglés. Celui qui ne prévoit point les suites des passions & des vices ; celui qui ne sent pas combien la modération, la raison, la vertu leur font néceffaires, eft un imprudent dont les vues font trop bornées pour donner des confeils au genre-humain. D'ailleurs il eft évidemment dans l'erreur & il trompe les autres. N'eft-ce pas en effet être dans la plus groffière des erreurs que de croire que l'homme puiffe impunèment fe livrer à la diffolution, à l'intempérance, à la débauche? Quel philofophe que celui qui ne fait pas que, d'après les loix éternell s de la nature, le vice fe punit toujours lui-même, lors même que les loix des hommes ne décernent aucunes peines contre lui! que dis-je? lors même que fes excès femblent légitimés par l'opinion publique. Dans les fociétés les plus corrompues la voix publique s'élève contre le défordre; la débauche eft méprifée, les idées de la décence fubfiftent dans le plus grand nombre des efprits, au point que le vice fe croit toujours obligé de s'envelopper des ombres du myftère. Dans les contrées où la diffolution des mœurs femble univerfellement autorifée par l'exemple des grands, ceux qui s'en rendent coupables fe croi nt obligés de cacher leurs intrigues criminelles; ils

font forcés de rougir devant les perfonnes plus honnêtes ; ils éprouvent des
embarras, des inquiétudes, de la honte.

Enfin l'infidélité fe voit punie par
les divifions fubfiftantes entre des époux,
qui ont perdu les uns pour les autres
l'affection, l'eftime & la confiance,
c'eft-à-dire, les charmes les plus doux
de l'union conjugale. Ainfi dire aux
hommes que l'infidélité n'eft qu'une
bagatelle, c'eft leur dire que pour des
êtres deftinés à s'aimer, à s'eftimer,
à s'entre-aider, à fupporter à frais communs les peines de la vie, il eft indifférent d'être unis, & de s'occuper
de leur bien-être mutuel. * Dire aux
hommes que la débauche eft permife,
c'eft leur annoncer que leur confervaa-
tion, leur tranquilité, leur fanté font
des chofes peu faites pour les intéreffer.

C'eft à l'imprudence ou à la dépravation de quelques raifonneurs fuper-
ficiels qu'eft dû le décri dans lequel la
philofophie eft trop fouvent tombée.
En effet on l'accufe de toujours détrui-

* Cela peut nous faire juger de la maxime de
La Fontaine qui dit en parlant de l'adultère :
  Quand on le fait c'eft peu de chofe ;
  Quand on l'ignore, ce n'eft rien.

re fans jamais édifier ; cette accu-
fation feroit fans doute fondée fi l'on
s'obftinoit à fubftituer le nom facré de
philofophie à ces fyftêmes de délires
que des fpéculateurs en démence ont
donnés pour les oracles de la raifon.
Le fyftême de conduite dont les hommes ont befoin a toujours exifté , il ne
il ne faut que le montrer , pour que
fon évidence foit apperçue ; l'être intelligent n'a qu'à rentrer en lui-même,
impofer filence à fes paffions , écarter
fes propres illufions , chercher de bonne
foi la vérité , étudier les rapports , les
devoirs & les droits d'un être qui fent,
qui penfe, qui vit en fociété : pour le
montrer aux autres il ne faut que lever le bandeau que le préjugé avoit
mis fur leurs yeux; il ne s'agit que de
diffiper les nuages du menfonge pour
qu'ils voient la vérité.

La philofophie , je le répète , défa-
vouera toujours les maximes de ces apo-
lógiftes du vice qui empruntent fon langage pour débiter leur poifon. Elle ne
peut compter au nombre de fes difciples les amis du défordre , qui n'attaquent la religion que parce qu'elle contredit quelquefois les funeftes penchans

de leurs cœurs ; qui ne luttent contre
les loix que parce qu'elles gênent leurs
inclinations ; qui ne méprisent l'autorité que parce qu'ils n'ont point la faculté d'en abuser eux-mêmes : qui ne
haïssent la tyrannie que parce qu'il ne
leur est point permis d'être tyrans ; qui
ne combattent les préjugés que parce
que ces préjugés s'opposent à leurs paffions, à leurs débauches, à leurs prétentions fiivoles, à leur vanité. L'ennemi de la morale ne peut être l'ami de
la philosophie ; l'avocat du vice est un
aveugle ou un menteur, qui ne peut
être guidé par la vérité, & qui la hait
nécessairement dans le fond de son
cœur. *

Déclamer contre le préjugé, attaquer
la superstition, exposer les abus du despotisme, combattre les craintes futiles
des hommes sont des entreprises dignes
de la philosophie ; mais combattre la
morale, anéantir la vertu, répandre sur
elle le mépris & la satyre, ne peut être
que l'ouvrage de la démence & de la
fureur. La religion peut être légitime-

---

* *Nulli vitio advocatus defuit.*
        Senec de ira cap. XIII.

ment attaquée, parce qu'elle eſt viſiblement contraire à la vérité, à la raiſon,
aux intérêts du genre humain, mais les
coups du ſage ne porteront jamais ſur
la vertu ; elle eſt pour les hommes une
colonne lumineuſe faite pour les guider
dans la route de la vie, & que jamais
ils ne perdront de vue ſans danger : ſa
baſe, il eſt vrai, eſt ſouvent entourée
de buiſſons, de ronces, & de plantes
venimeuſes qui ſervent de repaire à des
reptiles malfaiſans ; en détruiſant leur
retraite, en découvrant ce monument
auguſte, en le dégageant des obſtacles
qui empêchent d'en voir les fondemens,
prenons garde de les dégrader, ou de
les ébranler ; ſa chute entraineroit la
la ruine de la ſociété. Arrachons donc
ces lierres inutiles qui s'entrelacent autour de lui, mais ne touchons jamais
au ciment ſolide qui ſert à joindre ſes
parties.

Ce que nous venons de dire ſuffit
pour fixer nos idées ſur la philoſophie
& ſur ceux qui la profeſſent. Le philoſophe eſt un homme qui connoit le
prix de la vérité, qui la cherche, qui
la médite ou qui l'annonce aux autres,
le ſage eſt celui qui pratique ſes leçon.

Vérité, sagesse, raison, vertu, nature,
font des termes équivalens pour défigner
ce qui est utile au genre humain ; la
vérité tend toujours à éclairer les hommes ; les plus éclairés feront les plus
raifonnables ; les hommes les plus raifonnables fentiront plus que d'autres
l'intérêt & les motifs qu'ils ont de pratiquer la vertu. Sans l'étude de la nature l'homme ne connoîtra jamais ni
fes devoirs envers lui-même & les autres ; privé de cette connoiffance il n'aura ni principes fûrs ni bonheur véritable. Les hommes les plus inftruits font
les plus intéreffés à être les meilleurs :
les grands talens doivent conduire aux
grandes vertus. Tout homme qui fait
le mal eft un aveugle ; tout homme
déréglé eft un être dépourvu de raifon
dont la conduite prouve qu'il méconnoît fa nature , qu'il fe doit à lui-même , ce qu'il doit aux autres , le prix
attaché à l'eftime méritée de foi , l'intérêt qu'il a de mériter l'eftime des
êtres qui l'entourent. Quiconque ignore toutes ces chofes ne peut être appellé un homme éclairé ; celui qui fe
montre infenfible à la bienveuillance ,
à l'approbation , à la tendreffe de fes

affociés ne diffère en rien des bêtes : celui qui ne s'apperçoit pas que fes vices tend nt à fa propre deftruction n'eft point un être intelligent, dont l'effence & le but font de vouloir fe conferver. Celui qui méconnoît les avantages ineftimables de l'affociation & les moyens de la rendre utile & agréable à fon être, n'eft qu'un infenfé & non un ami de la fageffe.

En effet ce n'eft point à des hommes de cette trempe qu'il appartient de chercher la vérité ; l'efprit n'eft rien s'il n'eft utile ; il eft un arme dangereufe dans la main d'un méchant ; il produit les plus grands biens dans les mains de celui qui eft affez inftruit pour en connoître le véritable ufage. Ainfi la philofophie n'eft point faite pour ces êtres aveugles qu'une imagination pétulante & vive empêche d'examiner. Tout homme qui cherche à nuire, n'eft point un philofophe, dont l'objet ne peut être que de fe rendre utile ; ce titre ne peut point convenir à ees efprits ingénieufement malfaifans, dont les vœux font remplis lorfqu'ils ont ébloui la fociété par des faillies paffagères nuifibles à leurs femblables. Quels

avantages la société retire-t-elle de ces
farcasmes, de ces traits envenimés, de
ces fatyres amères, de ces médilances
& de ces calomnies cruelles, dont l'efprit ne fe fert trop fouvent que pour
faire éclorre des haines, des querelles,
des ruptures, ou pour porter avec
dextérité le poignard dans les cœurs ?
Un être qui pofsède ce malheureux
talent, eft il donc un homme utile ?
A quoi fert fon génie, finon à procurer une fecouffe paffagère à l'oifivité,
à confoler l'envie & la médiocrité des
chagrins que leur caufent le mérite &
les grands talens, & communément à
faire craindre & détefter celui dont la
méchanceté amufe ?

La fageffe n'approuve point cet abus
de l'efprit ; elle fe propofe des objets
plus vaftes, plus avantageux & une
gloire plus folide ; elle ne nuit point aux
hommes elle en veut à leurs vices, à
leurs erreurs, à leurs préjugés ; indulgen-
te pour l'homme, qu'elle voit perpétuellement le jouet d'une néceffité fatale, elle attaque fes délires, elle décrie fes paffions, elle le force quelquefois à rire de fes propres extravagances.
Si elle excufe les infortunés qu'un pen-

chant malheureux entraîne, elle ne doit
aucuns ménagemens aux erreurs qui font
caufe de leurs égaremens. La fatyre eft
permife, elle eft très-légitime lorfqu'elle
a pour objet de combattre les préjugés
des hommes, d'attaquer leurs vices, de
les exciter par les traits du ridicule à
renoncer à leurs folies. La fatyre contre l'homme l'irrite, le révolte, l'affli-
ge, & ne le corrige point; elle prouve bien plus la malignité que les lumières de celui qui l'emploie. Que
diroit-on d'un médecin qui fe moque-
roit d'un malade à qui il offriroit une
potion falutaire ? L'homme de bien fe
propofe de détromper, de guérir, de
faire goûter la raifon, contre laquelle
l'efprit eft fouvent prévenu; il fait qu'il
rendroit la vérité haïffable, qu'il indif-
poferoit contre elle, s'il montroit du
fiel & de la mauvaife volonté.

La philofophie pour perfuader & pour
plaire doit être douce, humaine, indul-
gente; elle deviendroit criminelle fi
l'on s'en fervoit pour bleffer; elle feroit in-
fenfée fi elle révoltoit les malades qu'elle fe propofe de guérir : elle ne méri-
teroit que du mépris & de la haine fi
elle ne fervoit que l'envie, la mifantropie,

pie, ou l'humeur : elle perdoit la confiance qu'elle doit s'attirer, si elle déceloit des passions nuisibles au genre humain.

Ceux qui nuisent le plus visiblement à leurs semblables ont souvent le front de se justifier en disant qu'ils sont *véridiques* ; & que la vérité étant importante au genre-humain il faut toujours la dire, quelles que puissent être les conséquences pour les individus. C'est ainsi que la noirceur se couvre souvent du manteau de l'utilité. La vérité est sans doute nécessaire au genre humain quand elle l'intéresse ; il est avantageux de dénoncer à la société les erreurs qui lui nuisent ; un citoyen zélé est en droit de l'avertir des complots que les méchans ont formés contre son bonheur ; mais le philosophe, étant l'ami des hommes, n'en veut point aux hommes, il n'en veut qu'à leurs délires. Il ne fait point la satyre, mais le tableau du genre humain. Ce n'est ni la malignité, ni l'envie, ni la vengeance qui doivent conduire sa langue ou son pinceau. Il n'est point un délateur, il n'est point l'assassin de réputations ; il défère le mensonge au

K

tribunal de la raifon, il en appelle à l'expérience des chimères ; il invite les mortels à renoncer aux préjugés qui les égarent pour fuivre la vérité bienfaifante qui les conduira toujours à la félicité.

Il faut donc que le philofophe commence par fe fonder lui-même ; qu'il fe mette en garde contre les illufions de fon cœur ; qu'il fe défie de fes paffions ; qu'il fe rende un compte fidèle des motifs qui l'animent ; qu'il annonce la vérité lorfqu'un mûr examen lui en aura fait fentir l'utilité. Pour peu qu'il rentre en lui même, fa confcience bientôt lui fera connoître fi fes motifs font purs, s'il peut fe les avouer à lui-même, s'il peut fans rougir & fans feinte les avouer aux autres.

Mais pour être affuré de cet examen, il faut néceffairement établir la paix dans fon propre cœur. Tout homme qui eft l'efclave d'un tempérament fâcheux, aigri par la malignité, pouffé par des motifs déshonnêtes, n'eft capable ni de s'éprouver lui-même, ni de découvrir la vérité, ni de la faire entendre aux autres : fes leçons feroient fufpectes, fes idées révolteroient & tous fes efforts ne viendroient point à bout de cacher les mobiles dangereux dont il seroit animé. L'homme qui ne dit la vérité que pour nuire, se sert d'un instrument très-utile pour faire un très-grand mal.

On demandera peut-être s'il est quelquefois permis à l'homme de bien de mentir ou de dissimuler la vérité ? je réponds que le mérite de la vérité n'est fondé que sur son utilité réelle & sur l'intérêt du genre humain ; ce mérite cesse dès que cette utilité & cet intérêt disparoissent ou ne sont que fictifs. Quelques théologiens ont prétendu qu'il n'étoit jamais permis de faire du mal en vue du plus grand bien ; il n'ont point vu que dans ce cas le mal devient un bien. Quelques-uns ont été jusqu'a dire *qu'il n'étoit jamais permis de mentir quand même le monde entier devroit périr.* * Il est aisé de sentir que ce principe fanatique n'est fondé que sur les idées incertaines que la théologie se fait & du bien & du mal, du vice & de la vertu. Le bien est ce qui est utile, le mal est ce qui est nuisible aux êtres de l'espèce humaine ; faire ou dire ce

* C'est l'opinion de Saint Augustin.

qui eſt véritablement utile à l'homme
eſt un bien ; faire ou dire ce qui lui devient néceſſairement nuiſible eſt évidemment un mal. De quelle utilité la vérité ſeroit-elle, par exemple, pour un
malade, à qui ſon médecin ſe feroit un
devoir de découvrir que ſon état eſt ſans
remède ? Lui dire la vérité ne ſeroit-ce
pas de gaieté de cœur lui plonger le
poignard dans le ſein ? Eſt il un être
aſſez déraiſonnable pour blâmer un
homme qui mentiroit dans la vue de
ſauver ſa patrie, ſon père, ſon ami, ou
pour ſe ſauver lui-même ? Nous ne devons la vérité aux hommes que lorſqu'elle leur eſt réellement utile ou néceſſaire, nous ne la leur devons point
lorſqu'elle leur eſt évidemment inutile
ou dangereuſe. Si l'on nous dit que d'a-
près nos principes la vérité ne peut jamais être dangereuſe ; nous répondrons
que les alimens les plus ſains, les plus
néceſſaires au genre humain entier, deviennent ſouvent une cauſe de mort pour
quelques individus, dont les organes
ſont viciés.

CHAPITRE IX.

Des intérêts & des motifs qui doivent animer le philosophe. Du courage que doit inspirer la vérité.

SI ceux qui méditent la vérité & qui la montrent aux hommes, sont quelquefois poussés par des passions nuisibles & par des motifs blâmables, il est néanmoins des motifs raisonnables & des passions louables qui animent les cœurs honnêtes & les excitent à l'examen. Nul homme dans sa conduite ne peut agir sans motifs ; nul homme ne peut être totalement dégagé de passions. C'est à nos passions que nous devons nos lumières : l'amour de la gloire, le desir de se distinguer, l'honneur attaché à la découverte des grandes vérités, l'estime que s'attirent tôt ou tard ceux qui répandent des lumières, sont des passions utiles & légitimes, sans lesquelles l'homme a talens ne seroit jamais tenté de sortir de son inertie. Que dis-je ? les passions les plus fâcheu-

fes ont fervi quelquefois à éclairer les
hommes, & la nature fait tirer le bien
du fein même du mal. Ces pallions font
fouvent du bien fans le favoir & détruifent à leur infu des erreurs dangereufes. * C'eft communément l'oppreffion même qui, en comprimant fortement les refforts des ames, les oblige
de réagir avec vigueur: les ames s'en-
gourdiffent fouvent au fein de la prof-
périté.

L'homme de bien a donc des paffions & des motifs pour fe dégager des
préjugés, & même pour les combattre
avec chaleur. Si le vice détermine quelques hommes à rompre avec la religion,
il en eft d'autres que la raifon, l'amour
de la vérité, l'intérêt de leur propre
bonheur, la paffion du bien public en
ont pu détromper.

---

* C'eft la paffion de Henri VIII. pour une
femme qui fit bannir la fuperftition romaine
d'Angleterre & qui fut caufe de la grandeur à laquelle la nation Britannique s'eft élevée. C'eft
dans les princes allemands le defir de s'emparer
des biens du clergé qui fit naître le luthéranifme.
Les prêtres reprochent aux incrédules que ce
font les paffions qui les portent à l'incrédulité,
& ceux-ci leur pourroient répondre que c'eft
l'avarice, l'ambition & l'orgueil qui attachent
fi fortement les prêtres à leur préjugés,

Tant que l'erreur nous eſt avanta-
geuſe nous ne ſommes point tentés de
l'examiner. Le commun des hommes
n'eſt ſi attaché à ſes préjugés que parce qu'il n'en connoît point les conſéquences, ou parce qu'il les croit utiles,
ou parce qu'il les juge ſans remèdes. Les
peuples habitués à la religion & au
gouvernement qu'ils ont reçus de leurs
pères, qu'ils croient néceſſaires à leur
bonheur, auxquels ils n'ont garde d'at-
tribuer tous leurs maux, ne ſont point
tentés de les examiner ni d'en chercher
les remèdes. Les princes élevés dans la
molleſſe, dans l'ignorance de leurs véritables intérêts, & contens de jouir
d'une gloire frivole, d'une puiſſance
momentantée, d'une ſplendeur apparente, qui les mettent pour quelque tems à portée de ſatisfaire leurs
caprices, ne ſont point tentés d'examiner les titres de leur pouvoir, les
droits des nations, les devoirs qui les
lient à leurs ſujets. Les grands, les
riches, les citoyens les plus favoriſés
d'un état ſe contentent de jouir en paix
de la faculté d'opprimer, de vexer,
de contenir un peuple qu'ils dédaignent;
ils n'ont point de raiſons pour deſirer
l'extinction des préjugés, dont ils recueil-

lent à tout moment les fruits ; en conféquence ils jugent qu'il faut laiffer fubfifter des erreurs dont ils ne fouffrent
point eux mêmes ou qui leur font avantageufes. Ces miniftres des dieux dont
l'exiftence, l'opulence & la grandeur
font fondées fur l'opinion, n'ont point
de motifs pour s'affurer fi cette opinion
a la raifon pour bafe , ils ont au contraire
le plus grand intérêt que leurs titres
céleftes ne foient jamais difcutés. Ainfi
les erreurs humaines confervent toujours
leur empire fur tous ceux qui ont intérêt de les maintenir ; fur ceux qui n'en
fentent point les conféquences ; fur ceux
qui n'en font point affez gér.és pour en
être mécontens ; enfin fur tous ceux qui
n'ont ni affez de lumieres pour en connoître les remèdes , ni affez de courage & d'activité pour contredire les préjugés établis.

Si l'homme ne peut agir fans motifs,
le philofophe en a fans doute pour s'élever contre les erreurs qui font le malheur
du genre-humain & pour s'appliquer à
la recherche des vérités utiles. Il ne
s'agit que de voir fi ces motifs font légitimes, & s'il peut fans rougir les avouer
anx autres. On accufe communément

la philolophie d'être fille du chagrin &
de la mauvaile humeur ; on nous peint
les philofophes comme des mélancoli-
ques m contens de tout ; * on nous dit
qu'intéreffes eux mêmes, leurs jugemeus
ne font fouvent rien moins qu'impartiaux.
Avant de les condamner, examinons donc
leurs motifs, voyons s'ils font honnêtes,
& fi leurs paffions font fondées. Tout
homme qui raifonne ne feroit-il pas un
imprudent, un infenfé, s'il refufoit de
donner la plus férieufe attention à l'examen d'une religion que tout confpire à
lui montrer comme importante à fon
bonheur éternel ? Pour être mécontent
de cette religion, ou, fi l'on veut, *pour
prendre de l'humeur contre elle*, ne fuf-
fit-il pas des entraves continuelles qu'elle met à la marche de l'efprit humain,
du renoncement total à la raifon qu'elle
ordonne, des dogmes infenfés qu'elle
préfente, des myftères impénétrables
qu'elle offre à la vénération ? Tout être
penfant n'eft-il point néceffairement révolté des idées informes, contradictoires,

* *Ariftoteles quidem ait omnes ingeniofos melan-
cholicos effe*. V. CICERO TUSCUL LIB I. La mélancolie difpofe à la réflexion, la diffipation en
détourne.

K 5

& funeftes qu'on s'efforce de lui donner
d'un dieu capricieux , jaloux de fon bonheur , qui fe plaît à l'éprouver, qui
prend un plaifir inhumain à voir couler fes larmes , qui lui prépare des fup-
plices inouis pour avoir aimé les objets
qui l'attachent à la vie , pour avoir tra-
vaillé à rendre fon exiftence plus agréable ? Quoi de plus légitime & de plus
raifonnable que de s'affurer de la réalité de ces menaces & de ces terreurs
dont les jours de tout homme conféquent à fes principes religieux devroient
être continuellement empoifonnés ? Le
fage n'a-t-il donc point de motifs pour
pefer l'utilité ou la valeur de ces pratiques génantes, de ces cérémonies puériles , de ces opinions révoltantes qu'on
lui montre comme des objets affez importans pour abforber fon attention, &
pour lefquels il voit fouvent le fang
couler à grands flots fur la terre ? Que
fera-ce s'il entrevoit une fois que cette
religion, qu'on lui montre comme fi
refpectable , fi utile, fi facrée, eft la
véritable fource des maux dont le genre
humain eft forcé de gémir ?

Ainfi le philofophe a des motifs légitimes pour être mécontent des pré-

jugés religieux & pour les examiner.
En a-t-il de moins preffans pour être
mécontent & pour s'affliger des préjugés politiques auxquels il voit les nations affervies ? Tout homme qui penfe
n'eft-il pas à chaque inftant le témoin
& la victime de ce defpotifme outra-
geant qui règne avec un fceptre. de fer
fur prefque toutes les nations ? Ne voit-
il pas qu'il bannit la juftice, la fûreté,
la liberté, la propriété, la vertu, la
fcience, les talens des pays où il fixe
fon féjour ? S'il eft père, n'a-t-il pas la
douleur de voir dans l'avenir fa poftérité plus malheureufe que lui - même,
plongées dans des calamités plus grandes encore par les effets progreffifs d'un
gouvernement négligent, infenfé, destructeur ? S'il eft riche, ne voit - il pas
fes biens à la merci de la rapacité de
ces fultans avides & de ces vifirs impitoyables, dont la mauvaife foi rend
toutes les fortunes chancellantes, dont
les imprudences & les folies continuées
épuifent les nations ? S'il eft dans l'indigence, n'eft-il point continuellement
foumis aux véxations, au mépris, aux
injuftices, aux extorfions de la puiffance
cruel. N'a - t - il pas autant de tyrans

K 6

que de supérieurs ? Sa liberté n'est-elle
pas exposée à des dangers continuels?
La bonté de ses droits le protégera-t-
elle contre le crédit? Pour sa propre sûreté ne sera-t-il pas obligé de briser le
ressort de son ame & de trembler devant
le vice altier, devant l'ignorance hautaine, l'incapacité présomptueuse, aux
pieds de qui la crainte le force de ramper ?

A ces motifs personnels à tout citoyen qui sent que son sort est lié à
celui de l'état, & assez puissans & légitimes par eux-mêmes pour exciter à
la recherche de la vérité, le sage en
joint encore un grand nombre d'autres
sur lesquels les ennemis de la philosophie ne peuvent exercer leur critique.
Toute ame honnête & sensible n'est-
elle donc point touchée des calamités
publiques, des persécutions & des fureurs que le délire religieux excite au
sein des nations ; des haines qui divisent
des citoyens pour des opinions futiles;
des violences exercées par des princes
frénétiques, qu'un sacerdoce impie arme contre des sujets dont ils devroient
être les protecteurs & les pères ? Si le
sage doit s'intéresser au bien, motifs

l'homme, pour peu qu'il ait d'énergie dans l'ame, ne doit-il pas brûler d'indignation à la vue des horreurs que partout le despotifme fait éprouver à fon femblable ? S'il defire vraiment le bien du genre humain ; s'il regarde tous les hommes comme fes frères, ne doit-il pas gémir en voyant la fatale léthargie dans laquelle la tyrannie religieufe & politique fait languir des contrées que la nature deftinoit à être heureufes, abondantes & peuplées ? Quand il voit les violences, les fraudes, les rapines, les infamies, dont fa nation eft le théâtre, en un mot cette honteufe dépravation de mœurs dont le citoyen fouffre fi fouvent, & qui divife continuellement des êtres faits pour s'aimer & s'entr'aider ; fon cœur n'eft-il pas forcé de s'affliger & de s'irriter contre les erreurs qui font caufe de ce renverfement général? S'il a du reffort dans l'efprit, n'eft-il point révolté des fers que le facerdoce & le pouvoir arbitraire forgent de concert pour lui-même & pour fes affociés ? Ne rougit-il pas de fe voir retenu par d'indignes-liens qui l'aviliffent & qui femblent deftinés à

l'enchaîner pour toujours dans l'igno-
ronce & l'abrutiffement?

Pour chercher la vérité il faut qu'elle intéreffe ; elle n'eft fi rare fur la terre
& n'y paroît fi déplacée que parce
que peu d'hommes en connoiffent l'importance pour eux ; cette connoiffance
n'eft elle même que le fruit de la réflexion; celui qui la découvre s'applaudit
bientôt de poffeder un tréfor dont fes
concitoyens méconnoiffent le prix. La
philofophie donne la liberté à l'efprit,
elle l'élève, elle l'embrafe, elle lui infpire du courage. Tout homme a plus
ou moins la paffion de fe diftinguer de
fes femblables; c'eft le defir du pouvoir qui
anime l'ambitieux ; le defir de fe diftinguer par des titres, du crédit & du
fafte eft le mobile du courtifan; le défir de s'illuftrer par la valeur pouffe le
guerrier aux dangers ; mais c'eft le defir
de fe diftinguer par fes lumières, & de
mériter l'eftime & la tendreffe de fes
concitoyens en leur montrant la vérité,
qui excite l'homme de lettres à méditer, à parler, & à écrire.

Que l'ignorance intereffée ceffe donc
de reprocher a la philofophie fon orgueil; le philofophe n'eft blâmable de

l'eftime qu'il a pour lui-même que lorsqu'elle n'eft point fondée ; il n'a point de droit à eelle des autres lorfqu'il ne leur eft point utile ; il ne leur eft point utile lorfqu'il ne leur découvre point des vérités néeeffaires à leur bonheur ; fes prétentions font nulles dès qu' u lieu de fervir le genre humain il ne fert que fes paffions injuftes & fa propre vanité ; il efface tous fes bienfaits lorsque par un ton arrogant il infulte le genre humain ; il rend fes découvertes inutiles, il rebute dès qu'il humilie.

Faire un crime au philofophe de vouloir fe diftinguer, d'ambitionner l'eftime des autres, de s'applaudir de fes travaux, d'attendre de fes concitoyens la reconnoiffance qui en eft le falaire légitime, c'eft lui reprocher d'être homme, c'eft exiger qu'il agiffe fans motifs, c'eft. vouloir que la philofophie le dénature. Otez aux hommes le defir de l'eftime & l'efpoir d'être récompenfés de leurs peines, bientôt toute induftrie fera détruite & perfonne ne s'occupera du foin d'acquérir des talens. * Le de-

* Tout homme de bien doit penfer & parler comme l'Hector du Poëte Nævius.

fir de fe tirer de l'indigence force l'homme du peuple au travail, il ceffe de
travailler fi on lui retient fon falaire. La
paffion de fe diftinguer produit l'émulation & fait fleurir les arts, la paffion
de la gloire doit, animer le fage dans
fes recherches; cette paffion eft noble,
honnête, légitime, & la fociété eft injufte toutes les fois qu'elle refufe fon
affection à ceux qui la fervent utilement.

Oui je le répète, le philofophe doit
ambitionner la gloire; fon efprit dega-
gé des liens qui enchaînent le peuple,
& des grands eux-mêmes que leurs préjugés rendent fi fouvent peuple, doit fe
mettre au-deffus des objets puérils qui
occupent la multitude. Semblable à l'aigle, il eft fait pour planer au haut des
airs; c'eft de là qu'il verra la petiteffe
des vains jouets qui abforbent l'attention
des mortels. Son œil audacieux, femblable à celui de l'aigle, fixera ces
phantômes divinifés, ces tyrans, ces conquérans, ces foleils dont la fplendeur

*Lætus fum laudari me abs te, Pater, à laudato
viro*   *v. Tufcul.* 4.
Un homme de mérite ne doit être fenfible
qu'aux éloges du mérite.

éblouit une terre qu ils défféchent au lieu de la féconder.

Mais c'eſt en vain que le ſage s'eſt c'eſt détrompé lui-même des erreurs qui aveuglent ſes ſemblables, il n'a de droits ſur leur eſtime que lorſqu'il ſe rend utile pour eux. Il ne ſe rend utile qu'en montrant la vérité; ſi, comme Prométhée, il l'eſt allé ravir au haut du ciel, il doit s'attendre comme lui à gémir de l'avoir trouvée. * L'olympe s'armera contre lui, la terre ſecondera ſes fureurs, le genre humain effrayé de ſon audace le traitera d'inſenſé, de furieux. Si ſon ame a de la vigueur, ſi ſon imagination eſt allumée, s'il a pour la vérité le même enthouſiaſme que tant de mortels ont montré pour l'erreur & pour l'opinion, il ſe roidira contre les menaces & les perſécutions que le menſonge tout puiſſant décerne contre tous ceux qui ont le courage de l'attaquer; il ſe vengera des mépris de la grandeur, des oppreſſions de la tyrannie, des calomnies du

* La deviſe de tous ceux qui répandent de grandes lumieres pourroit être ce paſſage de Virgile . . . . alto
Quæſivit cœlo lucem; ingemuitque repertâ.
Æneid Lib. 4. verſ. 691. 692.

facerdoce , en découvrant aux hommes
cette vérité qui tôt ou tard triomphera
de l'impofture. Que dis-je! les obftacles
& les dangers mêmes irriteront fon courage ; les hommes les plus pufillanimes
font forcés d'applaudir un mortel intrépide ; fa hardieffe leur en impofe, elle
devient un fpectacle pour eux : le courage en tout genre fut toujours admiré
par ceux qui ne fe fente point affez de
force pour l'imiter. * Ainfi l'enthoufiafte
du vrai fera foutenu dans fes travaux &
dans fes détreffes par les regards de fes
concitoyens étonnés ; à leur défaut fon
imagination lui montrera la poftérité
applaudiffant à fes entreprifes, & la gloire couronnant fon heureufe témérité. Le
péril a des appas pour les grandes ames;
l'homme aime à fe rendre compte de
forces à lui même ; il fe félicite toutes
les fois qu'il a bravé les dangers & fur-
monté quelque grande difficulté.

---

* L'on remarque que les lâches font les plus
empreffés à fomenter les querelles & à engager
les autres à fe battre ; il en eft de même des ouvrages que l'on trouve hardis , ils font achetés &
lus même par des hommes qui n'ont point le courage d'en profiter. Un écrivain courageux eft
regardé comme un homme dont on admire les
tours de force fans fonger à l'imiter.

Ne blâmons donc point ces ames
fortes, ces ardens défenseurs de la vérité
qui souvent ont bravé la colère de la
tyrannie: remplis de l'enthousiasme de
la gloire & de l'amour du genre hu-
humain, ou irrités à la vue des maux
multipliés de leur espece, de grands
hommes ont osé quelquefois déchirer le
bandeau de l'opinion & faire briller à
nos yeux le flambeau de la vérité. Si
le mensonge se glorifie de ses victimes,
de ses enthousiastes, de ses martyrs,
pourquoi la vérité n'auroit-elle pas les
siens? Si l'enthousiasme est louable, c'est
sans doute quand il a le bien-être du
genre humain pour objet. Les hommes
sont-ils donc en droit de blâmer ou de
traiter de folie l'ivresse des ames généreu-
ses qui osent les servir, tandis qu'ils ap-
plaudissent & admirent ces conquérans
qui bravent la mort pour satisfaire leur
ambition sanguinaire, ces guerriers qui
s'immolent à l'honneur prétendu de servir un tyran méprisable; tant d'hommes qui s'immolent tous les jours à l'opinion ridicule ou à de barbares préjugés?
Est-il donc plus extravagant de s'exposer
pour la vérité, si nécéssaire aux nations,
que de risquer sa vie pour étendre d'inuti-

les conquêtes ? Eſt-il un outrage plus digne d'être repouſſé par l'ami de ſa patrie
que celui des ennemis qui la trompent,
qui l'enchaînent, qui rient de ſes malheurs, qui travaillent à ſa ruine ?

Ainſi, Sages qui méditez ! ſi vos ames
généreuſes ſont indignées des maux que
le genre humain éprouve, des affronts
que lui fait la tyrannie, des tragédies
cauſées par l'impoſture politique & religieuſe ; quand votre imagination brûlan-
te d'un ſi beau feu vous forcera de parler,
frappez avec audace ſur les erreurs de la
terre ; attaquez avec franchiſe le menſonge & le préjugé, faites tonner la vérité dans l'oreille des rois ; ſecouez aux
yeux des peuples ſon flambeau ſecou-
rable ; inſpirez à l'homme du courage,
de l'eſtime pour lui même, du mepris
pour ſes tyrans, de l'amour pour ſes
maîtres, qu'il ſente enfin ſa grandeur,
ſes forces & ſes droits. Apprenez aux
nations qu'elles ſont libres, que leurs
mains ne ſont point faites pour porter
d'indignes chaînes ; que ni les miniſtres des dieux ni les rois de la terre
ne ſont point autoriſés à les mettre
dans les fers.

Apprenez à ces rois qu'ils doivent

le bonheur à leurs fujets ; que c'eft d'eux qu'ils empruntent leur autorité ; qu'elle n'eft qu'une ufurpation déteftable lorfqu'ils s'en fervent pour écrafer ceux qu'ils font deftinés à proréger & défendre. Apprenez aux fouverains qu'il n'eft point de grandeur, de fûrete, de gloire pour eux s'ils ne commandent à des peuples heureux. Montrez leur enfin que la vertu fuppofe des ames contentes, & que des fujets que la fuperftiti n & le defpotifme s'accordent à rendre infortunés & vicieux, n'auront jamais la force & la vertu néceffaires au foutien des empires.

Que les nations fe félicitent donc lorfque d'heureufes circonftances feront éclore dans leur fein des hommes affez intrépides pour prendre leurs intérêts : qu'elles ne méprifent du moins pas des enthoufiaftes éclairés, qui au rifque de leur bonheur, de leur fortune, de leur vie, leur annoncent la vérité, & réclament pour elles : qu'elles ne regardent point comme de vils fédirieux, ou de mauvais citoyens ces mortels bienfaifans qui ont affez de courage pour attaquer les préjugés, & pour

troubler ce silence léthargique qui les
endort sur tous leurs maux. Si ces héros généreux de la philosophie, si ces
martyrs de la cause publique sont forcés de succomber sous le poids de la
tyrannie, ce n'est point à leurs concitoyens qu'il appartient d'applaudir à la
rage des tyrans ; ceux-ci n'accablent la
vérité que pour les accabler eux-mêmes. Le mensonge peut être attaqué
avec imprudence par celui qui s'expose
à ses coups, mais les fruits de la vérité sont toujours avantageux pour toute la race humaine. Ce ne fut point
aux Romains qu'il appartint autrefois
de tourner en ridicule la noble audace des Curtius, des Coclès, des Scæ-
vola, des Decius ; ils durent les admirer, respecter leur mémoire & s'a ten-
drir au nom de ces illustres victimes
dont l'heureuse témérité fut le salut de
Rome. (*)

* Les ames fortes sont rares & les ames foibles très-communes, voilà pourquoi l'on blâme
les écrivains qui montrent du courage. *Est in animis, omnium ferè natura molle quiddam, demis-
sam, humile, enervatum, languidum quodammo-
do. Si nihil aliud, nihil esset homine deformius.*
CICERO. TUSCULAN. II. Cap.

Affez fouvent la philofophie ne préfenta que des remèdes trop foibles pour la grandeur du mal. A quoi fert de temporifer lorfqu'il faudroit porter la coignée à la racine de l'arbre ? La douceur eft funefte à des plaies que le fer feul eft capable d'extirper. Souvent le philofophe trop timide, ou efclave en partie des opinions de fon fiècle, craint de donner des couleurs trop fortes à la vérité ; c'eft la trahir que de ne point la montrer toute entière ; c'eft la rendre inutile que de l'énerver ; c'eft fe défier de fon pouvoir que de la diffimuler.

Penfer avec liberté c'eft n'avoir point les opinions du grand nombre ; c'eft être dégagé des préjugés que la tyrannie croit néceffaires à fon foutien ; le philofophe eft un homme d'un âge plus mûr que fes concitoyens ; fi fon expérience le met à portée d'inftruire les autres, il doit le faire avec franchife ; s'il a eu le bonheur de rencontrer la vérité qu'il la montre toute nue, qu'il ne lui faffe point l'injure de la couvrir des vêtemens du menfonge, qu'il ne l'établiffe point fur des preuves trompeufes, que toujours véridique

& fincère il ne faffe jamais de pacte
avec l'impofture : qu'il dife ce qu'il
fait ; fon favoir eft inutile s'il n'en
fait part aux autres ; qu'il avoue ce
qu'il ignore & qu'il ne recoure point
à d'indignes fubterfuges pour fauver fa
vanité. En un mot la fonction du fage eft de montrer la vérité ; jamais il
ne lui eft permis de fe rendre le complice du menfonge.

Les talens, les fciences & les arts
font deftinés à rendre l'homme plus
heureux en lui rendant fon exiftence
plus chère ; mais quelle peut être leur
utilité s'ils ne fe fondent fur l'expérience & la vérité ? Les lettres n'ont des
droits à notre eftime que lorfqu'elles
font jointes à l'utilité : elles ne nous
font utiles que lorfqu'elles nous montrent la vertu , la raifon , la vérité
plus aimables ; elles deviennent méprifables toutes les fois qu'elles ne fervent qu'à embellir le vice , qu'à amollir le cœur , qu'à nourrir des paffions
criminelles , qu'à perpétuer nos illufions , nos préjugés , nos délires ,
qu'à favorifer la moleffe , qu'à charmer
les ennuis de notre oifiveté , qu'à nous
endormir dans nos chaînes. Les talens ,

lens , poffédés trop fouvent par des
ames vénales , brûlent un encens fervile fur les autels de l'impofture ; les
arts proftituent leurs ornemens & leurs
charmes au vice & à la flatterie ; trop
fouvent des empoifonneurs publics par
leurs louanges odieufes encouragent les
tyrans aux crimes , leur donnent une
fauffe idée de gloire , applaudiffent à
leurs fureurs & célèbrent avec emphafe
des victoires fanglantes que les nations
expient par des fiècles de miferes. (*)
Quoi ! la poëfie eft-elle donc faite
pour chanter les deftructeurs des peuples & les fléaux du genre humain !
La langue fublime des mufes eft-elle
deftinée à flatter des monftres altérés
de fang , à les féliciter de leurs forfaits , à transmettre leurs crimes à la
poftérité fous des couleurs éclatantes ?
L'éloquence faite pour élever les ames
des hommes , pour les toucher , pour
les porter à la vertu , aux grandes
chofes , ira-t-elle prêter fes armes aux
oracles de ces dieux malf ifans ou de
leurs prêtres menteurs ? L'art de rai-

* Voyez l'Epitre de Boileau à Louis XIV,
fur fes conquêtes.

fonner, qui ne doit fe propofer que
la recherche du vrai, s'abaiffera-t il jufqu'à s'occuper de puérilités, de disputes interminables fur des objets futiles?
Ne fe rendroit-il point criminel en
prêtant des fubterfuges à la mauvaife
foi & des fophifmes au menfonge ?
On ne peut trop le répéter, la vérité
doit être l'objet unique des recherches
du philofophe ; c'eft en la montrant
aux autres qu'il fe rend digne de
leur eftime & de leur amour ; c'eft
en combattant leurs erreurs qu'il les
rendra plus heureux ; c'eft en fe
dégageant lui même des préjugés qu'il
deviendra plus tranquile & meilleur.

CHAPITRE X.

De l'antipathie qui subsista toujours entre la philosophie & la superstition. De l'esprit philosophique & de son influence sur les lettres & les arts.

C'EST une chose remarquable que l'inimitié qui subsista de tout tems entre la superstition & la philosophie. Il y eut dans tous les siècles des penseurs dans les sociétés policées qui eurent le courage de s'écarter plus ou moins des opinions du vulgaire, & de combattre ses préjugés. Nous voyons dans tous les âges la philosophie aux prises avec le fanatisme : nous trouvons dans l'antiquité les hommes les plus éclairés & les plus vertueux occupés à miner l'empire du sacerdoce & souvent forcés de succomber sous ses coups. Nous voyons Socrate, le père de la morale, recevant la ciguë des mains d'une autorité tyrannique & des loix insensées pour avoir osé lutter contre les dieux de son pays ;

L 2

nous voyons le profond Ariſtote banni
de ſa patrie ; nous voyons dans tous
les ſiècles la ſcience & le génie s'élever avec force contre l'impoſture, &
réclamer plus ou moins ouvertement
les droits de la raiſon ; contre une religion toujours impérieuſe, toujours
abſurde, toujours puiſſante, toujours
contraire au repos des mo.tels, toujours en contradiction avec la nature,
toujours ennemie de l'expérience & de
la vérité ; il fallut donc s'en ſéparer
& vivre en guerre avec elle. (*)

* Preſque tous les philoſophes de l'antiquité
ont eu deux ſortes de doctrines, l'une publique
& l'autre cachée (exotérique & éſoterique).
Les ouvrages de Platon n'ont pour objet que de
ſubſtituer la morale à la ſuperſtition. Ce dernier
philoſophe décrie par-tout les poëtes, c'eſt-à-
dire, les théologiens de ſon tems, les oracles
du paganiſme : voilà peut-être pourquoi les premiers pères de l'égliſe chrétienne furent pla-
toniciens. La double philoſophie des anciens eſt
évidemment la vraie cauſe de la peine que l'on
a lorſqu'on veut démêler leurs véritables ſentimens. Il faut parler clairement aux hommes,
ſans cela l'on feroit peut-être auſſi bien de ſe taire. Mais la plupart des auteurs veulent jouïr de
leur vivant ; en conſéquence, où ils ſe croient
obligés de voiler leurs ſentimens trop contraires
aux préjugés reçus, ou leurs ouvrages devien

Les miniftres de la religion fe montrèrent en tout pays les ennemis implacables de la philofophie, & les
philofophes prirent en main la caufe
de l'homme avili par les prêtres &
affervi par les tyrans : ils cherchèrent
à l'inftruire de fes devoirs que tout
confpiroit à lui faire oublier. Les prêtres & les tyrans, appuyés des préjugés du vulgaire, combattirent avec
fuccès les fages appuyés uniquement
des forces de la raifon ; les premiers à
l'aide du preftige aveuglèrent les hommes, les conduifirent d'abîmes en abîmes, & ne firent qu'éternifer leurs
peines ; les autres dépourvûs de pou-

nent des énigmes inexplicables pour la poftérité ;
qui y trouve perpétuellement l'erreur à côté de
la vérité. Tout homme qui penfe fortement écrit
pour l'avenir ; s'il craint de fe compromettre,
qu'il lègue fes idées à la poftérité. *Voyez le Chapitre XI.*

Il eft bon de remarquer que fouvent les théologiens, après avoir vivement perfécuté des
philofophes, ont fini par adopter leurs idées.
C'eft ainfi que les théologiens modernes fe fervent aujourd'hui des preuves de l'immortalité &
de la fpiritualité de l'ame & de l'exiftence de
Dieu imaginées par Defcartes, qu'ils ont pour-
fuivi comme un athée.

voir & d'autorité, presque toujours obligés de se taire, instruisirent les nations à la dérobée, & quelquefois leur offrirent des remèdes contre les maux que l'erreur leur avoit faits. Ainsi l'on vit dans les nations instruites deux puissances inégales aux pris.s; l'une soutenue de l'autorité publique & de l'opinion nationale, résista toujours aux attaques de la raison & fut en état de faire une guerre offensive & cruelle à tous ses ennemis; maîtresse du champ de bataille elle gouverna les princes, elle écarta la sagesse d'auprès de leurs personnes, elle empoisonna leur enfance, elle présida à leurs conseils, elle s'empara de l'esprit des sujets. Enfin l'erreur triomphante fut en possession de régler le sort des empires, elle infecta de son levain toutes les institutions humaines, elle obscurcit les sciences, elle découragea les talens, elle abusa du génie, elle dégrada les arts, elle les soumit à ses caprices ridicules, elle força tout à servir ses impostures & à orner ses délires. La sagesse, la philosophie, la liberté de penser ne furent le partage que de quelques ames honnêtes qui pleurèrent en secret les maux

de la patrie, ou qui rifquèrent de
devenir les victimes de leur courage
toutes les fois qu'ils ofèrent annoncer
hautement la vérité. Les amis de la
fageffe furent regardés comme des ennemis de tout bien ; la fcience vraiment utile fut punie & réprimée ; la
vérité fut traitée d'impofture, la philofophie de fédition, la raifon de délire : le philofophe entouré d'une foule
d'hommes ivres eut communément l'air
d'être feul enivré.

On nous demandera peut-être s'il
n'y a pas de l'extravagance à vouloir
combattre avec des forces fi inégales
les erreurs des hommes ; des amis timides de la philofophie prétendront
que c'eft lui nuire que de faire entendre fa foible voix au milieu des
acclamations & des triomphes que la
fuperftition & le defpotifme fe font
par-tout décerner. A quoi fert, nous
dira-t-on, la vérité à des peuples de
longue main écrafés, avilis, affoupis
dans la mifère ? A quoi fert de raifonner à des hommes frivoles, énervés par la moleffe & par le luxe, dépourvus d'énergie & de courage, livrés à la diffipation & à des plaifirs

puérils , & qui , contens de leurs
chaînes , ne songent qu'à s'amuser,
sans s'occuper de leur bonheur solide
ni de celui de leur postérité ? Enfin à
quoi servent les lumières à des esclaves assez dégradés pour chérir leurs
fers , assez extravagans pour trouver la
vertu ridicule , assez désespérés pour
croire que leurs maux sont sans remèdes ? La vérité ne seroit-elle pas un
présent funeste à des hommes qu'elle
ne tireroit de leur assoupissement que
pour leur faire connoître toute l'étendue de leurs maux ? Ne seroit-elle
pas inutile à des êtres si peu disposés à
l'écouter ? Enfin des hommes plus
amis de leur repos que du bonheur du
genre humain diront qu'il suffit d'être
sage pour soi , qu'il faut abandonner
les insensés à leurs folies. *

Je réponds que les maux des hommes ne sont jamais sans remèdes ; que
la connoissance de la vérité les réveil-
le , les rend actifs , affoiblit peu à
peu l'influence des opinions qui cau-
sent leurs infortunes. Une nation qui
s'éclaire ne peut point être sans ressour-

* *Loquendum est ut plures ; sapiendum ut pauci.*

ces ni pour toujours malheureuse ; c'est l'erreur & l'opinion qui asserviffent le monde ; c'est de l'ignorance que viennent les malheurs de la terre ; en guériffant les hommes de leurs fauffes idées , on les verra tôt ou tard foulagés de leurs misères ; l'empire des méchans n'est fondé que fur l'opinion , ainfi que l'on change l'opinion , & d'elles-mêmes. les chaînes tomberont des mains des peuples. Les oppreffeurs du genre-humain , quelque aveugles qu'ils foient , preffentent ces effets ; en conféquence ils n'omettent rien pour étouffer la vérité dès qu'elle ofe percer ; à force de menaces & de perfécutions ils effrayent tous ceux qui pourroient l'annoncer. De tout temps le pouvoir injufte s'arma contre les écrits les plus utiles , cependant malgré tous fes efforts ils fubfiftent aujourd'hui , & fervent encore à échauffer nos cœurs & à guider nos efprits. Les préceptes de Socrate font parvenus jufqu'à nous, & la fuperftition qui le fit périr eft depuis long-temps détruite & méprifée.

Que l'on ne dife donc point que les leçons de la fageffe font inutiles ;

L 5

les hommes ne subsistent-ils pas toujours ? Des vérités inconnues ou même odieuses à nos pères ne sont-elles
pas adoptées par nous ? Si les vices de
notre siècle , si les préjugés actuels
s'opposent au bien qu'on veut nous
faire, les instructions de la philosophie
ne peuvent-elles point servir un jour à
notre postérité , que ses malheurs forceront sans doute de recourir à la vérité ? Laissons-lui donc des ressources,
transmettons-lui des lumières , pré-
voyons ses circonstances & ses besoins,
& jouissons d'avance de sa reconnoissance , que presque toujours les contemporains refusent à ceux qui les éclairent.

Le sage ne doit point se rebuter de
l'ingratitude de ses concitoyens ; il est
l'homme de tous les tems & de tous
les pays. Toujours plus avancé que
son siècle il y paroît déplacé, si ses
contemporains lui refusent leurs suffrages , il aura ceux de la postérité.
Écouter les leçons d'un homme qui
nous instruit c'est avouer sa supériorité , cet aveu coûte toujours à la vanité ; les mortels aiment mieux persister
dans leurs antiques erreurs que de mon-

trer de la déférence à celui qui les détrompe ; le mérite préſent nous humilie ,
il révolte notre envie ; cette envie meurt
avec l'objet qui l'avoit excitée ; c'eſt
alors que nous jugeons de ſang-froid,
& que nous payons au mérite le tribut
qu'il a droit de prétendre. Le grand
homme en tout genre eſt un objet incommode pour la vanité de ſon ſiècle ;
le génie réduit toujours la médiocrité
au déſeſpoir ; celle ci ſe venge par des
mépris affectés , par la critique & la calomnie , de la jalouſie qu'elle éprouve.
Le tems rend les hommes plus juſtes ,
c'eſt après le trépas que l'homme à talens jouit des honneurs du triomphe ;
c'eſt pour la poſtérité, c'eſt pour l'éter-
nité que le ſage doit écrire, c'eſt du
genre humain futur que le grand homme
doit toujours ambitionner les ſuffrages. *

La vérité, comme le ſoleil, eſt faite

* Preſque tous les pays ſe rendent coupables
de la même folie que les Ephéſiens , qui aprés
avoir banni Hermodore, le plus illuſtre des citoyens , paſſerent un décrit , qui portoit que per-
ſonne n'excelle parmi nous. Le philoſophe Hera-
clite diſoit que pour ce beau réglement tous
les Ephéſiens auroient mérité la mort.
V. CICERO TUSCULAN. L. V. Cap.

L 6

pour éclairer le globe entier ; elle ne
vieillit jamais ; elle ne connoît point les
bornes que des conventions paſſagères
ont miſes aux ſociétés politiques ; ſa
lumière eſt deſtinée à tous les habitans
de la terre ; ſon flambeau , ſouvent
voilé de nuages ou éclipſé pour un
tems aux yeux d'un peuple , ſert pourtant à en guider un autre.

Tout homme qui médite ne jouit-il
pas aujourd'hui d'une foule de vérités ,
de lumières , de découvertes jadis combattues , déprimées , étouffées , perſécu-
tées par ceux à qui elles étoient deſ-
tinées ? Le ſavant de nos contrées n'eſt-
il pas à portée de puiſer dans des ſources , devenues inutiles déſormais à l'Aſſyrie dévaſtée , à l'Egypte abrutie , à la
Grèce aſſervie , à l'Italie conquiſe par
des barbares & ſoumiſe à des prêtres ?
La ſageſſe des anciens eſt-elle donc perdue pour les ſages modernes ? N'eſt-
ce donc pas pour le philoſophe d'aujourd'hui qu'ont écrit les Platons , les
Ariſtotes , les Cicérons , les Antonins ?
N'eſt-ce point pour nos légiſlateurs que
les Solons , les Lycurgues , les Charon-
das ont médité ? N'eſt-ce pas pour nos
moraliſtes que le ſage Confucius a dans

le fond de l'Orient enseigné ses leçons ?

Aidée de l'expérience des siècles pas-
sés la philosophie, éclairant la politique
& l'histoire, est à portée d'instruire ceux
qui gouvernent aujourd'hui ; elle leur
montrera les écueils où d'autres ont
échoué ; elle leur découvrira les vraies
causes de ces révolutions qui ont ren-
versé les empires ; elle leur fera voir à
chaque page les tragiques effets de la
tyrannie, de la superstition, du délire
des rois, des préjugés des peuples, de
l'ambition des grands. Que l'on ne nous
dise point que les nations n'en sont point
devenues plus heureuses, que leurs chefs
n'ont point été rendus plus sages. Le
Briton fatigué de ses despotes & de ses
révolutions ne s'est-il pas approprié les
idées politiques de Sparte, d'Athènes,
de Rome ? N'est-il point pa venu à forcer ses monarques à devenir citoyens ?
Embrasé du beau feu qui brûla dans les
cœurs des Harmodius, des Timoléons,
des Dions, & qui fit disparoître la tyrannie de la Grèce, n'a-t-il pas juré une
haine immortelle aux ennemis de sa liberté ? N'est ce pas pour lui que les Thu-
cydidès, les Polybes, les Tacites ont

écrit l'hiſtoire * ? Enfin ſi l'Anglois
n'eſt point encore parvenu à donner à
ſon ſort la perfection & la ſolidité dont
il ſeroit ſuſceptible, c'eſt qu'encore aſſer-
vi à mille préjugés, il n'a point eu le
courage de faire uſage de l'expérience
antique & de l'appliquer à la guériſon
de ſes maux, à la ſuppreſſion totale de
la ſuperſtition, à la perfection de l'éducation, à la réforme des mœurs, & que
dupe de ſon avidité & de ſa paſſion pour
les richeſſes, il a cru que l'opulence ſuf-
fiſoit pour rendre un peuple heureux.

Quoiqu'il en ſoit, les leçons de la
ſageſſe ne ſont jamais totalement perdues pour la race humaine. Le père de
famille, lorſqu'il plante, s'occupe agréablement pour lui-même, & très-utile-
ment pour ſa poſtérité, qu'il prévoit dans
l'avenir. ** Que l'homme qui penſe ſe

* En Angleterre ſous Charles I. Les partiſans
du deſpotiſme ou du pouvoir arbitraire des rois
ſe plaignoient dans le ſiécle paſſé que c'étoit la
lecture des anciens qui avoit fait naître dans les
cœurs l'enthouſiaſme de la liberté. . . . . Un
miniſtre d'état françois regardoit indiſtinctement
tous les gens de lettres comme des ſéditieux.
V. Le Parrhaſiana Tome II. p. 161.
** Ergo arbores ſeret diligens agricola, quarum

confole donc fi fes réflexions & fes travaux font fouvent inutiles à font fiècle ,
& mal récompenfés par fes contemporains. L'ami de la vérité doit porter fes
vues au delà des bornes de fa vie ; que
fes yeux perçans envifagent les fiècles
futurs , qu'ils embraffent le vafte hori-
zon du genre-humain ; que fon cœur
s'artendriffe fur la poftérité ; moins en-
vieufe & moins prévenue elle bénira
fans doute un jour la mémoire de ceux
qui l'auront éclairée , & qui lui auront
tracé la route du bonheur. Ainfi que
l'aftre du jour, la lumière de la vérité
femble éclairer fucceffivement les différentes parties de notre globe ; la fageffe
venue du fond de l'orient le laiffe maintenant dans les ténebres pour éclairer
l'Occident. Harrington , Locke , &
vous fublime Montefquieu ! c'eft peut-
être pour l'Amérique que vos leçons
font deftinées. Tout l'univers a des droits
fur les lumièies d'un grand homme ; c'eft
dans ce fens que le fage eft un *citoyen*
du monde; il doit fervir la grande fociété ; la vérité eft un bien commun à

efpicie baceam ipfe nunquam ? vir magnus Leges ,
inftituta , rempublicam non feres ?
CICERO, TUSCULAN. I.

toute la race humaine ; ceux qui trouvent
ce tréfor font tenus de lui en rendre
compte ; c'eſt un vol de l'en priver.
L'homme n'eſt eſtimable qu'en raiſon
du bonheur qu'il procure à ſes ſemblables ; l'homme de bien n'a point perdu
ſon tems s'il a fait un ſeul heureux.

En convenant que la verité eſt utile
& néceſſaire , on demandera peut-
être ſi ſes prétendus amis ſont ſûrs de
l'avoir trouvée. »Tout dans ce mon-
»de , nous dira-t-on , eſt un pro-
»blême , une énigme, un myſtère ;
»notre entendement eſt borné ; tout
»homme eſt ſujet à ſe tromper ; les
»génies les plus brillans ne s'annon-
»cent ſouvent que par la grandeur de
»leurs écarts ; ainſi comment connoî-
»tre avec certitude ſi ce que vous ap-
»pellez des vérités ne ſont point des
»erreurs auſſi dangereuſes que celles
»que vous voulez détruire ?" En partant de ce principe on conclurra qu'il
faut laiſſer au genre humain ſes idées,
ſes incertitudes & ſes folies , ſi l'on
ne peut les remplacer que par des incertitudes & des extravagances nouvelles.

Je répons qu'un Philoſophe , mé,

me avec le génie le plus vaste, les
connoiffances les plus profondes ; les
intentions les plus pures, peut fans
doute fe tromper & fe faire illufion à
lui-même. Il peut prendre pour des
vérités incon eftables des idées qui ne
font que les produits d'une imagination impétüeufe, de fes propres préjugés, de fa façon de voir & de fentir. Cependant en confultant la nature, l'expérience, la raifon, l'utilité
conftante du genre-humain il marche-
ra d'un pas für à la vérité. D'un autre côté les fyftêmes de la philofophie,
n'étant pas des *oracles divins*, peuvent être examinés, difcutés, rejettés,
s'ils font faux, ou contraires au bien-
être des hommes ; les principes de
tout homme qui penfe & qui parle
au public peuvent être conteftés, ana-
lyfés, foumis à l'expérience & pefés
dans la balance. * En un mot l'auto-

* Si l'on y fait attention, l'on trouvera qu'il
ne peut point y avoir de livre vraiment dangereux. Qu'un écrivain vienne nous dire *que l'on
peut affaffiner ou voler*, on n'en affaffinera & l'on
n'en votera pas plus pour cela, parce que la loi
dit le contraire : il n'y a que lorfque la religion
& le zèle diront d'affaffiner ou de perfécuter que

rité du philofophe ne fait point loi ;
& s'il cherche la vérité dans la fincérité de fon cœur, il foufcrira de plein
gré à fa propre condamnation quand
il s'appercevra qu'il s'eft trompé. Prétendre être exemt d'erreur, c'eft prétendre que l'on n'eft point homme ;
ne point reconnoître fon érreur c'eft
ou une vanité puérile ou une pré-
fomption infupportable ; réfifter à la
vérité fentie, ou voul ir par des fophifmes lutter contre elle, c'eft vouloir l'affervir à fon amour-propre, c'eft
fe déclarer fon tyran. Il n'y a que
l'impofture & la mauvaife foi qui
puiff.nt craindre ou interdire l'examen ;
la difcuffion fournit de nouvelles lumières au fage, e le n'eft affligeante
que pour celui qui veut d'un ton fuperbe impofer fes opinions, ou pour

l'on pourra le faire, parce qu'alors en affaffine
impunément ou de concert avec la loi, ou parce
que dans l'efprit des hommes la religion eft plus
forte que la loi, & doit être préférablement
écoutée. Quand les prêtres excitent les paffions
des hommes, leurs déclamations ou leurs écrits
font dangereux, parce qu'il n'exifte plus de frein
pour contenir les paffions facrées qu'ils ont excitées, & parce que les dévots n'examinent jamais
ce que difent leurs guides fpiri uels.

le fourbe qui connoît la foiblesse de
ses preuves, ou pour celui qui a la
conscience de la futilité de ses prétentions. L'esprit humain s'éclaire même par ses égaremens, il s'enrichit
des expériences qu'il a faites sans succès, elles lui apprennent au moins à
chercher des routes nouvelles. Haïr la
discussion c'est avouer qu'on veut tromper, qu'on doute soi-même de la
bonté de sa cause, ou qu'on a trop
d'orgueil pour revenir sur ses pas.
Enfin les nations ne peuvent trouver
que les plus grands avantages à voir
des hommes éclairés analyser avec sagacité, ou discuter avec chaleur les
objets les plus essentiels à leur bonheur.

D'ailleurs nous ne voyons point
qu'aucun système philosophique,
qu'aucune discussion de morale ayent
excité des guerres; jamais la philosophie n'ensanglanta l'univers. Si les
philosophes eurent des disputes entre
eux, la tranquilité des nations n'en
fut point affectée; la philosophie pro-
duisit différentes sectes qui eurent chacune leurs prosélytes, leurs chefs,
leurs adhérens; ils se haïrent souvent,

mais les nations ne fe battirent jamais
pour eux ; les peuples ne fe crurent
point intéreffés a s'engager dans leurs
querelles ; les philofophes purent difputer fans conféquences pour le repos
des états ; dépourvus de pouvoir ils
n'eurent point le droit d'obliger perfonne à penfer comme eux. On vit
jadis des pythagoriciens , des platoni-
ciens , des ftoïciens , des cyniques &
des pyrrhoniens fe difputer quelquefois
avec aigreur , parce que la vanité de
l'homme le rend opiniâtre dans fes
idées & n'aime point ceux qui refufent de rendre hommage à fes lumieres ; mais on ne vit point parmi les
philofophes des *hérétiques* ni des *infi-*
dèles ; mots funeftes inventés par les
théologiens pour détruire tous ceux
qui ne voulurent point foufcrire aux
décifions que leur intérêt avoit dictées.
* La philofophie ne fut jamais nuifi-

---

* Les défenfeurs de la fuperftition accufent
fouvent les philofophes de fe contredire les uns
les autres, & s'appuyent de l'autorité des uns
pour combattre les autres. Mais en philofophie il
n'eft point d'autorité infaillible que celle de l'évidence ; la maxime de tout homme fenfé eft *nul-*
lius jurare in verba magiftri.

ble au repos de la fociété que l'orfqu'a-
malgamée avec la fuperftition elle fut
forcée d'adopter fes fureurs, de colorer
fes menfonges & d'appuyer fes rêveries.

En effet depuis un grand nombre de
fiècles quel indigne abus n'a-t on pas
fait de l'art de penfer & de raifonner?
La philofophie fut envahie par des prêtres; corrompue par eux elle prêta
des fecours aux apôtres de la déraifon; affervie à leurs vues, elle ne fut
employée qu'à découvrir péniblement
des fophifmes & des fubtilités propres
à rendre l'abfurdité probable & le
menfonge plaufible, & à munir des
chimères & des fables contre les attaques du bon fens. Ainfi la fcience qui
fembloit deftinée à la recherche de la
vérité, à guider la politique, à fixer
la morale, à donner de la juftefle à
l'efprit, à convaincre le Cœur de la
néceffité de la vertu, à fournir aux
mortels les moyens de fe perfectionner, ne fervit plus qu'à les aveugler
par principes, qu'à les rendre obftinés
dans l'ignorance, opiniâtres dans leurs
délires; en un mot elle ne fervit qu'à
les armer contre la raifon, & les mettre en état de combattre avec fuccès

les vérités les plus néceſſaires à leur propre bonheur. *

Ainſi défigurée, la philoſophie devint méconnoiſſable aux yeux de ceux qui voulurent ſincérement s'occuper de la recherche du vrai & de l'utilité du genre humain : dans ſes hypothéſes abſurdes , dans ſa mauvaiſe foi , dans ſes vaines ſubtilités , dans ſes effets ſouvent funeſtes aux nations , ils ne reconnurent point une ſcience qu'ils jugerent devoir être la pierre de touche du menſonge & l'ennemie de tout ce qui peut nuire au bien-être des hommes : enfin dans un art fatal , inventé pour confondre les notions les plus ſimples , pour obſcurcir la raiſon & la réduire au ſilence , pour rendre la morale incertaine & changeante , le ſage ne put trouver le moindre veſtige de cette ſcience ſublime & bienfaiſante qui doit avoir l'expérience pour baſe & le bonheur de l'homme pour objet : ainſi tout lui parut autoriſer la ſéparation de la prétendue philoſophie religieuſe & de la philoſophie raiſonnable ; la pre-

* La philoſophe d'Ariſtote fut , comme on ſait , pendant un grand nombre de ſiècles le boulier de la ſuperſtition. V. le Chapitre XI.

mière ne lui parut qu'une vile proftituée, affervie aux paffions de la tyrannie & de l'impofture. Il reconnut fes dangers aux frénéfies dont elle enyvra l'univers. Il s'apperçut qu'elle ne fervoit qu'à troubler l'entendement, qu'à égarer l'imagination, qu'à dépraver l'efprit & le cœur des mortels, à les mettre aux prifes & fouvent à répandre leur fang.

La vraie philofophie ne produifit jamais des ravages fur la terre; la fauffe philofophie ou la théologie l'a cent fois plongée dans l'infortune & le deuil. La religion eft feule en poffeffion de mettre des nations entières en feu pour des opinions; fes partifans font bien plus nombreux, plus obftinés, plus turbulens que ceux de la philofophie. Dans la religion tout eft divin, tout eft de la dernière importance, tout mérite l'attention la plus férieufe; fes principes, établis par le maître abfolu de la vie & de la mort, ne peuvent être ni difcutés fans témérité, ni révoqués en doute fans impiété, ni combattus fans crime. Surnaturelle, ou fupérieure à la nature & à la raifon, cette religion eft en droit

d'emprunter les secours de la raison
humaine pour s'appuyer, mais jamais
il n'est permis d'employer la raison
pour l'examiner elle-même ; ce seroit
un sacrilége que de porter un flambeau
profâne dans ses obscurités sacrées;
ses sophismes sont respectables, ses
contradictions sont des mystères, destinés à confondre l'entendement humain ; ses absurdités doivent être pieu-
sement adorées & reçues sans examen;
enfin ses dogmes sont inflexibles, ils
doivent être défendus & maintenus
aux dépens même du sang, de la
vie, du repos des nations. Par-tout
où l'esprit des hommes sera préoccupé
d'opinions religieuses, auxquelles ils
attacheront leur bonheur éternel, la
raison ne pourra rien sur eux, la nature criera vainement, l'expérience ne
les convaincra jamais, & nulle force
dans le monde ne se trouvera capable
de contrebalancer un intérêt que l'i-
magination leur peindra comme devant
étouffer tous les autres.

Après avoir montré que la vraie
philosophie permet & desire l'examen
de ses principes, & qu'elle n'a ni le
pouvoir ni la volonté de troubler le
repos

repos des états , nous verrons bientôt
fi nous pourrons la juftifier des incertitudes & des doutes qu'on l'accufe de
répandre dans les efprits. * En atten-
dant nous dirons que la philofophie
n'eft problématique que lorfqu'elle s'occupe d'objets indifférens à notre bonheur. Si bien des chofes dans ce monde font des problêmes pour nous ; fi
nous fommes fouvent réduits à douter
& à ignorer , il nous eft au moins
donné de connoître avec certitude tout
ce qui nous intéreffe véritablement.
La philofophie n'eft incertaine que lorfqu'elle ceffe de prendre la nature pour
guide , ou lorfqu'elle ne fuit que l'i-
magination & l'autorité : en cela elle
s'égare comme la phyfique , la médecine , la géométrie elle-même , en un
mot comme toutes les autres fciences
quand elles fe livrent au fyfteme ,
fans affermir leurs pas par l'expérience : celle-ci eft un guide fur , tandis
que l'imagination & l'autorité font toujours des guides fufpefts ; ce n'eft que
par hazard qu'ils font rencontrer des
vérités. Tout fyftême qui n'a point

* Voyez le Chapitre qui fuit immédiament.

M

l'expérience pour bafe eft fujet à l'erreur ; jamais nous n'y verrons que des
idées découfues , jamais nous ne trouverons d'accord entre fes parties. *
L'efprit philofophique eft l'efprit d'expérience & d'analyfe ; il exige de la
fagacité pour démêler le faux , fouvent artiftement entrelacé avec le vrai,
pour juger de la certitude de l'expérience elle-même ; il exige du génie
pour faifir l'enfemble d'un fyftéme ;
il exige de la liberté & ne peut fe
foumettre aux entraves de l'autorité ;
il exige du calme & du fang-froid,
fans lefquels on ne fait jamais qu'en-
ter de nouvelles erreurs fur les erreurs

* Si nous examinons la marche de l'efprit humain nous verrons toutes les fciences prétendues
des hommes forcées de difparoître dès qu'ils fe livrent à l'expérience. Nous verrons l'aftrologie
détruite par l'aftronomie ; la magie & les en-
chantemens par la médecine & la phyfique ; l'al-
chymie par la chymie pofitive ; la religion qui eft
une combinaifon informe de l'aftrologie , de la
magie & de la charlatanerie en tout genre , doit
être effrayée de tout ce qui annonce de l'expérience & de la raifon. Voilà pourquoi elle eft
ennemie de toute fcience. L'étude de la nature
expullera tôt ou tard les chimères , les miracles,
les preftiges dont on fe fert en tous lieux pour
tromper le genre humain.

anciennes ; il exige de la fincérité &
de la bonne foi, fans lefquelles il ne
fournit que des moyens de fe faire illufion à foi même & de trómper les
autres ; enfin il exige de la vertu,
qui n'eft que la difpofition de fe rendre utile au genre humain & de mériter fon eftime, fa bienveillance, fon
amour par le bien qu'on lui fait.

L'efprit philofophique n'eft qu'un efprit de veitige lorfqu'il ne fuit que
l'imagination ; il eft un efprit de fervitude lorfqu'il rampe baflement fous
l'autorité ; il eft un efprit de menfonge lorfqu'il ne cherche qu'à fe tromper & à faire illufion aux autres ; il
eft un efprit puéril, un vain jeu de
l'enfance lorfqu'il ne s'occupe que d'objets étrangers au bonheur des hommes.

Liberté, *vérité*, *utilité*, voilà les
caractères de l'efprit philofophique,
voila la devife du philofophe. Ainfi
tout ce qui intéreffe la félicité humaine entre dans fon dépaartement ; la politique & la morale conftituent fon
domaine ; c'eft fur tout de ces fciences que dépend le bien être des nations. Le vrai & l'utile font les fignes
uniques auxquels la philofophie con-

fent à s'arrêter ; c'eft d'après cette mé-
fure invariable qu'elle juge tous les objets, qu'elle les approuve ou les rejette , qu'elle les eftime ou les méprife.

En un mot l'efprit philofophique eft
l'efprit d'utilité ; c'eft dans la balance
de l'utilité que le philofophe doit pefer les hommes, leurs œuvres & leurs
prétentions. Il y met indiftinctement
ces religions fi refpectées ; & s'il a
le courage de tenir la balance d'une
main fûre, il trouve qu'elles font la
fource fatale des miferes humaines,
& que, s'il en réfulte quelques foibles
avantages pour un petit nombre d'individus, il en réfulte néceffairement
une foule de maux pour des nations
entières. Il met dans cette même balance ces defpotes que l'opinion fait
regarder comme des dieux, & qui
trop fouvent font des démons pour les
peuples qu'ils devroient rendre heureux. Il y met ces grands fi fiers de
leur naiffance, de leurs titres, de leur
rang élevé, & fouvent il ne trouve
en eux que des ames abjectes, des
cœurs pervers, des efclaves arrogans
que d'autres efclaves s'obftinent à ré-

vérer tandis qu'ils font les inftrumens
de leur ruine, au lieu d'être leurs défenfeurs & leurs foutiens. Enfin il met
dans cette balance les loix, les inftitutions, les opinions, les ufages; &
quels que foient les préjugés qui les
favorifent, il condamne ces chofes lorfqu'il les trouve dangereufes, il les
méprife dès qu'elles font inutiles, il
les décrie quand il en voit les conféquences fâcheufes.

On accufe fouvent l'efprit philofophique de refroidir le cœur & de faire du
philofophe un juge auftère propre à effaroucher les jeux innocens, incapable
de fe prêter aux illufions aimables des
arts, infenfible aux charmes des graces. Ce préjugé fait fouvent des ennemis à la philofophie de la plupart de
ceux qui cultivent les lettres & les arts.
* La vraie fageffe n'eft point l'ennemie des plaifirs; elle approuve & ché-

* Horace de arte Poet. verf. 309. a dit: *Scri-
bendi rectè, fapere eft & principium & fons*. Ce
qui fignifie évidemment que pour faire de bons
ouvrages en tout genre il faut *fapere*, c'eft-à-dire,
avoir de la philofophie; en effet ce poëte ajoute
fur le champ: *rem tibi Socraticæ poterunt oftendere
chartæ*. id. ibid.

rit tout ce qui peut contribuer à rendre notre exiftence plus agréable ; elle
ne condamne que ce qui péut nuire,
elle ne dédaigne que ce qui eft inutile
au bonheur ; mais nous avons déjà vu
que par un honteux abus les talens de
l'efprit deftinés aux plaifirs, à l'amu-
fement, à l'utilité du genre humain,
ne font trop fouvent employés qu'à
orner des paffions funeftes, à flatter
le crime, à peindre des objets futiles,
à rendre plus agréable le poifon de
l'erreur : la fageffe eft elle d nc faite
pour approuver la poëfie lorfqu'elle
chante les tyrans, les conquérans, les
deftructeurs de la terre ; ou lorfque,
molle & efféminée, elle ne nous occupe que d'extravagances amoureufes,
de voluptés, de fadeurs puériles, de
fables & de chimères propres à gâter
l'efprit & à corrompre le cœur ? *

* Il eft aifé de voir que la poëfie a dû nuire
au genre humain par les chimères dont elle l'a
prefque toujours imbu : fes fictions primitives ont
repréfenté les dieux comme des êtres vicieux,
débauchés & méchans ; les ouvrages des poëtes
étoient chez les Grecs & les Romains entre les
mains des enfans, qui devoient y puifer des notions très-nuifibles à la morale : voilà fans doute
pourquoi beaucoup de philofophes fe font décla-

Peut-elle-approuver l'hiſtoire quand, pour
flatter la tyrannie , elle laiſſe guider ſa
plume au menſonge ou fait l'apothéoſe
des bourreaux du genre humain ? Peut-
elle admirer l'éloquence quand elle
prête ſes ſecours à l'impoſture & au
fanatiſme , ou quand elle ſéduit les
mortels pour les faire conſentir à leurs
miſères ? Peut-elle s'empêcher de condamner ces fictions romaneſques qui
n'ont pour objet que d'amuſer l'oiſive-
té & de nourrir les rêveries déshonnêtes d'un lecteur vicieux , par le tableau ſéduiſant & ſouvent obſcène d'une
paſſion dangereuſe dès qu'elle eſt écoutée ? Enfin la philoſophie , occupée
du vrai , & qui ne peut trouver du
goût que dans ce qui eſt conforme à
la nature , conſentira-t-elle à faire cas

rév les ennemis de la poëſie , comme ſervant à
corrompre les mœurs & à perpétuer des notions
fauſſes & ſuperſtitieuſes. Chez les modernes la
poëſie s'eſt preſque toujours occupée de l'amour ,
& très-rarement d'objets vraiment intéreſſans ;
auſſi le règne de cette poëſie futile paroît - i tendre à ſa fin. Cicéron s'écrie avec raiſon O, præ-
claram emendatricem vitæ Poeticam ! quæ amorem ,
flagitii, & levitatis auctorem , in concilio Deorum
collocandum putes.

V. TUSCUL. N. LIB. IV.

M 4

de ces productions bizarres du luxe &
de la fantaisie, dans lesquelles il voit
les arts soumis aux caprices de la mode, au faux goût du siecle, à la frivolité ?

Voulez-vous mériter les suffrages de
la sagesse ? poëtes ! peignez-nous la
nature ; ses trésors sont inépuisables ;
embellissez la vérité, montrez-la par
ses côtés les plus aimables ; voilez quelquefois ses appas sous les ombres de la
fiction, afin de les rendre plus neufs,
plus piquans, plus variés. Orateurs !
foudroyez le mensonge ; montrez la
vérité ; donnez-lui de la noblesse &
de l'énergie ; rendez-la touchante &
pathétique ; qu'en parlant à l'imagination elle devienne plus séduisante &
plus persuasive. Historiens ! peignez
avec force & vérité les délires des
rois, les dangers du despotisme, les
fureurs des conquêtes, les folies de la
guerre, les extravagances du fanatisme,
les abus du gouvernement, les dangereux effets des préjugés. Auteurs dra-
matiques ! que vos tragédies effrayent
le crime, qu'elles attendrissent en faveur de la vertu dans la détresse ;
qu'elles inspirent la haine de l'oppres-

fion & l'amour de la liberté : que vos
comédies accablent le vice fous les
traits du ridicule, qu'elles combattent
les folies humaines, qu'elles forcent
le fpectateur de rire de fes propres foibleffes & de s'en corriger. Roman-
ciers ! intéreffez-nous pour l'innocence ; montrez-nous dans vos fictions
les charmes de la vertu, les dangers
des paffions ; qu'en amufant elles gra-
vent la vérité dans nos cœurs. Artif-
tes ! enfans de la peinture & de la fculp-
ture ! confultez la nature, peignez la
fidèlement ; faififfez l'homme dans l'inftant où il peut nous faire méditer &
rentrer en nous-mêmes ; inftruifez-nous
par les yeux. C'eft alors que le fage
applaudira vos talens divers, il eftimera
vos ouvrages, il en fentira l'utilité. Si
l'efprit philofophique guidoit les talens
& les arts, toutes leurs productions ra-
meneroient les hommes à l'utilité, au
bonheur, à la vertu.

Ainfi la vraie philofophie chérit, approuve, admire en tout l'utilité, la conformité à la nature, la vérité ; fes jugemens ne font à craindre que pour la futilité, pour l'inutilité, pour ces talens
pernicieux qui féduifent les hommes,

qui les énervent, qui les rendent complices de leurs propres infortunes, qui
les entretiennent dans leurs vices & leurs
honteux préjugés. La fageffe approuve
les plaifirs honnêtes, les amufemens innocens, les productions de l'efprit qui
inftruifent en plaifant ; elle ne peut accorder fon fuffrage à ce qui pervertit
l'homme fous prétexte de le délaffer.
Elle fourit aux jeux aimables des graces ;
elle fe mêle aux concerts des mufes ;
elle fe prête aux effors de l'imagination ;
elle approuve la fiction, elle applaudit
les recherches, elle eftime les in-
ventions ingénieufes des arts, toutes les
fois que ces chofes tendent au bonheur
de la fociété ; elle ne montre un front
févère qu'à ce qui peut nuire ; elle ne
marque du mépris qu'à ce qui eft inutile & capable de détourner des objets
intéreffans pour l'homme.

CHAPITRE XI.

*De la cause des vices & des incertitudes
de la philosophie. Du scepticisme & de
ses bornes.*

L'Expérience , on ne peut trop le
répéter , est le seul guide que le
philosophe puisse suivre en sûreté; la
raison se trouble quand elle est empor-
tée par une imagination trop fougueuse
pour lui laisser le tems de peser les objets. C'est ainsi qu'on la voit quelquefois s'élancer dans les régions désertes
de la métaphysique , s'arrêter à sonder
des profondeurs inutiles , s'obstiner à
des recherches dont il ne peut résulter
aucun avantage réel. Egaré une fois,
l'esprit humain est souvent longtems à
revenir de ses excursions ; cependant
ses égaremens servent eux-mêmes à l'instruire. Détrompé par l'inutilité de ses
efforts , le philosophe apprend du moins
à se défier de son imagination qui d'un
vol téméraire vouloit franchir les bornes de la nature ; il voit que hors d'elle

M 6

il n'est rien qu'il puisse constater , rien qu'il puisse soumettre à l'expérience, ni par conséquent qui puisse servir de base à ses connoissances. Enfin il s'assure que tout ce que son imagination plaçoit au delà de la nature ne peut être qu'incertain , illusoire , indifférent à son bonheur , peu digne de l'occuper. * Ainsi il se défie des suppositions gratuites dont il étoit parti ; il consent à ignorer des choses que le préjugé seul lui montroit comme importantes à connoître ; il apprend au moins à douter de ces prétendues vérités que l'éducation , l'habitude , l'exemple , l'autorité lui montroient comme indubitables. L'ignorance & l'incertitude peuvent humilier la vanité , elles ne doivent point affliger la sagesse ** ; savoir , c'est connoître

* Pour peu qu'on y réfléchisse , on trouvra que les prêtres sont parvenus à persuader aux hommes que les choses les plus essentielles pour eux sont celles qu'il leur est impossib'e de comprendre : de là vient *la Foi* , qui n'est jamais que la confiance implicite & illimitée que les hommes ont dans leurs prêtres , confiance qui suppose un renoncement à la raison souvent fatal à la société.

** Tout homme sensé doit dire avec Cicéron; *nec me pudet , ut istos , fateri nescire quod nesciam: ou bien , nescire quædam magna pars est scientiæ.*

les bornes où l'on doit s'arrêter ; mais ,
pour connoître ces limites , il faut avoir
souvent parcouru un grand espace. Le
parcourir avec célérité , c'est avoir du
génie, le parcourir avec attention c'est
avoir de la sagacité , n'y avoir rien découvert est ;souvent une découverte
très-utile ; c'est avoir beaucoup acquis
que de s'être détrompé. ●

Quelque problématiques que soient
pour nous les connoissances humaines ,
malgré les incertitudes dont les sciences
sont remplies , l'homme poussé pat le
desir du bien-être parvient à la fin à
connoître tout ce qui l'intéresse véritablement ; il distingue aisément ce qui
lui est utile de ce qui lui est désavan-
tageux ; il n'y a que lorsqu'il se fait
un crime de ses recherches qu'il ne
peut point s'éclairer. On peut affirmer
sans témérité que les sciences , que l'esprit humain n'est point parvenu à éclaircir, dans lesquelles il n'a point fait un
pas, qu'au contraire à force de recherches & de disputes il n'a fait qu'obs-
curcir, sont des sciences idéales & des
chimères indignes de son attention.
Qu'est-il en effet résulté des efforts
réunis de tous les prêtres du monde

pour éclaircir la théologie ? Qu'ont
produit enfin les méditations métaphy-
fiques, les fubtilités, les difputes de
tant de génies, réellement profonds,
qui fe font inutilement occupés des opinions religieufes, & des prétendus oracles de la divinité ? Les prêtres furent
communément les hommes les plus favans, des plus adroits, les mieux récompenfés dans toutes les nations ; leur
fcience dev oit fans doute ê re la mieux
connue, puifque l'intérêt & la capacité
ont dû fe combiner pour la faire étudier : cependant quels fruits la théologie a - t - elle tirés de fes vaines recherches ? Hélas ! elle n'a pu mettre aucun
de fes principes à l'ab.i des plus fortes
attaques ; on lui a contefté jufqu'à l'exiftence du Dieu qui lui fert de bafe. Elle
a en effet rendu ce Dieu méconnoif-
fable & totalement impoffible aux yeux
de la raifon & de la vertu, par les
fables qu'elle en a débitées, par les
qualités contradictoires & incompatibles
qu'elle a entaffées fur lui, par la conduite ridicule & bizarre qu'elle lui a
prêtée, par les faux raifonnemens qu'elle
a faits fur fa nature & fa façon d'agir.
Ainfi de fiecle en fiecle elle n'a fait que

s'obfcurcir & s'enlacer dans fes propres
filets ; elle n'a fait qu'aveugler l'efprit
humain ; elle n'a produit que des querelles , des fchifmes , des animofités, qui
ont fait couler à grands flots le fang
des mortels frénétiques qu'elle avoit
pris foin d'enyvrer.

Non contente de s'obfcurcir elle-même , la théologie a répandu fes ombres
facrées fur toutes les connoiffances humaines ; fes notions furnaturelles ont
partout infecté la philofophie , qui en
partant de fes principes n'eut jamais
qu'une marche incertaine & tremblante.

En effet ce fut de la fuperftition que
la philofophie prit fes premieres leçons.
Incapable dans fon enfance de confulter l'expérience , fes premiers pas furent guidés par l'enthoufiafme, le merveilleux & l'impofture. Des prêtres furent en tout pays les premiers favans
des nations ; c'eft dans une fource fi
fufpecte que furent obligés de puifer
tous ceux qui voulurent s'inftruire dans
la philofophie. Ces prêtres , jaloux de
leurs connoiffances réelles ou prétendues, ne les communiquèrent qu'avec
peine à ceux qui vinrent confulter leurs
oracles ; ils euveloppèrent leur fcience ,

ou plutôt leur ignorance, des ombres
du myſtère ; ils ne parlèrent que par
des énigmes, des ſymboles, des allégories & des fables, dont ils ſe ſervirent pour maſquer beaucoup d'erreurs
& très-peu de vérités.

Ainſi ce furent des théologiens, des
prêtres, des poëtes qui jetterent par-
tout les premiers fondemens de la ſcience. * La poeſie, fille de l'imagination,
fut la premiere philoſophie ; elle em-
braſſa tout ; elle parla de la nature ;
dont elle perſonifia les parties : elle fit
ainſi des dieux ; elle arrangea l'univers ; elle raiſonna de l'homme & de
ſon ſort futur ; elle s'empara de la politique, elle fit des loix, elle régla les
mœurs. Entre ſes mains tout devint
merveilleux ; elle peupla l'univers de
puiſſances inviſibles, d'eſprits, de divinités favorables ou nuiſibles, de génies, qui ſervirent à rendre raiſon des

* Orphée, Muſée, Homére, Héſiode ont
été viſiblement des théologiens, des pères de l'é-
gliſe greeque. Les Druïdes chez les Celtes ſe tranſ-
mettoient en vers les dogmes de leur religion.
Les livres des Hébreux ſont pour la plupart des
compoſitions poëtiqaes. Toutes les religions du
monde ſont fondées ſur la poëſie.

chofes : en un mot la poëſie par ſes fiſtions ne fit de la nature entière qu'une ſcène d'illuſions , qui conſolidées par le tems , l'ignorance & la crédulité , ſe font changées en vérités.

Tels ſont les matériaux informes qui ſervirent autrefois à conſtruire le fragile édifice des connoiſſances humaines. Nous voyons les ſages de la Gıèce voyager en Egypte, en Aſſyrie, dans l'Indoſtan , ramper aux pieds des prêtres , ſe ſoumettre à des épreuves longues & rigoureuſes pour mériter d'être admis à leurs importans myſtères. Ils n'en tirèrent cependant que des fictions poëtiques , des notions chimériques , une métaphyſique obſcure , incapable de ſervir de baſe à la ſcience réelle , qui ne peut s'établir que ſur l'expérience & ſur des faits.

Si nous examinons de près la doctrine des plus célèbres philoſophes de l'antiquité , nous trouverons de quoi prouver ce qui vient d'être avancé ; nous verrons que leur philoſophie prétendue ne porte que ſur les hypothèſes fiſtives d'une poëſie théologique & myſtique qu'ils ont priſes pour des vérités démontrées. En effet dans Py-

thagore , qui , le premier chez les grecs
prit le nom de *philosophe* ou *d'ami de
la sagesse* , nous reconnoîtrons un dis-
ciple. enthousiaste des prêtres de l'E-
gypte , de la Chaldée & des Indes,
parlant. comme eux par symboles , &
peut-être aussi sombre qu'eux. *

Nous voyons pareillement dans Platon , un poëte , plein, d'imagination,
d'enthousiasme & d'éloquence , dont
les écrits sont remplis des notions théologiques. & mystiques qu'il avoit été
puiser chez les prêtres égyptiens. Ces
notions fructifièrent dans l'esprit exalté
de. cet homme *divin* ; elles contribuè-

* Il est bien difficile de ne point accuser Pythagore de fourberie quand on considère les
mensonges qu'il imagina dans la vue de se faire
passer pour un homme extraordinaire & divin.
Que penser d'un homme qui faisoit des miracles,
qui prédisoit l'avenir , qui disoit avoir été au siége
de Troye, qui se vantoit d'entendre l'harmonie
des sphères , qui montroit sa cuisse d'or , &c.?
Ne pourroit-on pas soupçonner ce philosophe
prétendu d'avoir voulu fonder une secte religieuse? Au moins a-t-il fondé une secte vraiment
Monastique , composée des enthousiastes qu'il
avoit su séduire , qu'il soumit à des épreuves & à
des régles très-austéres. Ses disciples le regar-
doient comme un Dieu, comme Apollon lui-
même. *V. Jamblique, dans la vie de Pythagore.*

ʃent à faire éclore cette philoʃophie ro-
maneʃque & poëtique, qui ʃéduiʃit les
grecs, & qui ʃert encore de baʃe à la
ʃuperʃtition dont les modernes ʃont infectés. * En effet c'eʃt à lui que ʃont
dües tant d'idées abʃtraites & merveil-
leuʃes dont l'eʃprit humain s'eʃt imbu,
& qu'une philoʃophie plus ʃenʃée a tant
de peine à déraciner. En un mot dans
la doctrine de Platon, que ʃon obʃcu-
rité fit prendre pour divine, des yeux
non prévenus ne pourront s'empêcher
de reconnoître l'empreinte de l'enthou-
ʃiaʃme : ils y trouveront beaucoup de
rêveries, plus propres à égarer qu'à
éclairer l'eʃprit.

Dans Socrate lui-même nous trouvons des ʃignes indubitables d'enthou-

---

* Il eʃt très-évident que c'eʃt dans l'école de
Platon que l'on a puiʃé les notions vagues de la
théologie ʃur l'eʃʃence Divine, ʃur l'ame, ʃur la
ʃpiritualité, ʃur l'immortalité, ʃur la vie future,
&c. Ce philoʃophe eʃt perpétuellement égaré
dans les régions inconnues du monde intellectuel.
En liʃant ʃes ouvrages on y trouvera le germe de
preʃque tous les dogmes de la religion chrétienne. Son diʃciple Plotin ʃemble ʃur-tout avoir
fourni à nos théologiens les matériaux de leur
métaphyʃique exaltée. Voyez le PLATONISME
DEVOILE'.

fiafme & d'égarement. Que penfer
d'un homme qui fe difoit, ou qui, de
bonne foi, fe croyoit infpiré & dirigé
par un *Démon familier* ? Socrate fit,
dit-on, defcendre la morale du ciel;
mais cette morale n'eût-elle pas été
bien plus fûre & plus claire s'il l'eût
prife fur la terre, & fondée fur les
befoins de l'homme ?

Que dirons-nous d'Ariftote dont la
philofophie, remplie d'ailleurs d'un
grand nombre de vérités, n'a pas laif-
fé de fournir durant des fiecles des armes puiffantes aux apôtres de la fuperftition & de l'impofture pour combattre l'évidence & la raifon ? Que de
peines n'a-t-il point fallu pour fouftraire
l'efprit humain à l'autorité de l'Arifto-
télifme afin de le ramener à l'expérience, qu'il fembloit avoir pour toujours abandonnée ? Quels ont été les
cris du facerdoce quand des fages ont
ofé détruire l'arfenal où il prenoit les
fophifmes & les fubtilités dont depuis
longtems il fe fervoit pour aveugler
le genre humain & confondre le bon
fens ! *

* On fait que les clameurs des théologiens ont
forcé Defcartes de s'expatrier.

Nous trouvons encore les empreintes du fanatisme & de la superstition, & même les idées du *monachisme*, dans les stoïciens, qui par une frénésie ou une vanité ridicule firent consister la perfection à combattre la nature, à dénaturer l'homme, à faire parade d'une apathie impossible. Ces notions ne sont-elles pas les mêmes que celles que semblent avoir adoptées tant de pénitens superstitieux, qui font consister la vertu dans la fuite des objets que notre cœur desire ? La vraie philosophie nous invite à nous rendre heureux nous-mêmes par la vertu, qui consiste à travailler au bonheur des autres. Si les stoïciens furent des fanatiques en morale, ils eurent des opinions pitoyables d'ailleurs. En effet nous voyons qu'ils croyent aux songes, ils allioient la croyance d'un Dieu rond, avec le systême d'un fatalisme absolu. Enfin ils se perdirent souvent dans des recherches inutiles sur des objets étrangers à l'esprit humain, & n'eurent, comme la plupart des autres sages, que des idées théologiques, mystiques, obscures & remplies de contradictions.

La philosophie ancienne, partie, comme on a vu, de la superstition, en conserva toujours une teinte plus ou moins forte, & n'osa que très rarement en secouer le joug ; il ne lui fut point permis d'abandonner l'imagination & l'autorité pour consulter uniquement l'expérience & la raison. Les ministres de la religion eurent en tout tems le pouvoir de punir & d'écraser les mortels assez courageux pour penser par eux mêmes & s'écarter des prejugés reçus. Ainsi les vrais sages furent réduits à se taire, ou bien ils ne parlèrent que d'une façon obscure & ambiguë ; ils masquèrent leur doctrine sous des emblêmes & des symboles, dont souvent l'intelligence s'est perdue, c'est de là qu'est venue la *double doctrine* des anciens philosophes, dont l'une, accommodée aux prejugés populaires, c'est à dire, à la religion établie, se montroit dans les discours publics & les écrits, tandis que l'autre, souvent oposée à la première, étoit enseignée secrétement & transmise verbalement à un petit nombre d'auditeurs discrets & choisis.

C'est à cette méthode, que la tyrannie religieuse & politique força les philosophes de prendre, que sont dûes au moins en grande partie, les obscurités,

les incertitudes, les inconféquences, les
contradictions que l'on reproche a la philofophie ancienne, fouvent devenue i..in-
telligible pour nous: cependant celle
des modernes n'eft que très rarement
exemte de ces mêmes inconveniens. Si
les ouvrages de nos fages nous préfentent
des verités nouvelles & des fyftemes
utiles, on y rencontre à chaque page
des traces plus ou moins marquées des
prejugés dominans. D'ailleurs fi les hommes les plus éclairés & les plus honnêtes
ont rarement le courage de dire tout ce
qu'ils penfent, ils ont plus rarement
encore celui de faire un divorce complet
avec les erreurs qu'ils voient univerfellement établies, ou dont eux mêmes
éprouvent les influences à leur infu.
Les perfonnes les plus fages ont des
prejugés, des foibleffes, des paffions,
des interêts, qui les empêchent de voir
la vérité dans fon entier, & de fentir
les inconféquences & les contradictions
de leurs écrits: que d'embarras pour la
poftérité lorfquelle voudra les juger !.

Le peu de certitude des principes de
la plupart des philofophes anciens fit
naître le *Pyrrhonifme* ; quelques penfeurs fe crurent autorifés à douter de

tout , à la vûe des fyſtêmes inconſé-
quens de pluſieurs ſectes , dont les
partiſans étoient parvenus à rendre obſcures & douteuſes les vérités les plus
chaires. Les *Eccleƈtiques*, bien plus ſages , ainſi que les diſciples de la ſeconde académie , ſans s'attacher à aucune ſecte , prirent dans tous les ſyſtêmes ce qui leur parut ou plus probable ou plus vrai *.

C'eſt le parti que prendra toujours
l'ami ſincère de la vérité ; il ne s'en
laiſſera point impoſer par l'autorité des
noms les plus célèbres ; il ne s'en rap-
portera qu'à l'expérience & à l'évidence ; il embraſſera les opinions les
plus probables par-tout où il les trouvera ; il ſaura qu'un ſyſtême vrai ne
peut être l'ouvrage ni d'un ſeul homme ni d'une ſecte , mais doit être le
fruit tardif des travaux combinés de
toute

---

* Cicéron, qui étoit académicien, explique
très-clairement la manière de philoſopher de ſa
ſecte en diſant : *Nos in diem vivimus* ; *quodcumque animos noſtros probabilitate percuſſit id* αδεξατυς
dicimus V. Tu c law. Q æst. V. Le même auteur dit au livre II. *rationem* ; *quò ea me cumque
ducet ſequar* ; ce qui doit être la deviſe de tout
philoſophe.

toute la race humaine , qui toujours
partie de l'ignorance & de l'erreur ,
retardée par mille obſtacles , ſurchar-
gée de chaînes incommodes , ne s'a-
vance qu'à pas lents vers la ſcience &
la vérité.

Quoique les menaces de la ſuperſtition & les préjugés ayent ſouvent réduit la ſageſſe au ſilence , & forcé la
philoſophie de prendre un langage
énigmatique ou peu ſincère , elles ont
néanmoins porté des coups ſûrs à l'erreur. Dégoûtés de vaines chimeres ,
quelques ſages audacieux ont conſulté
la nature , & puiſé la vérité dans ſon
ſein. C'eſt ainſi que Démocrite , Epicu-
re , Lucrece ſon diſciple & tant d'autres
ont oſé s'affranchir des entraves de la
ſuperſtition. & du menſonge pour s'élever à la ſcience par des routes nouvelles. Leur eſprit libre des liens qui empêchent les hommes vulgaires de marcher , s'il ne rencontra pas toujours la
vérité , renverſa du moins un grand
nombre d'erreurs. Leur exemple fut
ſuivi par des modernes , qui oſèrent ,
comme eux , ſortir des ſentiers battus,
& qui tentèrent de mettre l'homme dans
le chemin du bonheur. Ils eurent peu

N

de fectateurs ; les cris réunis du facerdoce, des peuples, & même d'une philofophie pufillanime & vulgaire, empêchèrent d'adopter & même d'écouter des fyftêmes trop éloignés des préjugés que leur univerfalité avoit rendus facrés.

Il eft donc aifé de reconnoître les caufes qui ont jufqu'ici retardé les progrès de la philofophie. Elle prit fa fource chez les poëtes menteurs & chez les miniftres de la fuperftition ; elle fut infectée du levain théologique ; au lieu de former des fages elle ne forma que des *Théofophes*, qui ne furent approuvés qu'autant que leurs fyftêmes s'accordèrent avec les opinions vulgaires. La fuperftition & la tyrannie tinrent toujours le fer levé fur ceux qui ofèrent s'écarter des préjugés reçus. *

* Les philofophes anciens & modernes peuvent être regardés pour la plupart comme des *hérétiques* ou des *fchifmatiques*, qui, choqués de quelques vices de détail dans la religion, n'en examinent pas le fond. Sont-ils inutiles pour cela? non, fans doute, c'eft en attaquant par parties l'édifice des folies humaines que nous parviendrons à le faire difparoître, & à nettoyer l'aire propre à recevoir l'édifice de la raifon & de la vérité. Nous devons juger les philofophes & les

Ainſi l'impoſture & le délire continuèrent à régler la marche de l'eſprit
humain ; la philoſophie ne fut guidée
que par de foibles lueurs de vérité,
qui furent à chaque inſtant éteintes par
les ténèbres du menſonge & les coups
de l'autorité. Ses pas furent chancelans
parce qu'ils furent rarement affermis
par l'expérience : dupe de l'imagination, elle ne conſulta point la raiſon ;
elle prit des fictions poëtiques pour
des principes inconteſtables. Au lieu
de remonter, ſuivant les régles d'une
ſaine logique, du plus connu à ce qui
l'eſt moins, les penſeurs, pour la plupart, commencèrent par s'élancer dans
les eſpaces imaginaires d'un monde intellectuel, inviſible, inconnu, pour
en déduire les loix, faites pour régler
un monde réel, viſible & facile à
connoître. Au lieu de ſonder la nature & ſes voies, on ſe créa des chimeres & des cauſes occultes qui ſervirent
à tout expliquer, & qui dans le fait

écrivains comme nous jugeons nos amis ; par-
donnons-leur des défauts en faveur de leurs bonnes qualités, de même adoptons les vérités qu'un
auteur nous préſente, rejettons ſes erreurs lorſque nous pourrons les ſentir.

ne furent propres qu'à rendre tout plus
obscur. On substitua des mots aux choses ; on disputa toujours & l'on ne
put rien éclaircir. La saine physique
fut négligée pour une métaphysique
imaginaire ; la nature entière fut une
scène d'illusions mûe par un pouvoir
magique dont on n'eut point d'idées.
L'homme fut méconnu, parce qu'on
le supposa guidé par des mobiles fictifs. La vraie morale fut ignorée, parce qu'on ne la fonda point sur la nature de l'homme, & parce que l'on
n'imagina que des motifs impuissans &
douteux pour le pousser à bien faire.
La politique fut inconnue, parce qu'on
ne lui donna point les loix de la nature pour fondement ni l'équité pour
base.

En un mot la philosophie, subor-
donnée aux préjugés & guidée par les
faux principes que la superstition lui
avoit fournis, ne fut pour l'ordinaire
d'aucune utilité ; elle ne servit qu'à
procurer de l'exercice à l'esprit de
quelques penseurs oisifs, qui se dis-
putèrent toujours sans jamais pouvoir
s'entendre ni convenir de rien. Telle
est la route que la religion, appuyée

par l'autorité souveraine & par les opinions des peuples, trace par-tout à la science qui devroit conduire les mortels à la vérité, & qui ne les conduit qu'à des erreurs dangereuses. Trompée par une métaphysique sacrée, la philosophie n'est souvent qu'une science de mots, inintelligible pour les hommes qu'elle prétend éclairer. Ils disputent sur tout, ils n'ont sur rien des principes assurés : leurs querelles, que la religion, comme on a vu, rend toujours importantes & très-souvent funestes, seroient entièrement inutiles, si elles ne faisoient sortir quelquefois du sein même de l'erreur de foibles étincelles de vérité, qui recueillies par ceux qui l'aiment, serviroit quelque jour à composer un flambeau propre à guider l'esprit humain.

Ce n'est qu'à force d'erreurs que l'homme est réduit a s'éclairer ; ce n'est qu'à force de chûtes qu'il peut apprendre à marcher d'un pas sûr, il falloit que la philosophie s'égarât en partant de faux principes ; il falloit qu'elle tombât en voulant s'élever au-dessus de la nature ; il faudra que tôt ou tard elle revienne à cette nature,

qui feule peut , en lui montrant la vérité , la mettre à portée de guérir les
plaies que l'erreur politique & facrée
fait par tout aux malheureux habitans
de la terre.

Ce n'eft donc pas aux partifans de la
théologie qu'il appartient de reprocher
aux philofophes leurs égaremens , leurs
contradictions & leurs doutes : ces in-
convéniens font vifiblement l'ouvrage
de la tyrannie politique & religieufe.
En effet n'eft ce pas a elle même que
la théologie devroit s'en prendre fi tout
e : ce monde eft devenu problématique
oc douteux ? N'eft ce pas par fon moyen que l'expérience eft bannie , que
la raifon eft profcrite , que la vérité
eft perfécutée , que les meilleurs efprits
font à la gêne & chargés de honteux
liens ? N'eft-ce pas la religion qui s'em-
parant de tout , a perverti la logique ,
rendu la morale incertaine , corrompu la
politique , converti en énigmes les vérités les plus claires , & forcé la philofophie de fe conformer à fon délire ?

Si douter de tout eft un figne de folie , ne douter de rien eft le figne d'une
extravagance orgueilleufe. La vraie fageffe , détrompée par l'expérience , a

défie de ses forces, & ne cesse de douter que lorsqu'elle voit la certitude &
l'évidence. Il n'en est point ainsi de la
théologie ; elle rejette l'expérience &
le témoignage des sens ; elle méprise la
raison, elle prétend la subjuguer & la
soumettre à l'imagination : entre ses
mains des fables, des rêveries, des
conjectures se changent en certitudes,
de foibles probabilités en principes dé-
montrés : à l'en cr ire ses partisans illu-
minés reçoivent du ciel même des faveurs distinguées, des yeux bien plus
perçans, à l'aide desqu'els ils découvrent
des vérités inaccessibles à l'esprit du reste des mortels, tandis que nous voyons
que la théologie n'a pas un seul principe
qui ne puisse être fortement contesté.
Si ses défenseurs ont cette pénétration
en partage, qu'ils laissent au moins la
liberté de douter ou d'errer à ceux que
la nature n'a point autant favorisés ;
qu'ils ne les punissent point cruellement d'avoir des sens trop grossiers ou
des ames trop pesantes pour s'élever
aux régions de l'empyrée, ou pour
ne point sentir les preuves de ceux qui
ont pu les parcourir. Enfin les disputes théologiques qui depuis tant de sié-

N 4

cles ont couté tant d'efforts à l'efprit humain , tant de fang & de tréfors aux nations , ne f nt point parvenues à donner à la théologie la moindre folidité, la moindre certitude , la moindre unaninité. *

Les hommes parviennent tôt ou tard à éclaircir plus ou moins leurs idées fur les objets réels qu'ils ont intérêt de connoître ; ils raifonneront fans fuccès & fans fruit fur les objets qui n'exiftent que dans leur imagination , ou qui ne feront fondés que fur des hypothèfes dont ils n'auront point le courage d'examiner les fondemens. Tout être qui fent & qui penfe, dès qu'il eft à portée de faire des expériences , découvre, bientôt les moyens de fe conferver & de fe rendre heureux : ce n'eft que faute d'expériences qu'il refte en chemin ou qu'il s'égare ; le

---

* Il eft bon d'obferver, en paffant, que ceux qui défendent les préjugés & les fuperftitions des homm s font applaudis, honorés , & payés, tandis que ceux qui les attaquent font honnis , méprif s & pu iis. Malgré ces avantages , les partifans de l'erreur vivent dans des allarmes continuelles , & tremblent des moindres coups de leurs foibles adverfaires , dénués de crédit, de richeffes & de pouvoir.

befoin lui donne des aîles, il le rend
induftrieux, il lui fait tenter la nature,
il le familiarife avec fes loix, lors même qu'il eft incapable de les méditer;
c'eft ainfi que l'homme du commun
parvient à labourer, à forcer la terre
de le nourrir, à fe garantir des inju-
res de l'air, à multiplier fes reffources, à varier fes plaifirs. Une chaîne
d'expériences fucceffives conduit l'homme fauvage jufqu'à l'état où nous le
voyons dans une fociété civilifée, où
il s'occupe des fciences les plus fublimes
& des connoiffances les plus compliquées. Nous le trouvons plus ou moins
éclairé dans les chofes fur lefquelles la
marche de fon efprit & le cours de fes
expériences n'ont point été gêné; nous
le trouvons ignorant & déraifonnable
dans les chofes qu'il n'a pu foumettre
à l'examen. Il faut que l'homme foit
libre pour qu'il s'éclaire; il faut qu'il
foit dégagé de crainte & de préjugés
pour s'affurer des objets qui l'intéreffent; il faut qu'il fente fes véritables
befoins pour qu'il fe donne la peine de
chercher les moyens de les fatisfaire.
La politique, la fcience du gouvernement & la morale font bien moins dif-

ficiles à concevoir que le calcul, que la musique, ou qu'une infinité d'arts & de professions que nous voyons journellement exercer, par des hommes qui nous paroissent dépourvus de lumières & d'esprit.

Pour donner à tout homme des idées justes sur le gouvernement ne suffit-il pas de lui faire sentir qu'il a droit d'être heureux, que son bien est à lui, que le fruit de son labeur lui appartient en propre, que nul de ses semblables n'a le droit d'être injuste à son égard, de le vexer, de le priver du fruit de ses peines ; que ses forces & sa volonté, combinées avec celles de ses associés, suffisent pour faire cesser les malheurs qui l'affligent ? Pourquoi donc les nations connoissent-elles si peu des vérités si claires ? Pourquoi font-elles comme des troupeaux que des pasteurs tondent & livrent ensuite à des bouchers cruels qui les menent à la mort ? C'est que leurs guides religieux & politiques les ont enyvrées d'opinions sur lesquelles ils ne leur ont jamais permis de réfléchir. Jamais elles n'ont pensé à leurs propres intérêts ; on les a menacées de dangers chimériques si jamais elles tentoient de mettre fin à leurs peines.

Pourquoi les hommes sont ils dans l'incertitude & le doute sur la morale ; pourquoi vivent-ils dans un honteux oubli de leurs devoirs les plus saints ? pourquoi la vertu est elle si problématique & si rare ? c'est que l'on néglige leur éducation ; c'est que l'on fonde leurs devoirs sur les oracles de leurs prêtres : c'est que les chefs qui les gouvernent les rendent vicieux, ou ignorent eux-mêmes les vrais mobiles qui les porteroient à la vertu ; c'est que ceux qui leur enseignent la morale ne connoissent point ses principes naturels, & qu'au lieu de l'établir sur l'essence de l'homme, sur le desir du bonheur, sur son intérêt réel, ils lui donnent des bases chimériques & la fondent sur des hypothèses ridicules. * Les vérités de

* Il est évident que les incertitudes que nous présentent presque tous les livres de morale viennent des idées fanatiques & romanesques qu'on lui a presque toujours associées : nos systêmes de morale ont communément pour base des notions théologiques & métaphysiques totalement étrangeres à la nature de l'homme ; elle supposent toujours sa nature corrompue, l'expérience incertain

N 5.

la morale font auffi fimples , auffi démontrées , auffi fufceptibles d'être fen-
ties par les hommes les plus groffiers
que les vérités dont l'affemblage conftitue l'agriculture ou une profeffion
quelconque. Les hommes ne font dans
le doute que parce qu'on les empêche
de faire des expériences , ou parce que
ceux qui les inftruifent n'ofent point en
faite eux-mêmes & craignent de leur
montrer la vérité.

On blâme avec raifon un fcepticifme
qui affecte de ne rien fçavoir, de n'ê-
tre fûr de rien, de jetter du doute fur
toutes les queftions. Dès que nous ferons raifonnables nous fçaurons diftinguer les chofes fur lefquelles nous devons douter de celles dont nous pouvons acquérir la certitude. Ainfi ne
doutons point des vérités évidentes que
tous nos fens s'eccordent à nous montrer , que le témoignage du genre humain nous confirme , que des expériences invariables conftatent à tout
moment pour nous. Ne doutons point
de notre exiftence propre ; ne doutons

ne , fa raifon fujette à le tromper. Toute morale
doit fe fonder fur le defir du bonheur., & pour
être efficace elle doit conduire au bonheur.

point de nos fenfations conftantes & réitérées ; ne doutons point de l'exiftence du plaifir & de la douleur ; ne doutons point que l'un ne nous plaife & l'autre ne nous déplaife ; par conféquent ne doutons point de l'exiftence de la ve·tu , fi néceffaire à notre être & au foutien de la fociété ; ne doutons pas que cette vertu ne foit préferable au vice qui détruit cette fociété , & au crime qui la trouble ; ne doutons point que le defpotifme ne foit un fléau pour les états , & que la liberté affermie par les loix ne foit un bien pour eux ; ne doutons point que l'union & la paix ne foient des biens réels , & que l'intolérance , le zéle , le fanatifme religieux ne foient des maux réels , qui dureront auffi longtems que les peuples feront fuperftitieux.

S'il n'eft point permis à des êtres raifonnables de douter des vérités qui leur font démontrées par l'expérience de tous les fiécles , il leur eft permis d'ignorer & de douter de la réalité des objets qu'aucun de leurs fens ne leur a jamais fait connoître ; qu'ils en doutent fur-tout quand les rappo**ts

qu'on leur en fait feront remplis de
contradictions & d'abfurdités ; quand
les qualités qu'on leur affignera fe dé-
truiront réciproquement , quand, malgré tous les efforts de l'efprit , il fera
toujours impofible de s'en former la
moindre idée. Qu'il nous foit donc
permis de douter de ces dogmes théologiques , de ces myftères ineffables,
incompréhenfibles même pour ceux qui
les annoncent ; doutons de la néceffité
de ces cultes fi contraires à la raifon:
ofons douter des révélations prétendues,
des préceptes révoltans , des hiftoires
fi peu probables que des prêtres intéreffés débitent aux nations pour des vérités conftantes. Doutons des titres de
la miffion de ces impofteurs qui nous
parlent toujours au nom d'une divinié
qu'ils avouent ne point connoître. Doutons de l'utilité de ces religions qui ne
fe font illuftrées que par les maux dont
elles ont accablé le genre humain. Doutons des principes de ces Théologiens
impérieux qui ne furent jamais d'accord entre eux , finon pour égarer les
peuples & faire naî re par-tout des querelles & des combats. Doutons de la
réalité de ces vertus divines & furna-

turelles qui rendent les hommes engour-
dis, inutiles & nuisibles, & qui leur
font attendre dans le ciel la récompense du mal qu'ils se feront fait à eux-
mêmes ici bas, ou qu'ils auront fait
aux autres. L'inutilité & les dangers
des préjugés religieux ne peuvent être
douteux que pour ceux qui jamais n'en
ont envisagé les conséquences fatales,
ou qui refusent de se rendre à l'expérience de tous les âges.

On voit donc que le scepticisme philosophique a des bornes fixées par la
raison. Douter de la réalité ou de l'u-
tilité des vertus sociales, ce seroit douter de l'existence du plaisir; ce seroit
douter s'il existe des mets dont notre
bouche soit agréablement affectée. Douter s'il est des vices & si nous leur
devons notre haine, c'est douter de
l'existence de la douleur, ce seroit
mettre en problême s'il existe des poi-
sons; être incertain sur les sentimens
que l'homme doit avoir pour le vice
& la vertu, c'est affecter d'ignorer si
la santé est préférable à la maladie.

L'expérience suffit pour nous faire
découvrir tout ce que nous avons besoin de connoître dans notre existen-

ce actuelle; elle ne nous abandonne que lorfque notre curiofité inquiète nous porte à vouloir approfondir des matieres étrangères à notre efprit , & qui , dès lors ne peuvent aucunement intéreffer. En récompenfe tout ce que l'expérience montre conftamment à nos fens bien difpofés , eft certain & fuffit pour nous guider dans les routes de la vie. En appliquant ces découvertes à notre conduite , nous ferons des philofophes pratiques , des fages véritables, des hommes vertueux ; fi , contens de nos fpéculations , nous les démentons dans la pratique , nous ne ferons que des vicieux éclairés.

Que les détracteurs de la philofophie ceffent donc de fe prévaloir contre el'e des chofes qu'elle nous laiffe ignorer; qu'ils ceffent de lui reprocher fon fcepticifme ou l'incertitude dans laquelle el'e jette les efprits fur une infinité d'objets ; ceux fur lefquels l'expérience ne peut rien nous apprendre , font inutiles dès-lors ou font pour nous comme s'ils n'exiftoient point. Tout homme de bonne foi n'affectera point d'indécifion fur les chofes que l'expérience de tous les tems , de tous les pays , de tous les individus de l'espece humaine, pourra s'accorder à lui montrer comme favorables ou comme nuisibles ; si l'on ne peut douter qu'un embrasement ne capable de réduire une ville en cendres, l'on ne peut douter que le fanatisme religieux, les passions des rois, les désordres des sujets ne conduisent les états à leur destruction.

D'ailleurs, comme on vient de le prouver, ce n'est point aux ennemis de la philosophie qu'il appartient de l'accuser d'être incertaine & chancelante. Les ministres de la religion sont-ils donc plus d'accord dans leurs principes que les philosophes ? Ne laissent-ils aucuns doutes dans les esprits de leurs disciples ? ne s'excite-t-il aucuns débats entre eux ? sont-ils parfaitement unis de sentimens sur les dieux qu'ils présentent, sur les cultes qui peuvent leur plaire, sur la façon d'entendre leurs décrets infaillibles ? Qu'ils ne reprochent donc plus à la philosophie ses lumières incertaines qui la forcent d'aller à tâtons : Le doute modeste & l'ignorance avouée ne sont-ils point préférables à une science présomptueuse, à une ignorance tyrannique, à une

arrogance dogmatique & décidée qui
rendent les mortels opiniâtres & cruels?

Quelle perplexité ! quels embarras
pour tout homme qui pense, si parvenu à l'âge mûr, & non préoccupé
des préjugés de l'enfance, il vouloit
se décider en faveur de l'une des religions si variées qui se partagent l'empire de notre globe ! Comment choisir
entre ces différens dieux, ces différens
cultes, ces dogmes si contradictoires,
ces fables si bizarres que nous voyons
les objets de la vénération de tant de
peuples qui couvrent la face du monde ! Toutes les religions ne préten-
dent-elles pas à la même importance ?
Toutes ne se vantent-elles pas d'être éma-
nées du ciel ? Toutes ne disent-elles pas
que leur dieu est le maître des autres
dieux ? Leurs prétentions sont égales,
leurs titres sont les mêmes, chacune
croit posséder exclusivement la vérité
& la faveur du Très-haut ; chacune
promet un bonheur ineffable, à ses
disciples, & menace de tourmens éternels ceux qui refusent d'admettre ses
hypothèses ; chacune se fonde sur des
miracles, ou sur des œuvres contraires au cours de la nature ; chacune se

glorifie de ses pénitens, de ses enthousiastes, de ses martyrs; enfin l'homme sensé ne voit par-tout qu'une éga-
lité de fables, d'absurdités, de mensonges: il voit avec douleur que les
sectateurs de toutes ces folies se déte-
stent, se regardent avec horreur, se
détruisent réciproquement, & que le
nom même de la religion est pour
eux le flambeau des furies, à la sombre lueur duquel ils se déchirent & se
massacrent sans pitié.

Que pensera le philosophe à la vue
de ces sectes multipliées, qui parties
d'une même tige, ou enfantées par
les mêmes pères, ne font que se traiter avec plus d'inimitié? Quelle est
celle dont la haine lui paroîtra la mieux
fondée? Par tout la religion lui tend
des piéges & met sa pénétration en
défaut: nul système ne lui offre des
idées claires; nulle hypothèse ne lui
montre cet heureux accord, cette liaison, ce bel ensemble que l'on ne rencontre jamais que dans les ouvrages
de la vérité. En jugera-t-il par les effets?
hélas! nulle religion ne lui montre
des sectateurs unis, contens, heureux,
jouissans de la paix, indulgens, justes,

tempérans, humains & vertueux. En
un mot il ne trouve point que le bonheur soit nulle-part l'ouvrage de la religion ; il la voit, au contraire, perpétuellement aux prises avec la félicité publique & travaillant à détruire le bien-
être dans l'esprit de tous ceux qu'elle
a soumis à son joug.

Ainsi défendons notre esprit d'une
science fatale dont les avantages sont
impossibles à connoître & dont les
suites pernicieuses sont assurées. Aban-
donnons des systemes qui ne sont propres qu'à diviser les enfans de la terre, puisqu'ils se fondent sur des rêveries impossibles à concilier. Consentons
à ne jamais parcourir des labyrinthes
où les mortels se sont toujours égarés ;
renonçons à des notions que l'expérience des siécles & que les efforts du
genre humain n'ont jamais pu constater : enfin que l'homme sage ne cherche plus la vérité dans ces productions
informes de l'yvresse & de l'imposture
dont la fausseté est prouvée par le mal
qui en résulte. Tout ce qui contredit
le bien-être de l'homme, ne peut a-
voir que le mensonge pour auteur;
tout systéme qui lui nuit ne peut être

éritable ; la vérité n'eft un bien que
parce qu'elle eft utile ; elle n'eft u ile
que parce-qu'elle eft néceffaire au bon-
leur de l'homme ; le bon & le vrai
oint inféparablement affociés ; ce qui
ft vrai ne peut être mauvais ; ce qui eft
mauvais ne peut être véritable ; ce qui
eft bon ne peut avoir la fauffeté pour
bafe ; ce qui eft nuifible ne peut être
que l'ouvrage de la fraude ou du délire,
& par conféquent ne peut mériter les
refpects du vrai Sage. La fageffe n'eft
rien fi elle ne conduit au bonheur.

CHAPITRE XII.

Si la Philofophie contribue au bonheur de
l'homme & peut le rendre meilleur.

DAns toutes fes entreprifes l'homme cherche néceffairement le
bonheur ; nous le voyons continuellement occupé du foin d'acquérir ce qu'il
juge utile, & d'écarter ce qu'il pré-
fume devoir nuire à fa félicité. Il jouit
de fa raifon , il agit d'une façon conforme à la nature d'un être intelligent

toutes les fois qu'il travaille à se mettre en possession d'un bien-être solide,
dont il soit à portée de jouir constam-
ment & indépendamment des caprices
du sort. Nous estimons très-heureux
tout homme qui découvre les moyens
de posséder à chaque instant les objets
de ses desirs ; nous trouvons légitimes
les voies qu'il met en usage pour se
rendre heureux, dès qu'elles ne sont
point nuisibles aux êtres de notre espece ; nous chérissons ces moyens dès
que nous les trouvons utiles à nous-
mêmes, & nous admirons son intelligence, ses talens, sa conduite, à mesure qu'il les emploie avec plus de succès pour procurer à lui même & aux
autres des avantages véritables. Un
être intelligent est celui qui sait adap-
ter les moyens les plus propres à la fin
qu'il se propose.

La philosophie spéculative est, comme on a vu, la connoissance de la vérité, ou de ce qui peut vraiment &
solidement contribuer au bonheur de
l'homme. La philosophie pratique est
cette connoissance appliquée à la conduite de la vie. La philosophie spéculative dépend de la justesse de nos

idées, de nos jugemens, de nos expériences : la philofophie pratique dépend de notre organiſation particuliere,
de notre tempérament, des circonſtances où nous nous trouvons, des paſſions plus ou moins fortes que nous
avons reçues de la nature, & des
obſtacles plus ou moins puiſſans que
nous rencontrons pour les ſatisfaire.
Le bonheur n'eſt jamais que l'accord
qui ſe trouve entre nos deſirs & nos
beſoins & le pouvoir de les ſatisfaire.

Mais nous avons deux ſortes de beſoins : les uns ſont des beſoins *phy-
ſiques*, inhérens à notre nature, ils
ſont à peu-près les mêmes dans tous
les êtres de notre eſpèce. Les autres
ſont des beſoins *imaginaires* ; ils ſont
fondés ſur nos opinions vraies ou
fauſſes, ſur des réalités ou ſur des
chimères, ſur l'expérience ou ſur l'autorité, ſur la vérité ou ſur nos préju
gés. Ces beſoins varient dans preſque
tous les individus de l'eſpèce humaine
& dépendent de l'imagination diverſe-
ment modifiée par l'éducation, par l'habitude, par l'exemple, &c.

Tous les hommes cherchent le bonheur, mais ils ſont ſujets à ſe tromper

& fur les objets dans lefquels ils le font
confifter & fur les moyens de les obtenir. L'ignorance , l'inexperience , les
préjugés , dont ils font continuellement
abreuvés , les empêchent de diftinguer le bonheur de ce qui n'en eft
que le figne., & leurs paffions inconfidérées les aveuglent fur les routes qu'ils
prennent pour fe le procurer. C'eft
ainfi que l'argent , devenu la repré-
fentation du bonheur dans toutes les
fociétés policées , eft l'objet des defirs
de prefque tous les citoyens ; ils fe
perfuadent qu'ils feront heureux dès
qu'ils en pofféderont affez pour être
à portée de contenter tous leurs defirs ; & fouvent ils emploient des travaux incroyables & les vous les plus
déshonnêtes pour l'acquérir ; enrichis
une fois ils s'apperçoivent bientôt qu'ils
n'en font pas plus avancés , que leur
imagination , toujours féconde , leur
forge des befoins fictifs avec bien plus
de promptitude qu'ils ne peuvent les
fatisfaire ; ils trouvent que leurs paffions
affouvies ne leur laiffent que des remors
& des chagrins qui puniffent leur imprudente avidité. Il en eft de même
de l'ambition ou du defir du pouvoir;

on

on regarde ce pouvoir comme un bonheur réel, on se flatte qu'il fournira les moyens de s'asservir les volontés des hommes, & de les faire concourir à ses propres desseins ; mais bientôt l'ambitieux voit ses espérances déçues ; il se sent malheureux, parce que son imagination lui suggère que son pouvoir n'a pas encore toute l'étendue nécessaire pour contenter tous ses caprices & ses desirs insatiables. Il en est de même de tous les objets qui excitent les passions des hommes & que leurs tempéramens ou leurs préjugés leur font desirer comme utiles à leur bonheur. C'est ainsi que les uns soupirent après des dignités, des honneurs, des distinctions, des titres ; tandis que d'autres soupirent après la renommée, l'estime de leurs concitoyens, & d'autres plus modérés travaillent à se procurer le contentement intérieur, qui ne peut être que le fruit de la vertu.

La philosophie spéculative, n'étant que la recherche de la vérité, apprend à fixer un juste prix aux choses, d'après l'utilité réelle qui peut en résulter ; elle donne donc nécessairement des avantages à ceux qui s'en occu-

pent : fi elle ne détruit point les vices du tempérament, elle fert du moins
à les corriger ; fi elle ne remédie point
à l'ardeur des paffions, elle fournit
au moins des motifs pour les répri-
mer.

Quant à la philofophie pratique, elle
ne peut être folidement fondée que fur
le tempérament. Des paffions modé-
rées, des defirs bornés, une ame paifible font des difpofitions néceffaires
pour juger fainement des chofes & pour
régler fa conduite ; une ame impétueufe eft fujette à s'égarer. Nos paffions
ne font jamais plus efficacement répri-
mées que quand elles le font par la
nature ; nos befoins ne font jamais
plus aifés à fatisfaire que quand elle
les a limités. * Pour être heureux nous-
mêmes il faut que la nature établiffe
un jufte équilibre dans notre cœur &
mette nos defirs à l'uniffon de nos
facultés : pour rendre les autres heu-

---

* *Efficit hoc philofophia :medetur animis inanes:
follicitudines detrahit : cupiditatibus liberat : pellit
timores. Sed has ejus vis non idem poteft apud omnes : tùm valet multùm , cùm eft idoneam complexa
naturam.*

V. Tusculan. II. Cap.

reux il faut que notre conduite à leur
égard soit d'accord avec leurs defirs ;
pour moderer fes propres defirs il fuffit
de voir les objets tels qu'ils font.

C'eft cette heureufe difpofition que
nous reconnoiffons dans les vrais fages, en qui la fpéculation éclairée fortifie toujours la pratique. C'eft dans fon
propre cœur que le vrai philofophe va
puifer la philofophie ; il y trouve fes
paffions dans l'ordre ; les defirs qui
s'y forment font honnêtes & faciles à
contenter ; ceux qui feroient déshonnêtes ou difficiles à fatisfaire font auf-
fitôt réprimés par les motifs deftinés à
les contenir. Une indifférence raifonnée fert à circonfcrire les befoins, il
ne hait, il ne méprife ni les richeffes,
ni le pouvoir, ni la grandeur ; mieux
que perfonne il connoît les moyens de
s'en fervir pour fon bonheur ; mais fon
ame accoûtumée à la tranquillité fe re-
buteroit des efforts péhibles qu'il faudroit faire pour les obtenir ; fon cœur
noble rougiroit s'il falloit employer la
baffeffe, la fraude, ou facrifier l'eftime
de foi même & des autres pour fe les
procurer ; il fe confole donc lorfqu'il
l'en voit privé ; d'ailleurs l'expérience

lui montre les traverses nécessaires que
rencontrent tous ceux qui, multiplient
leurs rapports. Il s'enveloppe alors *du
manteau de la philosophie*, qui n'est
autre chose que le contentement de
soi, le calme intérieur, le retour agréable sur soi-même, qui ne peuvent être
le partage que de la sagesse prati-
quée.

En effet l'homme à qui la nature accorde les dispositions, ou qu'elle place
dans les circonstances nécessaires pour
s'occuper de la recherche du vrai &
pour pratiquer les leçons de la sagesse,
détrompé des objets futiles dont le vulgaire est enivré, exempt par son tempérament des passions emportées qui
entraînent les autres, garanti par l'é-
tude de l'ennui qui dévore l'ignorante
oisiveté, libre des inquiétudes qui tourmentent l'ambitieux, l'avare, l'intriguant; le sage se plaît avec lui-même,
la retraite n'a rien de fatiguant pour
lui. * S'il forme des desirs ils sont fa-

* *Turbam rerum hominumque desiderant qui se
pati nesciunt.* SENEC. Cicéron dit de Scipion: *duæ
res quæ languorem afferunt cæteris, Scipionem acue-
bant, otium & solitudo.* CICER. DE OFFICIIS III.
*Qui secum loqui posset sermonem alterius non requi-
ret.* TUSCULAN. V. Cap.

ciles à satisfaire : ne peut-il les contenter ? le juste prix qu'il fait mettre
aux choses , l'empêche de sentir trop
vivement , les privations affligeantes
pour le commun des mortels ; son ame
est préparée contre les rigueurs du sort ;
les événemens ont sur lui moins de
prise que sur l'inconsidéré qui ne s'est
point mis en garde contre les coups
de la fortune.

La philosophie ne peut pas sans doute changer le tempéramment ni rendre
l'homme impassible , mais du moins
elle lui fournit des consolations inconnues de ceux qui n'ont point réfléchi.
Si elle n'en fait point un être parfait ,
elle lui fournit plus qu'à d'autres des
motifs pour se rendre meilleur & pour
se familiariser avec les accidens de la
vie : elle fait même tourner ses privations à son profit. *Que de choses ,*
disoit Socrate , *dont je n'ai nul besoin !*
Ainsi le vrai philosophe s'applaudit
avec raison de ne point dépendre ni
des succès incertains , ni des objets
que le caprice du sort peut lui ravir à
chaque instant ; il a droit de se féliciter d'être bien avec lui même , d'être
exempt des desirs incommodes , des be-

foins innombrables , des terreurs imaginaires qui tourmentent les ames vulgaires ; il trouve par-tout des raifons
pour s'accommoder à fon état , qu'il
juge très-heureux dès qu'il fe compare
aux autres.

Le philofophe qui met fon bonheur
à méditer , trouve à tout moment le
moyen de jouir ; il éprouve à chaque
inftant des plaifirs inconnus à ces êtres
frivoles , pour qui la nature entiere
vaguement parcourue eft bientôt épui-
fée. Il porte au dedans de lui même
une fource intariffable de plaifirs diverfifiés ; tout fournit une ample moiffon
à fon efprit. Dans la folitude il fe nourrit des provifions que l'univers , le
genre humain & la fociété lui fourniffent inceffamment. Enrichi d'une
foule d'expériences fon efprit fe fert de
pâture à lui même. * Le paffé , le préfent , l'avenir l'occupent agréablement ;
il ne connoit point la langueur ; fon
ame eft fans ceffe éveillée , agiffante ,
occupée ; le monde met fous fes yeux
des tableaux auffi étendus que variés ;
tout le ramène avec plaifir à lui
même.

* *Ipfe alimenta fibi.*

L'habitude de converser avec soi tend toujours à rendre l'homme meilleur. On ne consent à descendre au fond de son propre cœur que lorsqu'on est satisfait de l'ordre qui s'y trouve. Les mortels, pour la plupart, sont perpétuellement occupés à s'éviter eux-mêmes; ils cherchent dans les dissipations couteuses, dans les plaisirs bruyans, des diversions aux chagrins qui les rongent, aux passions qui les troublent, aux ennuis qui les dévorent. Socrate avoit raison de dire *qu'une vie sans examen ne peut être appellée une vie*. Connoître la sagesse & pratiquer la philosophie, c'est vivre avec connoissance de cause; c'est multiplier son être; c'est diversifier ses sensations à l'infini; c'est savourer chaque instant de sa durée; c'est se sentir; c'est mettre l'univers dans la balance, c'est apprendre à s'aimer quand on en est vraiment digne; c'est apprendre à se corriger pour mériter d'être bien avec soi; en un mot le philosophe pratique c'est l'homme de bien éclairé. *

---

* *Hic igitur (animus), si est excultus, & si ejus acies ita curata est ut non cæcetur erroribus, fit perfecta mens, id est absoluta ratio; quod est idem ac virtus.* Tuculan. V. Cap.

Heureux, & mille fois heureux celui qui. te cultive, ô divine fageffe !
Heureux celui que la nature & la réflexion ont rendu propre à tes céleftes
entretiens ! Les mufes , fi fouvent
bannies des palais de la grandeur , ne
dédaignent pas fa pauvreté , elles viennent lui faire compagnie dans fon
humble réduit ; il jouit de leurs concerts harmonieux. La poëfie l'échauffe
de fes brillantes images , l'hiftoire rend
préfens à fes yeux les hommes qui ne
font plus ; la puiffance altière vient
comparoître devant fon tribunal équitable ; Uranie defcend du Firmament
pour lui communiquer fes découvertes;
le livre entier de la nature eft ouvert
à fes yeux ; il s'égare avec plaifir dans
le dédale du cœur humain ; la politique ne le croit point indigne de fes
leçons ; la morale & fes préceptes
font fon occupation la plus chere;
rien ne trouble des plaifirs renaiffans &
diverfifiés. L'homme le plus heureux
n'eft-il donc pas celui qui peut toujours s'occuper délicieufement ? Que
manque-t-il au bonheur du fage fi la
fortune favorable l'exempte des foins
incommodes que l'indigence lui impo-

feroit ? Quel mortel plus heureux, fi jouiffant de l'opulence, il poffede un cœur fenfible au plaifir de faire des heureux !

L'enthoufiafme du fage eft une chaleur douce & vivifiante qui le pénètre & l'échauffe, qui fe communique à des ames analogues, & qui s'alimente ainfi de lui-même. S'il opère des changemens fur les efprits de fes concitoyens, ils font doux, jamais ils ne produifent ces fecouffes violentes & inconfidérées qui ébranlent ou qui troublent les empires. Le philofophe n'eft point affis fur le trépied comme le fanatique & l'impofteur ; il ne rend point d'oracles ; il ne cherche point à effrayer ou à féduire comme le prêtre ; il ne fonge point à exciter des troubles comme l'ambitieux ; il ne veut que porter le calme & la paix dans les ames, & les ramener à cette raifon paifible dont les inftitutions des hommes s'efforcent de les éloigner ; l'objet de fes defirs eft de mériter la gloire ; elle ne peut, fans injuftice, être ravie à tous ceux qui les fervent utilement.

Voilà l'efprit qui doit guider le phi-

losophe ; voilà, comme on l'a dit ailleurs , l'ambition & les motifs qu'il
peut avouer sans rougir , & que nul
homme sur la terre n'est en droit de
blâmer. Pour peu qu'il considère ces
erreurs accumulées qui aveuglent les
mortels, cette longue chaîne de calamités qui les affligent, son cœur s'at-
tendrit , il en cherche les causes primitives , il en voit les conséquences,
il en propose les remèdes , & croit
faire son devoir en communiquant ses
idées à la société dont il est membre,
à laquelle il est comptable de ses lumieres.

Si le sage ne peut se flatter de faire
disparoître tout d'un coup les préjugés
des hommes, il se flatte au moins d'en
détruire quelques-uns ou de les ébranler
peu à peu ; s'il ne peut espérer que ses
leçons soient écoutées de ses contemporains ; il étendra ses vues sur la postérité;
si ses concitoyens sont sourds à sa voix
& s'obstinent à conserver les opinions
qui les divisent & qui troublent leurs
ames, il parvient au moins à se procurer à lui-même le calme heureux
qu'il ne peut communiquer aux autres.
Dégagé de leurs funestes opinions , il

se met en liberté ; il contemple de sang-froid les vains phantômes dont on se sert pour l'effraye. ; il apprécie les espérances & les craintes qu'on lui montre dans l'avenir ; il examine les fondemens de ces notions merveilleuses que la violence s'efforce de faire adopter ; enfin il les juge d'après les effets terribles qu'elles produisent en ce. monde , d'après le trouble affreux qu'elles portent dans tous les cœurs ; il en conclut que c'est en vain que le genre humain attendroit son bien-être de ces systêmes qui ne font que perpétuer, de race en race, des extravagances & des désordres.

Le vrai sage préfère la réalité aux doutes & aux chimères ; son bonheur véritable & présent, à son bonheur idéal & futur ; la vertu réelle , aux préceptes souvent nuisibles & toujours contradictoires de ceux qui font parler la Divinité. Telles font les dispositions du philosophe détrompé des préjugés ; tels font les motifs de ses recherches & les fondemens de ses principes. En un mot tel est l'homme sur qui les calomnies du sacerdoce veulent attirer la vindicte publique. Tel est

O 6

l'homme qu'elles montrent comme l'ennemi de toute vertu, le destructeur de toute morale, l'apologiste du crime, le défenseur du vice, l'empoisonneur de la société. Si l'on s'en rapporte aux partisans de la religion, ou à ceux qu'on nomme *dévots*, il n'est plus de principes pour quiconque a secoué le joug de la religion, il n'a plus de motifs pour suivre la raison ni pour aimer la vertu ; on le défère à la société comme prêt à se livrer à toutes les impulsions d'une nature déréglée, dépourvu de honte & de remors, ne vivant que pour le moment, indifférent au bien public, n'écoutant que ses passions. & ne voyant rien de plus important que de les satisfaire au plus tôt. Le vulgaire, allarmé de ses écrits, croit qu'aussitôt qu'ils seront lus la femme va se livrer à l'adultère, le fils à la révolte, la fille à la prostitution, le serviteur au larcin, l'ami à la trahison, les concitoyens à la fraude, le peuple au vol & aux assassinats, le souverain à la tyrannie, les magistrats à l'iniquité, &c. Mais hélas ! malgré les vaines chimeres dont on se sert par-tout pour effrayer les hu-

mains, ces désordres ne subsistent-ils
pas ? Voyons-nous que la religion en
impose à tant de gens corrompus que
leurs passions sollicitent au mal ? L'autorité suprême, que nous trouvons
partout revêtue d'un si grand pouvoir,
bien loin de contenir les passions des
hommes, ne contribue-t-elle pas plus
que toute autre cause à les allumer ?
Tout ne s'efforce-t-il pas d'étouffer les
idées de probité, de décence ? Les
déréglemens les plus affreux ne s'auto-
risent-ils point par l'exemple ? L'opinion publique n'est-elle pas plus forte
que la terreur des loix, que la religion même ? Enfin les supplices si cruellement multipliés, sont-ils capables
d'en imposer à tant de malheureux que
mille causes réunies poussent incessam-
ment au crime ?

Il faut donc chercher des remèdes
plus réels & plus efficaces à la depra-
vation humaine que ceux qui jusqu'ici
n'ont fait que l'augmenter. Il faut remplacer des opinions fausses par des opinions plus vraies. Les préjugés établis ne
paroissent si avantageux à la plupart des
hommes que parce qu'ils favorisent leur
ignorance, leur paresse naturelle, & les

dispensent de chercher & de mettre en
jeu des mobiles plus réels qui porteroient
à la vertu. On croit que l'on a tout
fait pour ses enfans en les rendant religieux ; le souverain se tient assuré de
la patience & de l'obéissance de son
peuple en le rendant superstitieux ; le
père de famille se flatte par le secours
de son prêtre de contenir sa femme,
ses enfans, ses valets ; le monarque
croit par son moyen être déchargé du
soin de faire de bonnes loix, de veiller à l'éducation publique, de s'occuper du bonheur de son peuple. Que
les princes éclairés rendent leurs peuples heureux, & ils n'auront aucun
besoin de les tenir dans l'ignorance ;
qu'ils encouragent la vertu, qu'ils la
récompensent fidèlement, qu'ils punissent le crime, qu'ils ne soient jamais
injustes eux mêmes, & bientôt ils auront des sujets honnêtes, équitables &
vertueux. Que les pères ne soient point
dissipés & livrés à la débauche ; qu'ils
apprennent à leurs enfans les suites des
voluptés ; qu'ils leur montrent le li-
bertin languissant sur un grabat ; qu'ils
leur fassent voir l'intempérant abruti,
méprisé, privé de la santé ; qu'ils

montrent à leurs filles la débauche
n'ofant lever les yeux ; qu'ils donnent
à leurs compagnes l'exemple de la fi-
délité ; que celles-ci, mères actives &
foigneufes, donnent à leurs filles l'exemple d'une vie réglée & occupée ;
que tout confpire dans les familles à
rendre la probité, la décence, la vertu
refpectable, & bientôt l'on reconnoîtra l'inutilité des chimères pour contenir les hommes ; l'on fentira l'effica-
cité d'une morale réduite en pratique
& rendue habituelle ; l'on ceffera de
regarder les leçons de la philofophie
comme deftructives des bonnes mœurs,
& le philofophe comme l'ennemi de
la vertu.

La vraie philofophie, comme on l'a
fi fouvent répété, ne fait divorce avec
la religion que parce qu'elle la trouve
contraire aux intérêts du genre humain ;
elle feroit une pure frénéfie fi elle fe
privoit des fecours d'un mobile vraiment
capable de rendre les leçons de la fageffe plus fortes fur les hommes. Quoi !
eft-ce donc au fanatique zélé & fi
fouvent cruel qu'il appartient de reprocher fon enthoufiafme au philofophe
qui ne prêche que l'indulgence & l'u-

nion ? De quel droit le superftitieux
mélancolique & chagrin ofe-t il accufer de mifantropie celui qui ne cherche qu'à rendre les mortels amis les
uns des autres ? Le dévot exalté &
toujours dans l'ivreffe eft il fait pour
blâmer l'homme qui prétend établir
le calme dans tous les cœurs ? Le facerdoce ambitieux, décifif & toujours
opiniâtre, eft il bien autorifé à taxer
d'orgueil le fage qui propofe modefte-
ment fes vues, qui les foumet à l'examen, qui toujours invite à l'expérience, en un mot qui ne reconnoît d'autorité que celle de l'évidence ? Cette
religion depuis tant de fiècles en poffeffion de faire égorger des nations
entières, a t elle des raifons pour craindre les triomphes de la fageffe dont
les difciples furent toujours les victimes
de fes fureurs & de fes vengeances ?
Enfin ces mauvais guides, dont les
exemples & les violences continuelles
rendent tant de peuples infortunés &
vicieux, font-ils en droit d'accufer la
philofophie d'énerver le courage & de
corrompre les mœurs ? Ne font-ce
point plutôt leurs vices, leurs iniquités, leurs négligences qui découragent

leurs sujets, qui les rendent méchans,
qui les forcent au crime ? N'est ce pas
le fanatisme religieux qui seul s'arroge
le droit de les soulever, de les eni-
vrer, de leur mettre en main le couteau régicide ?

. Malgré ces inconséquences, nous voyons la superstition, si souvent meur-
trière, honorée, récompensée, & la
philosophie proscrite & calomniée, ses
disciples sont regardés comme des séditieux, comme des pestes publiques,
comme des frénétiques dont le projet
est d'anéantir toute vertu, de lâcher la
bride aux passions, de troubler le repos
des nations, & de sapper les fondemens de l'autorité. Ainsi l'on appelle
destructeurs de la vertu ceux qui veulent la substituer à ces vertus inutiles
& insensées que la religion préfère à
l'humanité, à l'indulgence, à la grandeur d'ame, à l'activité ! L'on accuse
de corrompre les mœurs, des hommes
qui ne connoissent d'autre religion que
la morale ! On traite de pertubateurs
des spéculateurs paisibles qui gémissent
des troubles, des désordres & dés
ravages que des zélés turbulens excitent en tout pays ! On regarde com-

me les ennemis des trônes ceux qui voudroient mettre les souverains à couvert des attentats du fanatisme, & fonder leur pouvoir sur les loix, sur l'équité, la bonté, la raison, & sur l'amour des peuples!

Par quelle étrange fatalité ne peut on être approuvé des hommes qu'en nourrissant leurs préjugés; en flattant leurs tyrans, en secondant les vues sinistres de tous ceux qui les écrasent? Jusqu'à quand les mortels regarderont-ils comme leurs amis ceux qui ne font qu'encourager leurs oppresseurs & consolider leurs chaînes? C'est ainsi que les nations sont, pour ainsi dire, de moitié dans les maux qu'on leur fait; c'est ainsi que les ames les plus honnêtes se laissent quelquefois prévenir contre la philosophie par les suggestions du sacerdoce intéressé, des fauteurs de la tyrannie, des adhérens de l'iniquité, en un mot de tous ceux que leurs passions rendent les ennemis de la sagesse & les persécuteurs de la vérité.

Le dévot ne peut contempler sans colère la sécurité de ceux qui ne tremblent point comme lui; il s'irrite en

voyant qu'ils ont mis sous leurs pieds
des terreurs qui, sans le rendre meilleur, le font frissonner lui-même ; il
craint d'être un objet de risée pour le
sage qu'il voit moins pusillanime &
plus éclairé que lui ; d'ailleurs tout
superstitieux se croit obligé de montrer
de l'ardeur dans la cause de son Dieu,
il se persuade que ce Dieu peut avoir
des ennemis, & que c'est le servir,
que de les décrier, les calomnier,
les détruire. En conséquence il se croit
tout permis contre eux ; la fraude, le
mensonge, l'injustice, l'inhumanité deviennent des moyens légitimes de nuire
quand on les emploie dans la cause du
Très-Haut.

Tels sont les hommes par lesquels
en tout tems la philosophie fut décriée,
& dont le public eut la foiblesse de
partager les passions : la superstition &
la tyrannie furent toujours assez habiles pour se faire appuyer de ceux-mêmes qu'elles écrasèrent. Ainsi dans l'o-
pinion publique le nom de philosophe
devint souvent le synonyme de débauché, d'homme sans mœurs, sans probité, sans loi ; & même d'un fou méprisable dont les méditations avoient

troublé le cerveau, ou d'un séditieux
dont l'infolence devoit être étouffée
dans fon fang. Les hypocrites, les fuperftitieux & les flatteurs, toujours lâches, & par conféquent cruels, font
pour l'ordinaire, implacables & privés
d'indulgence ; leurs paffions diverfes
s'enveniment au contraire par l'approbation d'un Dieu, qui fert à les juftifier & à les rendre plus fortes. L'homme donnera toujours un libre cours à fes
paffions toutes les fois qu'il fe perfua-
dera qu'elles font approuvées par fon
Dieu.

La moindre réflexion fuffiroit néanmoins pour rendre fufpectes les idées
finiftres que l'impofture ou la calomnie
s'efforcent d'infpirer contre les philofophes ; nous les avons déja fuffifamment
diftingués de ces libertins vicieux qui fe
vantent de profeffer la fageffe lors même
qu'ils l'outragent par leurs mœurs ou
leurs écrits ; nous n'entreprenons donc
l'apologie que de ceux qui brûlans d'un
amour fincère de la vérité & du defir
de fe rendre utiles ont péfé des opinions
& combattu des préjugés qu'ils ont trouvé nuifibles. C'eft fur l'alliage monf-
trueux que l'on a prétendu faire de la

morale avec la religion que font fondés
les reproches & les imputations calom-
nieufes que l'on vomit fans ceffe contre
la philofophie ; l'on a cru que ce mé-
lange ridicule ne pouvoit plus fe féparer ;
on s'eft imaginé que le menfonge & la
folie ne pouvoient fans danger être détachés de la fageffe & de la vérité, dégradées par cette union. Quoi donc !
parce que la théologie eft une fcience
imaginaire ou l'ouvrage de l'enthoufiafme & de l'impofture, s'enfuit-il que la
morale, fondée fur la nature de l'homme, ne foit comme elle qu'un fcience
idéale ? Celui qui ne croit pas des chimeres, qui ne s'occupe point l'efprit de
vaines conjectures, qui refufe de fe foumet re à des pratiques, déraifonnables,
qui rejette avec horreur des préceptes
nuifibles au bien-être des humains, peut-
il refufer de croire qu'il eft homme,
qu'il vit fur la terre, qu'il a des affociés utiles à fon bonheur, dont il eft
intéreffé de mériter la bienveillance &
de cultiver l'affection ? Celui qui refufe
d'admettre ces prétendues révélations,
ces oracles obfcurs qu'on lui annonce
comme émanés du ciel, ces myftères
inintelligibles pour ceux mêmes qui les

font adorer, est-il en droit de méprifer cette révélation que la nature fait
à tout être intelligent? Parce qu'un
homme dédaigne des cérémonies puériles & bizarres, des questions inutiles ou dangereuses, s'ensuit-il qu'il
doive se mettre au dessus des loix de
la décence, des règles de la pudeur,
des préceptes de la vertu? De ce qu'il
ose fermer les yeux sur un avenir impénétrable pour ne s'occuper que de
son bonheur présent, en conclura-t-il
qu'il peut se livrer ici-bas à une intempérance destructive, à des penchans
qui rendroient son existence incommode, à des vices & des crimes qui le
dégraderoient, ou le feroient détester
de ses concitoyens? *

Non, il n'est point de liaison entre
un acquiescement stupide à des fables,
& l'obéissance éclairée, respectueuse,
raisonnée que tout être pensant doit

_____

* *Quid de officio? num quis Haruspicem consu-
luit quem ad modum sit cum parentibus, cum fratri-
bus, cum amicis vivendum? quemadmodum uten-
dam pecuniâ? quemadmodum honore? quemadmodum Imperio? ad Sapientes hæc, non ad DIVINOS
referri solent.*

CICERO DE DIVINAT. lib. II. Cap.

aux loix évidentes , aux vérités faintes , aux préceptes fi clairs de la nature. Elle nous dira toujours que pour être heureux il faut que l'homme fe conferve lui même , & que par fa conduite il détermine les autres à feconder fes vues. Voilà le précis de toute morale ; c'eft à cela que fe réduifent les dogmes de la raifon , fi fouvent obfcurcis ou contredits par la religion. En fuivant cette régle le fage eft affuré d'être heureux dans ce monde , quel que puiffe être fon deftin dans un autre.

La fuperftition s'eft tellement emparée de l'efprit humain , s'eft tellement identifiée avec l'homme , qu'il fembleroit que tous ceux qui s'en féparent ceffent d'être des hommes , font des êtres dénaturés , & perdent tout droit aux avantages de la fociété. Partout la philofophie eft profcrite ; exclue de l'éducation publique , de la faveur & de la préfence des rois , de l'amitié des grands , elle vit ifolée , elle languit dans les mépris , elle ne parle qu'a des fourds ou à des infenfés. Les droits de la raifon par une longue prefcription font tombés dans un tel oubli , que l'on se moque de tous ceux qui veulent les faire revivre , & que l'on regarde comme des tribuns rebelles ceux qui ont le courage de réclamer pour elle un empire usurpé par l'erreur. Penser librement , ou être en démence sont réputés la même chose ; parler ou écrire avec liberté , passe pour un excès d'audace , qui mérite les châtimens les plus sévères. Tout homme qui prend en main la cause de la vérité n'a d'autre récompense en ce monde que la conscience d'avoir bien fait ; s'il se tire de son obscurité il doit s'attendre à être accablé sous les traits de l'envie, du mépris, de la satyre , de la calomnie , de la haine puissante ; sa mort même , loin de toucher, n'est regardée que comme un juste salaire de son imprudente folie. Ainsi le philosophe doit consentir à croupir dans l'oubli , à ramper dans l'indigence , à vivre dans l'inutilité , ou bien s'il ose élever sa voix dans la foule , il ne doit espérer que des prisons , des fers , des supplices infamans.

Que dis-je ! la tyrannie attaque souvent la philosophie jusque dans l'obscurité

rifé qui fembloit la dérober à fes fureurs.
Il n'eft prefque point de contrée fur la
terre où il foit permis à l'homme de penfer avec liberté. La fuperftition s'arroge le droit de fouill r dans la penfée ; le
defpotifme ombrageux punit jufqu'aux
paroles ; le vulgaire, qui n'a jamais que
les impreffions qu'on lui donne, regarde avec colere tous ceux qui ne font
point auffi ftupides que lui. Par-tout
la liberté de penfer nuit à la fortune
& au repos ; dans les pays qui fe
vantent d'être les plus libres, le préjugé
eft affez puiffant pour punir quiconu-
que s'écarte des opinions reçues. Voilà
fans doute la caufe de la lenteur des
progrès que fait la vérité ; voilà pourquoi les nations ont tant de peine à
perfectionner leur fort ; voilà pourquoi
les principes de la morale ne font ni
connus ni fuivis. Il n'y a que la liberté de penfer, de parler & d'écrire, qui puiffe éclairer les nations, les
guérir de leurs préjugés, faire difparoître leurs abus, réformer leurs mœurs,
perfectionner leurs gouvernemens, affurer les empires, faire fleurir les
fciences, porter les hommes à la
vertu.

P

Ainſi le vrai phil ſoṭhe n'eſt point un homme à craindre, l'ami de la vérité n'eſt poi t l'ennemi du genre humain. L'ennemi de la tyrannie eſt l'ami du pou oir légitime, des loix équitables, des inſtitutions raiſ.nnables. Celui qui ha t le deſpotiſme eſt bien plus l'ami des princes que les flatteurs qui les trompent. Celui qui combat les préjugés des grands n'eſt point l'ennemi de la grandeur éclairée, noble, bienfaiſante, utile à ſon pays. L'ennemi d'un fanatiſme odieux n'eſt point un rebelle, un régicide, un perturbateur de la ſociété. Celui qui décrie les vertus inutiles & fictives de la religion, reſpecte & recommande les vertus réelles néceſſaires au bien-être des humains. Celui qui ſe dégage des idées fauſſes du vulg ire, t a ail le du moins à ſon propre bonheur.

CHAPITRE XIII.

Des vraies caufes de l'inefficacité de la philofophie. La vraie morale eft incompatible avec les préjugés des hommes.

DE toutes les accufations que l'ignorance & la mauvaife foi intentent contre les philofophes, il n'en eft point de plus grave & de plus mal fondée que ce le qui les taxe d'une volonté permanente de détruire fans jamais édifier ; c'eft à cette imputation, que des perfonnes, même bien intentionnées, font fouvent à la philofophie, qu'il eft important de répondre, afin que la vérité n'ait plus pour adverfaires que ceux qui auront le courage de fe déclarer hautement les ennemis du genre humain, les défenfeurs du menfonge, les foutiens des erreurs humaines. Quoique nous ayons déjà en partie répondu à cette difficulté, il eft néceffaire de s'y arrêter encore.

L'on accufe la philofophie de tout

P 2

fronder, de tout blâmer, de n'être contente de rien, de n'être de l'avis de personne, de faire main-basse sur tout ce
que l'opinion & l'habitude rendent le
plus respectable aux hommes. Nous
avons déjà prouvé que les mécontentemens sont légitimes & fondés ; nous
avons fait sentir que tout homme qui
pense & qui s'intéresse au bonheur de
ses semblables ne peut voir sans douleur, sans indignation, sans colere,
les fatales erreurs que l'imposture fait
sucer avec le lait ; le poison dont le fanatisme infecte les peuples ; l'ignorance profonde dans laquelle la superstition
tion les nourrit ; le renoncement à la
raison dont elle leur fait un devoir ;
cette abjection d'ame qu'elle transfor-
me en vertu ; cette léthargie stupide
dans laquelle par ses soins les nations sont
par-tout plongées ; enfin ces frénésies
cruelles & sanguinaires qu'elle excite
par-tout où elle fait éclorre ses dangereuses querelles. Tout citoyen qui gémit sous l'oppression, qui se voit la
victime impuissante du pouvoir, de
l'injustice & des mépris de la rapacité
d'un gouvernement inique, n'est-il
point forcé de maudire les indignes

préjugés qui font naître & qui foutiennent ces abus fi crians ? N'eſt-il
pas tenté d'examiner les titres & les
droits prétendus de tant de monſtres di-
viniſés, de ces courtiſans infolens, de
ces eſclaves qui fe croient formés d'une
argile plus pure, de tant de malfai-
teurs que l'opulence ou la faveur font
jouir impunément de la faculté de
fouler & d'écraſer leurs malheureux
concitoyens ? Tout homme qui raifonne n'eſt-il pas conſterné en voyant ces
guerres inutiles & fréquentes qui dé-
peuplent le monde ? N'eſt-il pas cho-
qué des uſages barbares, des loix abſurdes, des abus fans nombre & fouvent fi cruels, des opinions infenſées
qu'il voit régner fur la terre ? Enfin
tout homme qui prend quelque intérêt au fort de ſon eſpece a-t-il tort d'ê-
tre mécontent d'une religion ennemie,
qui ne ſemble inventée que pour fournir à des princes en délire les moyens
d'accabler les nations, de faire taire
l'équité, de violer fans riſque les loix
de la raiſon ? Eſt-il donc poſſible à
un être qui fent & qui penſe de voir
fans émotion les droits de l'homme
par-tout impudemment outragés, le

P 3

bonheur des peuples trahi & sacrifié,
la justice immolée au caprice d'un petit nombre de mortels, qui n'appor-
tent d'autres titres que ceux que leur
donnent l'ignorance, les préjugés, la
stupidité? Il faut avoir un cœur d'airain
ou une ame de boue pour contempler les
cruautés & les folies dont les hommes
sont les victimes, sans en être attendri.
Il n'y a que des monstres dénaturés par
l'erreur ou par l'intérêt, qui puissent
avouer que les maux de l'humanité ne
sont pas faits pour les toucher ; le sage
vertueux est un homme ; il trouve que
tout ce qui intéresse l'homme a des droits
sur son cœur. *

Les mécontentemens d'un cœur
honnêtes sont donc très-légitimes &
très-fondés ; tout homme qui ne s'est
point dépouillé de tout sentiment d'humanité doit verser des larmes sur les
maux de son espece, & s'occuper,
s'il le peut, des moyens d'en écarter
les causes ; indiquer la cause du mal
& laisser agir la nature est le seul
moyen que la vérité doive employer ; ce

* *Homo sum ; humani nihil à me alienum puto.*
Terrent. Heautontim. Act. 1. Scen. 1.

n'eſt qu'a l'impoſture irritée qu'il appartient d'aiguiſer des poignards, d'exciter des tumultes, de ſe venger par
des trahiſons & des crimes. La vertu
opprimée ſe contente de gémir & les
plaintes ſont rarement écoutées. Dans
ce cas, nous dira-t-on peut être, à
quoi ſert de ſe plaindre ? Hélas, n'eſt-
ce donc pas une conſolation pour les
infortunés que de s'entretenir de leurs
peines ? Il n'y a que les bourreaux
impitoyables du genre humain qui
puiſſent avoir l'injuſtice de s'irriter des
ſoupirs & de punir les cris qu'ils ar-
rachent aux mortels ; le dernier degré
de barbarie, c'eſt d'étouffer les gé-
miſſemens des miſérables que l'on tour-
mente. Si l'humanité exige que l'on
plaigne les malheureux, la juſtice demande que l'on réclame pour eux, &
que l'on ruine les erreurs d'où partent
tous leurs maux. Pour les ſoulager il
ne s'agit que de diſſiper le menſonge,
& bientôt l'on verra paroître la vérité ; l'édifice dont les hommes ont beſoin, le ſanctuaire & l'azile où ils
trouveront la fin de leurs miſeres, a
toujours ſubſiſté ; pour que nos yeux
le découvrent, il ſuffit de lever le voi-

le dont l'imposture & le préstige s'efforcent de l'environner.

Il est en effet un monument aussi vieux que le monde ; les âges n'ont point endommagé sa solidité ; sa beauté ; ne dépend point des caprices & des conventions des hommes ; elle est faite pour frapper en tout tems les yeux qui voudront la considérer ; sa simplicité sit souvent méconnoître son mérite , il parut trop uniforme à des yeux dépravés ; mais la justesse de ses proportions , l'heureux accord de ses parties , la majesté de son ensemble, l'étendue de son utilité, seront toujours l'admiration de tous ceux qui s'arrêteront pour le contempler. Que l'on détruise le temple gothique de la superstition ; que l'on brise ces ornemens inutiles & sans goût qui menacent nos têtes ; que l'on fasse disparoître ces ténebres qui couvrent notre entendement, & bientôt nous verrons le temple de la nature que celui des chimeres dérobait à nos regards ; son sanctuaire éclairé est ouvert à tous les hommes ; le souverain qui commande & le sujet qui obéit , le philosophie qui médite & le cultivateur qui travaille y peuvent également y venir consulter la vérité ; elle leur parle à tous une langue intelligible , elle leur donne des leçons proportionnées à leurs besoins ; elle n'annonce point de mystères , elle ne s'enveloppe point d'allégories , elle n'est point entourée du cortège de la terreur , elle n'enivre point les mortels d'espérances chimériques ; elle leur montre ce qu'ils sont , elle les instruit de leurs vrais intérêts , elle leur apprend à s'aimer , à travailler à leur propre bonheur ; elle leur prouve que ce bonheur , par des chaînes indestructibles , est lié à celui de leurs semblables ; ceux qui refusent de l'entendre sont malheureux dès lors ; ceux qui suivent les loix sont immédiatement heureux ; la nécessité punit & récompense pour elle ; la haine, les mépris, la honte, les remors, le vertige, vengent les outrages qu'on lui fait ; la tendresse , l'estime , la gloire & le contentement intérieur , sont les récompenses assurées de ceux qui s'attachent à son culte. Les souverains qui la consultent ont des empires heureux, florissans & puissans ; ceux qui refusent de l'écouter n'ont qu'un pouvoir précaire , fondé sur l'opinion &

P 5

ne règnent que fur des états malheureux : les fociétés dociles à fa voix ont
de l'activité , des talens , des vertus ;
celles qui la dédaignent font fans lumieres , fans principes , & fans mœurs.

Si tant d'hommes méconnoiffent les
devoirs que la nature leur impofe , c'eft
que tout contribue à les défigurer, à
les rendre douteux. La religion a toujours pour principe de combattre la nature , d'anéantir des paffions néceffaires,
d'avilir la raifon , de lutter contre l'évidence , de lui oppofer fous le nom de
vérités divines des dogmes inintelligibles , des myfteres impénétrables , des
préceptes incompatibles avec le bonheur
des humains. La politique ne combat
pas moins cette nature , elle contredit
évidemment le but de la fociété , l'ordre éternel des chofes ; elle n'a pour objet que d'ôter à l'homme fa liberté naturelle , d'envahir la propriété , de foumettre fes defirs aux fantaifies de ceux
qui le gouvernent & qui trop fouvent
l'invitent à être vicieux & méchant.
La nature eft pareillement contrariée par
la loi ; elle n'eft trop communement que
la nature de l'homme foumife à la violence & forcée de plier fous le joug du

caprice & de l'iniquité puiffante. Enfin la nature eft étouffée dès le berceau
par l'éducation, dont le but ne femble
être que de remplir l'efprit de préjugés
propres à lui rendre chers l'aveuglement, le fanatifme, la fervitude; ou à
faire adopter tous les vices fans lefquels
on ne peut réuffir dans des fociétés corrompues.

Ainfi tout concourt à empêcher l'homme de s'éclarer, de fe connoître, de
fentir fes rapports, de confulter fa raifon, de travailler à fa félicité propre,
& de voir qu'elle eft liée à celle de fes
affociés. C'eft pourtant de cette connoiffance que dépend toute la morale,
& c'eft à la morale que le bien des
fociétés, des princes qui les commandent, fera toujours néceffairement attaché.

Si la religion & le gouvernement s'accordent par-tout à faire des fujets ftupides, ils deviendront corrompus; fi les
mobiles les plus forts obligent fans ceffe les hommes à craindre la vérité, à
fuivre le torrent du préjugé, à fe conformer à l'ufage et dépit de la raifon,
à vivre dans une guerre perpétuelle
avec leur propre nature, à réfifter à

l'expérience ; à fermer les yeux aux
lumieres les plus frappantes, comment veut-on qu'ils ayent des idées
de morale ? Si les honneurs & les
récompenses sont par-tout réservées à la
bassesse, à l'incapacité, au hazard de
la naissance, à l'opulence injustement
acquise ; si l'homme ne peut se promettre de parvenir au bien être sans
immoler sa vertu ; si cette vertu n'est
elle-même qu'un sacrifice douloureux
de ses intérêts les plus chers ; si par-
tout les talens, l'activité, la grandeur
d'ame, la noblesse des sentimens sont
réprimés ou punis ; quel succès peut-
on attendre des préceptes incommodes
d'une morale qui mise en pratique
empêcheroient d'obtenir les avantages
que l'on montre à tous les mortels
comme dignes de leurs efforts ? Comment
leur faire entendre qu'ils doivent être
humains, indulgens, modérés, tandis
que leurs prêtres leurs diront d'être zélés, opiniâtres, ennemis de leur propre repos & de celui des autres ? Comment leur persuader qu'ils doivent être
équitables, sincères, désintéressés, lorsque l'exemple & l'éducation leur feront sentir qu'il ne peut y avoir de

bonheur pour eux s'ils n'obtiennent la
faculté d'opprimer, & de s'enrichir
par toutes sortes de moyens ? Enfin
comment les convaincre que la vertu
est un bien lorsqu'ils la verront sans
cesse négligée, méprisée, perfécutée ?
Les hommes ne seront vertueux que
lorsqu'ils trouveront qu'il est utile de
l'être qu'ils ne sentiront cet intérêt que
lorsqu'ils auront des lumieres ; ils ne seront éclairés que lorsqu'ils cesseront d'ê-
tre des esclaves du despotisme & de la
superstition.

Rien de plus évident & de mieux
prouvé que l'incompatibilité de la morale avec les principes religieux & politiques des hommes. Sous des dieux
injustes, annoncés par des prêtres menteurs, sous des chefs licentieux & méchans, les sujets ne seront jamais ni vertueux ni heureux. La morale est forcée de rompre pour toujours avec là
religion & la politique. En vain les
tyrans & les prêtres se donnent ils pour
les professeurs & les apôtres de la vertu ;
elle ne peut s'accommoder ni des caprices des uns ni des impostures des
autres. Elle ne peut approuver le trafic
honteux des expiations que le sacerdoce

établit entre le ciel & la terre : elle ne peut fe prêter aux vues ni de ces impofteurs qui mettent leurs menfonges à la place de la vérité, ni de ces tyrans qui fubftituent leurs volontés aux loix de la nature & aux intérêts de la fociété.

Ainfi la morale eft forcée de renoncer à la faveur de ces hommes pervers, qui ne fe fervent de fon nom que pour attirer les mortels dans leurs piéges dangereux. Elle choifit pour fes interprêtes & fes miniftres des hommes plus honnêtes, qui, après avoir médité la vérité, ont le courage de l'annoncer aux autres. Par-là il s'etablit deux religions dans les fociétés civilifées ; l'une ne s'occupe que de phantômes, & ne cherche qu'à plonger fes difciples dans l'aveuglement, l'autre s'occupe de l'étude de la nature, & du foin de guérir les efprits des plaies que des puiffances rivales ne font qu'envenimer fans ceffe. L'une défend à l'homme de penfer, l'autre lui dit de faire des expériences, de travailler fans relâche à rendre fon fort plus doux. L'une lui défend de confulter la raifon ; l'autre le ramene toujours aux autels de cette raifon injuftement dédaignée, qui feule peut lui procurer de vrais biens. Les apôtres de l'une fondent leur miffion fur des prefti-ges, des menfonges & des merveilles qu'ils défendent d'examiner ; les apô-tres de l'autre fondent la leur fur l'ex-périence & recommandent de tout exa-miner. Les uns emploient la violence & les menaces pour établir leurs opi-nions ; les autres fe fervent de la perfua-fion & cherchent à attendrir l'homme fur fa propre fituation. Les uns por-tent le trouble dans la fociété & la terreur dans les ames ; les autres font des efforts pour y porter le férénité, la concorde & la paix. Enfin les uns prê-chent une morale humaine, les autres annoncent une morale furnaturelle, myftique, obfcure, contradictoire, im-poffible à pratiquer.

L'on ne manquera pas de reprocher à la morale philofophique fon peu d'ef-ficacité & le peu de fruit qu'elle a pro-duit jufqu'ici : nous en conviendrons fans peine, mais nous dirons que cette inefficacité n'eft due qu'aux obftacles infurmontables que la vérité rencontre de toutes parts, aux traverfes & aux perfécutions qu'on lui fufcite, au mé-

pris que l'on montre à la philosophie
& à tous ceux qui l'annoncent. La
superstition, le mensonge & le préjugé,
sont de longue main en possession de
l'esprit des hommes, ils enseignent hautement tandis que la vérité ne peut
donner des leçons qu'à la dérobée, &
n'ose jamais élever sa voix contre les
menaces imposantes du despotisme &
du sacerdoce. D'ailleurs, comme on a
vu, le philosophe lui même, soit effrayé
de la puissance du mensonge, soit imbu en partie des préjugés régnans,
n'ose ni les attaquer de front ni rompre
totalement avec eux. La plupart des
écrivains rebutés de la variété & de la
multiplicité des vices & des maux du
genre humain n'ont point tenté de remonter à leurs vraies causes; ou bien
ils ont jugé qu'il seroit inutile de vouloir les combattre: d'autres étonnés des
différentes formes sous lesquelles les
vices se masquent, ont désespéré de
les découvrir; ils ont regardé l'homme
comme une énigme, & les peuples
comme destinés à languir à jamais dans
l'erreur.

Nous avons assez prouvé que c'est
dans les préjugés qu'il faut chercher la

vraie caufe du peu de progrès des lumières & fur-tout de la morale. * Des
philofophes furent jadis les légiflateurs
des peuples, les inftituteurs des princes
& des héros. Dans les tems glorieux
de la Grece & de Rome, les hommes deftinés à gouverner l'état, à défendre la patrie, à l'aider de leurs confeils, alloient chercher les leçons de la
fageffe dans les écoles des fages. C'eft
de là qu'on vit fortir des Xénophons,
des Epaminondas, des Cicérons; on
n'accufoit point alors l'étude de la philofophie de détacher le citoyen de fon
pays, de le refroidir fur fes devoirs,
de le rendre incapable des objets dignes
de l'ambition. Des princes, des généraux, des confuls, des fénateurs, pui-
foient dans la philofophie, maintenant
fi dédaignée, les maximes néceffaires à
l'adminiftration publique. Les rois eux-
mêmes honoroient cette philofophie,
l'invitoient à leurs cours, fe faifoient
gloire de devenir les difciples des fages,
& ne rougiffoient point d'apprendre
d'eux l'art pénible de régner. Par un
effet de la barbarie de nos gouverne-

§ V. Chapitre VI.

mens modernes, toujours armés, toujours féroces & superstitieux, l'ignorance est l'appanage de la grandeur; la naissance & les titres donnent le droit exclusif d'approcher de la personnes des rois; ce n'est qu'à des ignorans illustres qu'il est permis d'élever les mortels destinés à commander aux autres; des prêtres fanatiques ont seuls droit de les instruire; des grands dépourvus de lumières, des courtisans intéressés à corrompre leurs maîtres, sont chargés d'entretenir & de former le cœur des princes que le sort destine à gouverner des empires. Est-il donc surprenant de voir si souvent les maîtres de la terre privés de sentimens, de grandeur d'ame, de talens? * Les peuples gémissent de

---

* Agrippine ne vouloit pas qu'on instruisît Néron dans la philosophie. *A philosophiâ cum mater avertit, monens imperaturo contrariam esse.* Sa mere fut la premiere victime de son ignorance : il fut superstitieux, il fut un grand musicien, il fut un odieux empereur. Les plus grands hommes d'état ont eu des idées bien différentes de la philosophie; mais, pour l'aimer, il faut être éclairé & animé de l'amour du bien public, passion trop grande pour des ames rétrécies. Voici comme un homme d'état, qui avoit été ministre du plus grand Empire du monde, s'exprime en parlant

race en race, fous des princes à qui l'orgueil de l'étiquette, le faste, la prodigalité tiennent lieu de gloire ; à qui
une superstition fervile tient lieu de
ertu .

Ainfi par la folie des préjugés la fageffe eft écartée du trône ; des courtifans abjects , des prêtres infenfés ou
trompeurs , des grands qui fe font gloire
de leur ftupidité , forment autour du
fouverain une épaiffe muraille que la
voix de la vérité ne peut jamais percer. Si par hazard les plaintes de la
raifon pénètrent jufqu'à lui , bientôt on
lui perfuade que ces plaintes les plus
légitimes font des cris féditieux ; que
tout homme qui penfe eft un rebelle ,
un ennemi du pouvoir , un mauvais
citoyen ; qu'il faut le châtier dès qu'il

à la philofophie. *O vitæ philofophia dux ! ô virtu-*
tis indagatrix expultrixque vitiorum ! quid non mo-
do nos , fed omnino vita hominum fine te effe potuif-
fet ? . . . . tu inventrix Legum ; tu magiftra morum
& difciplinæ fuifti : ad te confugimus , à te opem
petimus . . . . : at philofophia quidem tantum
abeft ut perinde ac de hominum vita eft merita lau-
detur , ut à plerifque neglecta , à multis etiam vi-
tuperetur. Vituperare quifquam vitæ parentem ,
& hoc parricidio fe inquinare audet !
CICERO TUSCULAN. V.

oſe parler, ou qu'il n'eſt deſtiné qu'à
languir dans l'obſcurité. C'eſt ainſi que
le prince apprend dès ſon enfance à mépriſer ou à haïr la raiſon qui pourroit
l'éclairer. C'eſt ainſi que les nations
deviennent les jouets de quelques hommes livrés à l'erreur pour toujours, &
que la vérité ne peut jamais détromper.

Par une ſuite de l'importance fatale
que les ſouverains & les peuples atta
chent à la religion, ſes miniſtres ont
partout chargés du ſoin d'élever la jeu-
neſſe & d'inſtruire les citoyens. Ces
hommes mercénaires leur enſeignent-ils
la ſageſſe ? Leur montrent-ils leurs vrais
rapports ? En font ils des peres, des
époux, des amis, des ſujets actifs, des
citoyens vertueux ? Non, ils en font ou
des eſclaves abjects de la tyrannie religieuſe, ou des fanatiques remuans, prêts
à tout entreprendre pour elle, de pieux
inutiles, des ignorans entêtés & dérai-
ſonnables, des hypocrites intriguans,
factieux & rebelles quand il s'agit de
leurs prêtres ; en un mot des inſenſés
ſouvent auſſi nuiſibles à eux-mêmes
qu'à la ſociété. Qu'apprend-on dans les
écoles de ces maîtres vénérables, qui

remplacent parmi nous les fages d'A-
thènes & de Rome ? A la philofophie,
ils ont fubftitué un jargon barbare que
l'on peut définir l'art de déraifonner
par fyftême, & d'obfcurcir les vérités
les plus claires ; leurs écoles font des
arfenaux dans lefquels on arme l'efprit au
point de le mettre à l'épreuve de toutes
les attaques de la raifon. L'éducation
& les inftructions que le facerdoce
donne à des citoyens fe bornent à leur
dire ce qu'ils doivent aveuglément
croire, fans jamais leur indiquer comment ils doivent agir & pour eux-mêmes & pour la patrie. Des dogmes,
des fables, des myftères, des pratiques,
des cérémonies ridicules abforbent l'attention des peuples ; on leur infpire un
attachement imbécille pour ces importantes folies, & la haine la plus cruelle
ou le mépris le plus injufte contre tous
ceux qui ne partagent point leur délire.

Ainfi l'inftruction facerdotale, au
lieu de développer la raifon, ne fait
que l'écrafer dans fon germe ; au lieu
d'exciter l'efprit à la recherche de la
vérité, elle l'égare dans des chemins
tortueux qui n'y conduifent jamais ; au
lieu d'enfeigner une morale humaine

& fociable , elle re d l'homme haî-
n ux , intolérant , cruel ; au lieu de
dép'oyer l'éneipie & l'activité de l'a-
me , elle la plonge dans la langueur,
elle ralentit l génie , elle met des entraves à l'efprit , e le le détourne de la
fcience , elle l'intimide , elle étouffe en
lui le defir de la gloire , elle lui ôte le
courage de s'élever aux grandes chofes.
En un mot elle perfuade que le moyen le
plus fûr d'obténir le bien etre eft de ramper , de fe laiffer guider , de gémir,
de prier , de ne rien entreprendre d'u-
tile à la patrie. D'ailleurs , eft-il une
patrie en ce monde pour le fuperftitieux ? & peut-il y en avoir une pour
l'efclave dont le pays n'eft pour lui
qu'une prifon incommode ?

Quelle peut être la moral d'un être
ainfi dépravé ? Il ne connoît d'autres
vertus que celles qui conviennent aux
intérêts de fon prêtre ; celui-ci lui fait
entendre que fa nature eft effentiellement corrompue ; il lui fait un mérite
de fa profonde déraifon ; il lui dit d'attendre dans l'autre monde la récompenfe de fon inutilité en celui ci, il
l'applaudit de fon igroance foumife,
de l'abjection de fon ame , de fa lâ-

ne pour la vérité, & quand il lui a
fait remplir quelques pratiques futiles
& des devoirs imaginaires, il l'affure
que fa conduite eft agréable aux yeux
d'une divinité pour laquelle il a pris
foin de lui infpirer une crainte fervile
capable d'anéantir en lui tous les fentimens néceffaires à fon bonheur ici-
bas. D'où l'on voit que la religion ne
fait point connoître à l'homme fa nature
véritable ; elle le jette dans l'abattement,
elle le rend méprifable à fes propres
yeux, elle brife le reffort de fon ame,
elle ne lui préfente que des motifs imaginaires, elle ne lui offre que des phantômes, & jamais des réalités !

La légiflation fuppofe pareillement la
nature humaine effentiellement dépravée, tandis que c'eft vifiblement la négligence & la perverfité de ceux qui
donnent des loix aux hommes qui les
rendent injuftes, ambitieux, avares,
envieux, diffimulés, vains fourbes &
vicieux. Les fouverains n'emploient
pour l'ordinaire les mobiles qu'ils ont
en main que pour inviter quelques citoyens qu'ils favorifent ou qui leur
font néceffaires, à les feconder dans le
projet d'opprimer & de contenir les

autres : la baſſeſſe , la flatterie , la
complaiſance , ſont les uniques moyens
de réuſſir auprès d'eux , & leurs loix
ne ſont que des entraves incommodes ,
qui obligent le grand nombre à être
le témoin tranquile du bien-être de ceux
qui vivent de ſes malheurs. La néceſſité , le beſoin , l'indigence forcent le malheureux d'éluder ou de violer ouvertement la loi qui le retient dans la miſere ,
il ſe permet le vol , la rapine , la fraude ;
& n'écoute point une morale contraire
à ſes intérêts , que la néceſſité la plus ur-
gente le force ſouvent à mépriſer ; pouſſé
par ſa démence ou les beſoins il brave
tout & s'expoſe à la mort dans la guerre
qu'il fait à la ſociété.

Telles ſont les idées fauſſes que la religion & la politique ſe font de l'homme ;
tels ſont les motifs qu'elles mettent en jeu
pour le forcer d'agir. Cependant pour
peu qu'on l'enviſage ſans préjugé , on
trouvera qu'il n'eſt par lui même ni bon
ni méchant ; ſes vices & ſes vertus ſont
les ſuites de ſon temperament modifié par
la culture , ſon eſprit eſt un terrein qui
produit en raiſon des ſemences qu'on y
jette ; il eſt ſuſceptible de recevoir toutes
les impreſſions , les idées , les opinions
qu'on

qu'on lui donne : c'eſt l'habitude qui le
familiariſe avec ſes notions vraies ou fauſſes ; ſes vices ou ſes vertus, les objets
réels ou fictifs de ſes paſſions diverſes *.
l'âge, l'exemple, l'autorité ne font que
le confirmer dans ſa conduite, cimenter
ſes habitudes, les changer en beſoins,
s'il eſt une fois trompé dans ſes principes,
s'il s'eſt fait de fauſſes idées du bonheur,
s'il place ſon intérêt dans des objets nuiſibles, c'eſt-à-dire, qu'il ne peut ſe procurer ſans ſe nuire à lui-même & à ſes
pareils, il faut que ſa conduite ſoit mauvaiſe, elle n'eſt plus qu'un tiſſu d'égaremens : cette conduite eût été bonne,
louable, vertueuſe ſi, dans ce terrein,
propre à tout recevoir, l'on eût ſemé de
bonne heure la vérité, la raiſon, la grandeur d'ame, la paſſion d'être utile, la
bienfaiſance, la juſtice, l'humanité. Ces
ſemences euſſent germé & produit des
fruits avantageux, ſi la main bienfaiſante
du légiſlateur eût arroſé ce terrein, eût

* Erras ſi exiſtimas vitia nobiſcum naſci ſuper-
venerunt, urgeſta ſunt.
            SENEC. EPIST. 91., 95, 124.
Les Loix ſont communément aſſez attentives à
punir les crimes, mais ceux qui font les loix ne
s'occupent nullement du ſoin de les prévenir.

arraché l'ivraie & les plantes inutiles ou
pernicieuses qui s'opposent à leurs croif-
fance. En un mot la vertu, les lumieres, les talens deviendroient auffi communs qu'ils font rares aujourd'hui, fi la
politique au lieu d'être injufte, au lieu
de fe croire intéreffée à la corruption &
à l'aviliffement des hommes, fouffroit
qu'on les familiarisât avec la vérité, & ne
faifoit germer dans les cœurs que des
paffions utiles. C'eft en vain que la religion, la morale, la févérité des loix
combattront des paffions pour des objets
que les hommes s'accoutumeront à regarder comme néceffaires ; les hommes
feront toujours méchans, tant qu'ils n'auront aucun intérêt à bien faire ; jamais ils
ne fentiront cet intérêt, fi la vérité ne
les éclaire ; la vérité ne les éclairera que
quand la fageffe guidera les conducteurs
des nations.

C'eft en vain que la philofophie médi-
tera fur nos devoirs ; c'eft en vain que la
morale nous prefcrira des vertus, fi elles
ne nous conduifent au bonheur. Dans
la préfente conftitution des chofes la fageffe exclue de tout pouvoir, bannie de
la faveur, méprifée par la grandeur altie-
re, ne peut donner du poids à fes leçons;

en vain montre-t-elle la vérité ; en vain
rappelle-t-elle les hommes à la raison que
tout leur rend odieuse & nuisible ; en
vain leur vante-t-elle les charmes de la
vertu, qui jamais ne conduit qu'à la misere ; les préceptes de la philosophie ne
seront que des déclamations inutiles tant
que la religion préchera sa morale fanatique, ses vertus insociables, le mépris
de la raison au nom d'un Dieu plus important que la vie & dépositaire d'un
bonheur éternel, tant que le despotisme
pervertira les cœurs, poursuivra la vérité
& proscrira la vertu ; tant que l'exemple
du crime heureux anéantira ses spéculations & ses conseils ; tant que le luxe, la
dissipation, l'oisiveté, l'amour de la frivolité, allumeront dans tous les cœurs
des passions impossibles à contenter sans
nuire à la félicité publique. Pour que
la sagesse se fît écouter & rendît ses leçons efficaces, il faudroit qu'elle procu-
rât des avantages ; il faudroit qu'elle fût
à portée de récompenser ; il faudroit que
l'on trouvât de l'intérêt à la suivre ; en
un mot, pour que les peuples se soumis-
sent à la sagesse, il faudroit qu'ils fussent
gouvernés par des sages.

Tout est lié dans le monde moral com-

Q 2

me dans le monde phyfique: Les volontés des hommes font fujettes aux mêmes
loix que tous les corps de la nature ; des
impulfions qui partent de différens côtés
leur font décrire des routes moyennes ou
leur font changer de direction. Si les
différens mobiles qui influent fur les volontés des hommes fe réuniffoient pour
les porter au bien , ils feroient indubita-
blement vertueux ; parce que tous fe trou-
veroient intéreffés , invités , follicités ,
forcés à l'être. Les mortels font communément flottans entre le vice & la vertu ; leur volonté, que la nature met dans
une forte d'équilibre , eft entraînée tantôt d'un côté tantôt d'un autre ; leur conduite n'eft fi fouvent inconféquente &
contradictoire , leur pratique ne dément
fi fréquemment leurs fpéculations , que
parce qu'à chaque inftant, leurs cœurs font
tirés felon des directions oppofées par des
intérêts qui fe combattent les uns les autres ; c'eft ainfi que l'humanité , l'indulgence , l'équité , la bienfaifance , la bonne foi, la modération , dont tout le monde reconnoît l'utilité & le prix, font continuellement effacés du fouvenir des hommes foit par la fuperftition foit par le gouvernement. La vertu , qu'en théorie

tout le monde trouve aimable, déplaît
parce que sa pratique nuit à notre bien-
être ; parce qu'en la suivant, il faut renoncer à des avantages préfens. La raifon & la vérité, que tout le monde juge
néceffaires à l'homme, font forcées de
fe taire devant la religion qui les condamne & la tyrannie qui les punit. Par-
tout la fuperftition, la loi, l'ufage,
l'exemple autorifent ce que la raifon défend ; par-tout on fouffre ou l'on eft
puni dès qu'on veut vivre conformément à la fageffe ; par-tout on court les
plus grands dangers quand on veut annoncer aux autres la raifon & la vérité.

C'eft ainfi que l'homme eft perpétuellement tiré de fon équilibre par des forces contraires, qui le font chanceler &
tomber à chaque pas. Les mobiles propres à le déterminer, au lieu de fe réunir pour le pouffer où il devroit aller,
font continuellement en oppofition : au
milieu de ces efforts difcordans, qui
agiffent à chaque inftant fur lui ; la nature, la raifon, la vérité le foutiennent
pourtant encore contre les affauts qu'il
éprouve de toutes parts. L'homme eft
bon toutes les fois que fon cœur tranquile n'eft point forcé par quelque in-

térêt fictif d'être méchant ; il eſt raiſonnable toutes les fois que l'on n'a point
corrompu ſon jugement. Il ſeroit vertueux ſi tout ne conſpiroit à le dénaturer, à l'empêcher de s'éclairer & de
connoître ſes véritables intérêts.

Nous ne pouvons douter que l'homme
ne s'aime lui-même ou ne deſire d'être
heureux ; mais il a deux manières de
faire ſon bonheur : la première eſt de ſe
rendre heureux ſans préjudice des autres ;
elle eſt très-légitime & s'appelle vertu
quand elle remplit ſon objet en procu-
rant aux autres le bien être qu'ils deſirent
pour eux mêmes : la ſeconde conſiſte à
ſe rendre heureux aux dépens de la félicité des autres ; celle-ci eſt injuſte,
elle s'appelle vice ou crime ; elle déplaît néceſſairement à des êtres qui s'aiment eux mêmes & qui deſirent le bonheur. Ainſi c'eſt de l'heureux accord de
notre bien-être propre avec celui de nos
aſſociés que réſulte la vertu.

Le grand art du moraliſte, du légiſlateur, du politique, conſiſteroit donc
à réunir, à confondre les intérêts des
hommes ; ceux-ci ne ſont méchans ou
nuiſibles à leurs ſemblables que parce
que tout contribue à les diviſer d'inté-

rêts ou à rendre le bonheur de chaque
individu totalement incompatible avec
celui des êtres qui l'entourent.

Il eft aifé de voir que la religion heur-
te de front les fentimens primitifs de notre nature en nous défendant de nous
aimer nous-mêmes, en nous interdifant
les plaifirs les plus innocens, en nous
foumettant à des dieux bizarres & malfaifans qui s'irritent de notre félicité, &
dont l'idée funefte n'eft propre qu'à troubler notre tranquillité. Cette religion,
bien loin de nous unir d'intérêts avec les
êtres de notre efpece, ne fait que divifer
les malheureux enfants de la terre pour
des notions futiles qu'ils n'entendirent jamais. En effet comment concilier une
nature qui nous porte à nous aimer,
à nous conferver, à rendre notre exiftence agréable, avec les décrets d'une
divinité redoutable qui veut que fes
créatures s'oublient elles-mêmes pour ne
s'occuper que de fes terribles jugemens?
Comment concilier nos propres intérêts
& ceux des nations qui nous follici-
tent à être actifs, laborieux, vigilans,
induftrieux, avec les préceptes ou les
confeils d'une religion qui veut que
nous renoncions à toutes les chofes d'i-

ci-bas, & qui nous montre la perfection dans une vie inutile & contem-
plative, dans des mortifications volon-
taires, dans une frénésie qui souvent
nous engage à nous détruire nous-mêmes ? Comment concilier l'équité, l'humanité, l'ordre public, avec un fanatisme querelleur qui apporte le glaive
de division entre les hommes, qui les
arme de zèle, qui bannit la concorde,
qui ose même violenter la pensée, &
fouiller dans les replis du cœur de l'homme pour y trouver des prétextes de le
haïr, de le persécuter, de l'exterminer ?
Les nations ont-elles lieu de s'applaudir
de ces guerres atroces que firent & que
feront toujours naître dans leur sein des
hommes enhardis par l'impunité, corrompus par l'oisiveté, qu'elles nourrissent pour les dévorer elles-mêmes &
pour les déchirer par leurs disputes insensées ? Les intérêts des familles se
trouvent-ils bien réunis par les préceptes insociables d'une religion qui fixe
nos regards sur un Dieu jaloux de notre
cœur & qui nous défend de le partager
entre lui & ses créatures ? Comment
accorder avec de tels principes les sentimens si doux que la raison devroit nous

inspirer pour les êtres avec qui nous vi-
vons, & que tout nous montre si nécessaires à notre propre félicité ? Que
deviennent les douceurs de l'union conjugale, de l'amitié, sous les loix d'un
Dieu farouche qui ordonne de quitter
pour le suivre père, mère, épouse, enfans, amis ?

Ce n'est donc point dans la religion
qu'il faut chercher des motifs pour opérer cette heureuse réunion d'intérêts qui
constitue le bonheur social ; nous ne les
trouverons pas plus dans une aveugle
politique, qui, graces aux délires des
princes & aux préjugés des nations,
n'est devenue que l'art de diviser les
citoyens pour les dompter plus aisément.
Quels sont en effet les fruits que la politique procure aux hommes ? Ne voyons-
nous point les souverains occupés sans
cesse du projet d'aneantir la liberté des
peuples, d'étouffer en eux l'amour du
bien public ? Ne les voyons-nous pas
séparer leurs intérêts de ceux de la patrie ; se liguer avec un petit nombre
de citoyens perfides pour accabler tous
les autres ; multiplier sans cause des
guerres inutiles & cruelles qui dépeu-
plent les états ; sur les prétextes les plus

injuste & les plus frivoles troubler le
repos de leurs voisins & prodiguer le
sang de leurs propres sujets ; pour contenter leur ambition propre ou l'avidité de leurs cours , inventer chaque jour
des moyens violens & rafinés d'envahir la propriété ; forcer les sujets à gémir sous l'oppreffion , à semer pour
que d'autres recueillent , ou bien les
inviter à devenir les complices des cruautés que la puiffance fouveraine fait
éprouver à ceux qu'elle devroit défendre & fecourir ? Les maîtres de la terre
ne font-ils point fol'ement épris de l'i-
dée vaine de fe rendre heureux tout
feuls , de contenter à chaque inftant
leurs paffions , leurs fantaifies , leurs
caprices fanguinaires ? S'ils font part de
leur bien-être à quelques - uns de leurs
fujets , n'eft ce point à ceux qu'ils jugent les plus propres à fubjuguer les
peuples , les plus difpofés à les vexer,
les plus ingénieux à les tourmenter , les
plus grands ennemis de leurs concitoyens ? Ces politiques ne fe fervent ils
pas des amorces de la grandeur , du
crédit , des richeffes , des titres , des
privilèges , des dignités pour femer la
difcorde & pour faire naître dans les

uns l'ambition, l'avarice, la soif des honneurs, & dans les autres l'envie, l'efprit d'intrigue & une rivalité dangereufe qui fait que perfonne n'eft content de fon fort? Sous de tels chefs que font les loix, les ufages, les préjugés, finon des chaînes qui empêchent l'homme de travailler, qui gênent fa liberté, qui le dépouillent de fes biens fans aucun avantage ni pour lui-même ni pour la fociété, dont l'intérêt fert pourtant de prétexte aux violences qu'on lui fait?

D'après fa religion l'homme ne peut ni travailler à fon bien-être ni s'occuper de fon bonheur fans rifquer de déplaire à fon Dieu; d'après fes inftitutions politiques il ne peut réclamer fes droits, travailler pour lui-même, fervir la fociété, prendre fes intérêts en main, fans s'expofer à déplaire aux arbitres de fon fort, qui prétendent avoir reçu de la divinité le droit inaliénable de tyrannifer la perfonne & les biens de leurs fujets & de fe jouer à volonté du bien être de la patrie. Enfin, par la rivalité fâcheufe qui s'établit entre les concitoyens d'un même état, nul homme ne peut fe rendre heureux ou avouer

Q 6

l'amour qu'il a pour lui-même fans devenir un objet haïſſable à tous ſes concurrens.

Ainſi l'homme fut l'ennemi du ciel & de la terre, l'objet du courroux des dieux & des hommes, toutes les fois qu'il oſa travailler à ſa propre félicité ; il fut obligé de s'iſoler, de cacher ſes deſſeins, de faire bande à part, de ſéparer ſes intéréts de ceux des autres, & de devenir méchant, parce qu'il vit que ſans cela il ſeroit inutile de ſe flatter d'obtenir les choſes auxquelles les préjugés font attacher le bonheur : s'il rougit quelquefois de ſes égaremens, c'eſt lorſqu'il put entendre le cri de la nature : elle lui montra quelquefois ſes véritables intéréts ; elle lui fit voir les ſentimens néceſſaires qu'il excitoit dans ſes ſemblables ; elle le força de ſe haïr & de ſe mépriſer lui même toutes les fois qu'il eut la conſcience de l'indignation & du mépris que ſa conduite devoit produire dans les autres.

Mais bientôt ces reproches de la conſcience, ces remontrances de la raiſon furent étouffés par les intéréts puiſſans que la religion & la politique montrerent à l'homme ; il ſe juſtifia ſes excès

à lui-même par la néceffité d'être heureux & par l'impoffibilité de l'être en
fuivant les conſeils dangereux d'une
raiſon contredite à chaque inſtant. C'eſt
ainſi que le dévot zèlé ſe juſtifie à lui-
même ſa malice , la noirceur de ſon
ame, ſon humeur atrabilaire , ſa lâche
cruauté , ſon intolérance par l'idée de
plaire à ſon Dieu , & de défendre ſa
cauſe. C'eſt ainſi que le mauvais prince
ſe juſtifie ſes rapines , ſes extorſions ,
ſes guerres ſous prétexte du bien de ſon
peuple & de la défenſe néceffaire des
intéréts qui lui ſont conſiés. C'eſt ainſi
qu'un courtiſan ſe juſtifie ſes baſſeſſes ,
ſes flatteries , ſes trahiſons , ſes injuſti-
ces par la néceffité de plaire à ſon ſouverain , de ſe conformer à ſes vues ,
de ſoutenir ſon rang , d'obtenir des
graces , d'avancer ſa famille , de ſe mettre à portée de procurer des avantages
aux autres. C'eſt ainſi que le voleur
public ſe juſtifie par l'autorité du prince
qui lui permet de voler , par la loi ,
par l'uſage , par l'exemple d'autrui. C'eſt
ainſi que le tyran ſubalterne ſe juſtifie
par la néceffité d'exécuter des ordres
ſupérieurs , qui veulent qu'il ſoit injuſte ou qu'il renonce à ſa place. C'eſt

ainſi que l'homme du peuple juſtifie ſes fraudes & même ſes crimes par le beſoin de vivre & de ſubſiſter. En un mot, dans tous les états, les hommes trouvent des raiſons pour ſe juſtifier à eux mêmes la conduite la plus odieuſe & pour exténuer les iniquités que l'habitude leur a rendu néceſſaires.

D'où l'on voit que les reproches de la conſcience & les remontrances de la raiſon ſont bientôt anéantis dans les cœurs des hommes, que toutes leurs inſtitutions forcent à violer les loix de la nature, & à mépriſer les intérêts de la ſociété, toutes les fois qu'ils veulent ſonger aux leurs. La morale devient incertaine pour eux, & lorſqu'ils ſont criminels, ils trouvent une foule de motifs pour s'excuſer de la conduite la plus criante.

Tels ſont les fruits que la morale recueille en tout pays de la religion, de la politique, de l'uſage, de l'opinion, qui contrarient preſque toujours la vertu, ou qui combattent les intérêts les plus évidens du genre humain. Si l'on écoute quelquefois la nature, bientôt on eſt obligé de lui impoſer ſilence pour écouter la religion ou le gouvernement tout puiſſant, ou l'uſage tyran-

nique, ou des préjugés dont souvent
on reconnoît la folie. L'homme ne sçait
donc à qui entendre ; sa volonté est le
jouet continuel de divers motifs oppofés qui se disputent le droit de le déterminer. Il se décide pour l'ordinaire
en faveur de ceux que ses passions pré-
sentes, ses caprices passagers, ses intérêts momentanés lui font trouver les
plus forts ; ce n'est que quand, par
hazard, les forces de l'intérêt & de la
raison se réunissent que l'homme connoît des principes sûrs ; toutes les fois
que ces forces se croisent, sa morale devient problématique ; son propre tempérament, ses habitudes, ses circonstances
décident alors de sa conduite.

Cependant la morale est une pour
tous les êtres de l'espece humaine : si
leur nature est la même, quoique di-
versement modifiée dans les individus,
leurs principes de conduire doivent être
invariables, & la raison fondée sur l'expérience devroit toujours les guider. Si
cette raison présidoit, comme elle en
a le droit, aux institutions humaines,
la religion n'auroit jamais le front de la
réduire au silence ; le gouvernement seroit forcé de lui obéir ; la loi seroit son

interprète, l'éducation ne feroit que la
raifon femée dans les cœurs & convertie
en habitude ; alors tout s'accorderoit à
nous montrer nos véritables intérêts,
à nous prouver la conduite que nous
devons tenir, à nous rendre la vertu
facile & la morale facrée ; nous ne fe-
rions jamais incertains fur la façon dont
nous devons agir, parce que toujours
nous nous fentirions intéreffés à bien
faire.

Mais la religion, orgueilleufe de fa
célefte origine, méprife la nature, ré-
jette l'expérience, met en fuite la raifon & veut élever fes intérêts fur la ruine de ceux des habitans de la terre.
Eprife des objets merveilleux qui l'occupent dans l'empyrée & des avantages imaginaires qu'elle y fuppofe, elle
néglige ce monde & renverfe tout ce
qui pourroit nuire à l'empire exclufif
qu'elle y veut exercer. D'un autre côté,
l'autorité fuprême, placée entre les mains
de quelques mortels divinifés, ne connoît d'autre règle que fon caprice, ni
d'intérêt plus fort que celui de dépouiller les peuples qu'elle devroit protéger ;
la nature, la raifon, l'équité font acca-
blées fous le joug de la volonté arbi-

traire qui fe rit impunément des plaintes de la foibleffe. Envahie par la religion, l'éducation, comme on a vu,
n'a pour objet que d'énerver de bonne
heure l'efprit & le cœur des mortels,
afin de les affervir pour toujours, &
de les apprivoifer avec les chaînes qu'ils
porteront pendant la vie.

Les hommes n'ont jamais que la
portion de raifon que le facerdoce &
le defpotifme confentent à leur laiffer;
dès qu'ils vont au delà ils font me-
nacés de la colere du ciel ou punis en
ce monde. Le genre humain, retenu
dans une enfance éternelle, ne peut
faire un pas fans l'aveu de fes guides:
ceux-ci ne l'occupent que de vains
jouets ou de vaines terreurs pour en
refter les maîtres; ils ont foin d'écarter
tous ceux qui pourroient le raffurer ou
développer fa raifon. *

* Nous voyons qu'en tout pays, les hommes
ne fongent qu'à fe procurer des amufemens
puérils, & font traités comme des enfans
par ceux qui les gouvernent. Si les princes
favorifent des talens, ce ne font pour l'ordinaire que ceux qui s'occupent d'objets futiles,
& peu intéreffans pour la fociété. Si des defpotes ont quelquefois fondé & doté des fociétés littéraires, ce ne fut que pour avoir

Ne foyons donc point furpris fi la vraie morale, contredite à chaque pas, a fait fi peu de progrès. Les hommes n'ont eu jamais que celle qui convenoit à leurs prêtres & à leurs tyrans ; elle fut capricieufe, verfatile & changeante comme leurs intérêts & leurs volontés ; elle n'eut point de principes fûrs, parce que tout ce qui eft invariable eft fait pour déplaire au caprice qui veut avoir la faculté de changer à tout moment ; la fageffe ne put fe faire entendre, parce qu'elle eut à combattre les intérêts de la méchanceté revêtue du pouvoir ; la vérité fut dan-

des efclaves qui rendiffent hommage à leur vanité : ces fociétés n'eurent point de liberté ; elles furent tenues dans une dépendance continuelle ; la faveur dicta communément le choix des membres de ces Académies ; la liberté de penfer, fi néceffaire aux progrès de l'efprit, en fut excluë ; des talens médiocres & des ames ferviles furent maîtres des fuffrages ; &, fi les individus produifirent des ouvrages utiles & lumineux, le corps n'en produifit point, parce que le grand nombre fut abject & rampant. Nous voyons en Europe des Académies pour toutes les fciences & les arts, nous n'en voyons nulle part qui s'occupent de la politique & de l'art de bien vivre. Bien plus, il n'exifte dans aucun pays une école de morale.

gereuſe parce qu'elle conduiſit évidemment à la ruine ſous des maîtres dont
la puiſſance n'avoit pour appui que
l'opinion & l'impoſture. La morale,
dépourvue de motifs ſenſibles, incapable de diſtribuer des récompenſes &
d'infliger des peines, privée de la faculté de procurer aucun des objets dont
les mortels ſont épris, ignorée ou mé-
priſée par les princes & les grands,
cultivée par des hommes obſcurs &
déteſtés, eût-elle pu ſe faire reſpecter
dans des nations à qui tout rendoit
l'aveuglement, le vice, la déraiſon
néceſſaires ? En vain fit-elle des menaces, elles ne furent point écoutées
par des hommes que le malheur des
autres pouvoit ſeul rendre heureux ; en
vain fit-elle des promeſſes, on la vit
dans l'impoſſibilité de les tenir, ou de
procurer des récompenſes, des richeſſes, du crédit, des honneurs ; en vain
ſéduiſit-elle l'imagination, on trouva
bientôt que la vertu, ſi belle en théorie, étoit nuiſible dans la pratique ou
ne menoit à rien.

Pour que la morale ait du pouvoir
ſur les hommes, il faut les éclairer ſur
leurs vrais intérêts ; pour qu'ils ſoient

éclairés, il faut que la vérité puisse
les instruire ; pour les instruire, il faut
que le préjugé soit désarmé par la raison ; c'est alors que les nations, tirées
de cette enfance, que leurs tuteurs
s'efforcent d'éterniser, s'occuperont de
la réforme de leurs institutions, des
abus de la législation, des idées fausses
qu'inspirent l'éducation, des usages
nuisibles dont elles souffrent à chaque
instant ; c'est alors que les sociétés humaines seront heureuses, actives, flo-
rissantes ; c'est alors que les citoyens,
detrompés de terreurs paniques, d'espérances imaginaires, des opinions qui
les soumettent à des chefs corrupteurs
& corrompus, sentiront que leur intérêt est lié à celui de l'état ; c'est alors
que l'éducation inspirera à la jeunesse
le goût des objets utiles ; en un mot
c'est alors que tout conspirera à donner
des principes sûrs, invariables, non
sujets à disputer. Tout confirmera les
promesses de la morale, tout encouragera la vertu & forcera le vice de
lui céder la place.

La vertu est de l'aveu de tout le
monde le soutien des Empires ; mais
les nations ne peuvent être vertueuses

fi elles ne font inftruites. Des peuples
ignorans, remplis de préjugés, trem-
blans fous le joug de l'opinion, accoutumés à fe méprifer eux mêmes, découragés par l'oppreffion, ne font que
des amas d'efclaves crédules & bornés,
fans vues pour l'avenir, incapables
d'activité, prêts à recevoir tous les
vices qui pourront les tirer de la mifere. Si tels font les fujets auxquels le
defpotifme veut commander, un gouvernement plus fenfé en veut d'autres;
il veut des citoyens dont les intérêts
fe confondent avec ceux de l'état, qui
s'occupent de fa félicité, qui le fervent
utilement, qui s'intéreffent a fa profpé-
rité, & qui le défendent avec courage.
La patrie n'eft jamais qu'où fe trouve
le bien-être; il n'y a de bien-être que
dans une contrée gouvernée par des
loix juftes; les loix ne font juftes
que lorfqu'elles ont pour objet le
bonheur du grand nombre. Un citoyen vertueux dans les états des tyrans, eft un être déplacé; c'eft une
plante étrangere au climat où elle fe
trouve.

Cependant ces hommes fi ennemis
de toutes lumieres font eux-mêmes les

victimes des préjugés des peuples. Combien de fois ces princes qui ne demandent que des sujets abrutis, ne
sentent-ils pas qu'ils auroient besoin
qu'ils fussent plus éclairés? Combien
de fois ces souverains fauteurs de la
superstition ont-ils eu lieu de gémir
de ses coups & des obstacles qu'elle
mettoit à leurs projets? Ils trouvoient
alors que les préjuges étoient bien plus
forts qu'eux; ils trouvoient que l'o-
pinion sacrée étoit capable d'ébranler
le trône même & de briser le sceptre
dan. la main des rois, enfin souvent
ils ont trouvé la mort dans cette superstition ingrate qui les flattoit de rendre leur personne inviolable & sacrée.
Quelle que soit la lenteur des progrès
de la raison, on ne peut douter qu'elle
n'influe à la longue sur ceux-mêmes
qui lui sont les plus opposés: la lumiere
de la vérité se réfléchit tôt ou tard sur
le visage des méchans qui, en s'effor-
çant de l'éteindre, ne font souvent
que la rendre plus éclatante & plus
pure.

Il faut donc éclairer les mortels si
l'on veut les rendre raisonnables; il
faut leur montrer leur vraie nature &

leurs intérêts véritables, il faut les arracher à leurs amufemens puérils, les faire rougir de leurs préjugés aviliffans, leur infpirer de la vigueur, leur enfeigner leurs vrais devoirs, leur montrer leur dignité, & les conduire ainfi à la virilité. La vertu ennoblit l'ame; elle apprend à l'homme à s'eftimer luimême ; elle le rend jaloux de l'eftime des autres; elle lui fait fentir qu'il eft quelque chofe dans la nature; la raifon lui prouve qu'il doit ambitionner les fuffrages de fes concitoyens, & que pour les obtenir d'une façon légitime & fûre il doit acquérir des talens, fe rendre utile, & montrer des vertus : voilà la route que la fageffe ouvre à tous ceux qui voudront fe diftinguer. Toute confidération qui n'eft fondée que fur l'opinion & le préjugé ne peut être folide, elle eft faite pour difparoître aux approches de la vérité.

CHAPITRE XIV. & dernier.

La vérité doit tôt ou tard triompher de l'erreur , & des obstacles qu'on lui oppose.

RE'former le genre humain & le détromper de ses préjugés fut toujours une entreprise qui parut aussi vaine qu'insensée. Les personnes les mieux intentionnées & les plus éclairées sont, comme on a vu, trop souvent elles-mêmes tentées de croire que les folies des mortels sont incurables, & qu'il seroit inutile de vouloir les guérir. Tout homme qui avoue le projet de changer les idées de ses semblables paroît à tous les yeux un extravagant , dont le moindre châtiment est d'être couvert de ridicule. Cependant si nous considérons attentivement les choses, nous trouverons des raisons très-fortes, au moins pour douter , si l'opinion de ceux qui croient l'esprit humain inguérissable est réellement fondée. Si l'homme est un être raisonnable com-

ment peut - on imaginer que la raison
ne soit point faite pour lui, ou ne soit
uniquement réservée qu'à quelques individus choisis, tandis que l'espèce entière en sera toujours privée ? Quoi !
l'esprit humain n'est-il donc susceptible
de se perfectionner que sur des objets
frivoles ? Est-il condamné à demeurer
dans une enfance perpétuelle sur ceux
qui l'intéressent le plus ? Des nations
forcées par les circonstances ne se sont-elles
pas détrompées peu à peu d'une partie
de leurs préjugés ? Celles qui se sont
civilisées sont-elles les dupes des mêmes
erreurs que leurs sauvages ancêtres ? Si
le fanatisme de la religion, si des erreurs nuisibles sont souvent parvenues
à changer la face du globe ; pourquoi
l'enthousiasme de la vérité ne pourroit-il
pas un jour saisir les peuples & les porter à faire main - basse sur les opinions
& les usages qui les désolent ? Faut-il
donc désespérer de voir un jour les
hommes, fatigués de leurs délires, recourir à la vérité pour en trouver les
remèdes ? Enfin n'est-ce pas faire à la
race humaine la plus sanglante injure
que de prétendre qu'il n'y a que l'erreur & le vice qui soient en droit de

R

lui plaire, & que la vérité & la vertu, dont elle sent les charmes & le
besoin, ne soient point faites pour l'é-
clairer ou pour guider sa conduite?

N'ayons point de notre espèce des
idées si défavorables. Si l'homme est
dans l'erreur, c'est que tout conspire
à le tromper; s'il chérit le mensonge,
c'est qu'il le prend pour la vérité; s'il
est obstinément attaché à ses préjugés,
c'est qu'il les croit nécessaires à son repos, à son bien-être dans ce monde
& dans l'autre. S'il méconnoît sa nature,
c'est qu'il ne lui est point permis ni de
penser par lui-même, ni d'entendre la
vérité, ni de faire des expériences;
s'il ferme son oreille à la voix de la
raison, c'est que tout concourt à le rendre sourd & à le prémunir contre elle;
c'est que les clameurs du fanatisme &
de la tyrannie l'empêchent d'entendre
ses leçons : enfin, si sa conduite est si
dépravée, si contraire à son propre bonheur & à celui des êtres avec lesquels
il doit vivre, c'est que tous les motifs
qui devroient se combiner pour le rendre vertueux se réunissent pour le retenir dans l'ignorance & le pousser au
crime.

Cependant ne défefpérons point de la guérifon du genre humain ; pourquoi ne fe guériroit-il point par les mêmes moyens qui l'ont empoifonné ? Si c'eft l'erreur qui caufa tous fes maux, qu'on lui oppofe la vérité ; fi ce font fes vaines terreurs qui l'ont égaré, qu'on le raffure ; fi c'eft l'éducation qui propage & qui éternife fes préjugès, qu'on la rende plus fenfée ; fi c'eft pour avoir méconnu les voies de la nature qu'il s'eft perpétuellement égaré, qu'on le ramène à cette nature, qu'il faffe des expériences, qu'il développe fa raifon ; fi ce font fes gouvernemens qui le rendent malheureux & qui corrompent fes mœurs, donnons-lui de la grandeur d'ame, montrons lui tous fes droits, infpirons-lui l'amour de la liberté, prouvons à fes fouverains que leurs véritables intérêts font effentiellement les mêmes que ceux des fujets qu'ils gouvernent, & doivent l'emporter fur les intérêts futiles des flatteurs qui leur fuggèrent qu'ils ne peuvent être puiffans & refpectés qu'en rendant leurs fujets foibles & miférables.

La nature, toujours en action ne peut-elle donc point, dans les combinaifons éternelles, faire naître des circonstances propres à détromper les hommes, au moins pour un tems, de leurs folies ? La nécessité ne peut-elle pas amener des événemens qui les forcent à renoncer à leurs extravagances ? S'obstinera-t-elle toujours à les enchaîner dans les ténèbres de l'opinion ? Ne seront ils jamais gouvernés par des princes qui connoissent leurs avantages réels, leur vraie puissance, leur vraie gloire ? Les nations ne se lasseront-elles jamais de ces superstitions qui les appauvrissent sans fruit, de ce despotisme qui les énerve, de ces guerres qui les désolent, de ces jalousies qui les mettent aux prises, de ces conquêtes & de ces victoires qui coutent le sang du citoyen, de ces vains efforts que suit l'épuisement des états ? Ne verrons-nous jamais les sociétés politiques détrompées de ces institutions qui les oppriment, de ces usages que le bon sens condamne, de ces préjugés qui n'ont que l'antiquité pour eux, de ces distinctions onéreuses qui font de tous les citoyens des oppresseurs ou des opprimés, des orgueilleux ou des hommes vils, des grands altiers ou des esclaves rampans, des riches

infatiables ou des indigens miférables ,
qui manquent du néceffaire & qui re-
courent au crime pour fe le procurer ?
Enfin toutes les inftitutions tendront-
elles toujours à peupler les villes d'êtres
frivoles & vains , d'oififs fatigués de
leur exiftence , de pères déréglés & négligens, de femmes légères , diffipées
ou fans pudeur ; d'enfans rebelles &
ingrats , de faux amis prêts à fe trahir ,
d'avares courant après des richeffes qui
ne leur procureront point le bonheur ;
d'ambitieux qui , par toutes fortes de
voies, veulent obtenir un rang qui ne
peut raffafier leurs defirs ; de citoyens
divifés d'intérêts , & indifférens fur le
fort de la patrie ?

S'il n'eft point permis de croire que
la raifon puiffe un jour éclairer la race
humaine entiere , pourquoi ne nous flat-
terions - nous pas de la voir du moins
régner fur une portion de la terre ?
Si les nations , ainfi que les individus ,
ne peuvent efpérer un bonheur permanent & inaltérable , pourquoi douter
qu'elles puiffent au moins en jouir pour
quelque tems ? Ofons donc prévoir ces
heureux inftans dans l'avenir ; que notre
cœur fe réjouiffe de preffentir qu'un

peuple puiffe, du moins pendant des
intervalles favorables, être gouverné
par la raifon. Le malade habituel ne
prévoit-il pas avec plaifir les momens
de repos que fes infirmités lui laifferont? Les maux les plus violens ne
font-ils pas forcés de fe fufpendre quelquefois? Le genre humain eft-il le feul
frénétique qui n'ait point des intervalles lucides?

Ainfi le Sage qui aura médité ne fe
rebutera point des obftacles fans nombre que la vérité rencontre toutes les
fois qu'elle contredit les préjugés univerfellement établis. C'eft en remontant
à leurs vraies caufes que l'on peut en
tarir la fource; c'eft en détruifant ces
caufes que l'on anéantira leurs dangereux effets. Ramenons les hommes à
l'expérience, & bientôt ils découvriront la vérité. Donnons-leur une balance dans laquelle ils puiffent pefer avec
certitude leurs opinions, leurs inftitutions, leurs loix, leurs ufages, leurs
actions, leurs mœurs. Ils ne fe tromperont jamais quand ils régleront leurs
jugemens fur l'utilité durable & permanente qui réfulte de leurs façons de
penfer & d'agir. D'après cette règle éter-

nelle, invariable, nécessaire, il juge-
ront sainement de tout, leur esprit aura un guide sûr pour fixer à jamais ses
idées.

En appliquant cette règle infaillible
à la religion, ils trouveront que ses
vaines chimères n'ont servi, dans tous
les tems, qu'à troubler l'imagination de
l'homme, qu'à porter la consternation
dans son cœur, qu'à le remplir d'inquiétudes, qu'à étouffer en lui l'énergie
nécessaire pour travailler efficacement à
son bonheur ici-bas ; il verront que les
notions religieuses, toujours directement
opposées à celles de l'évidence & de
la raison, doivent nécessairement donner lieu à des disputes interminables :
ils sentiront que ces disputes, tant que
l'on y attachera la plus grande importance, ne manqueront pas de troubler
la tranquillité publique : l'histoire de
tous les siecles leur prouvera que leurs
prêtres, loin de procurer aux mortels
des moyens de parvenir au bonheur,
n'ont été pour eux que des furies qui
par-tout ont répandu la discorde, &
se sont fait payer chèrement des mensonges & des ravages qu'ils ont appor-
tés sur la terre. L'expérience journaliere

leur fera voir l'inutilité de ces prières
dont elles fatiguent les dieux; de ces
cultes, de ces pratiques, de ces rites,
de ces sacrifices souvent barbares, à
l'aide desquels, depuis tant de milliers
d'années, les nations se flattent vainement de rendre propices des divinités,
qui ne sont favorables qu'aux peuples
bien gouvernés.

En examinant les avantages qui résultent des institutions politiques, l'on
trouvera que présqu'en tout pays le caprice d'un seul homme, appuyé par
les forces des instrumens de son pouvoir, décide irrévocablement du sort
des nations. Ils verront que les loix
nuisibles au plus grand nombre, n'ont
pour objet que l'utilité du maître & de
quelques citoyens, qui, par leurs lâchetés
& leurs intrigues, ont mérité sa faveur.
Ils reconnoîtront que ces indignes Visirs, ces courtisans si fiers sur qui les richesses & les récompenses des sociétés
s'accumulent, sont souvent les plus cruels
ennemis de l'état, & que ces grands
qui s'attirent la considération, les respects, la vénération d'un peuple imbécille ne sont communément que les
artisans des malheurs de la patrie. Ils

demeureront convaincus que, par les préjugés vulgaires, si favorables à la puissance illimitée, les sujets ne font pour
l'ordinaire, que des captifs destinés à
gémir toute leur vie dans les fers, &
à mordre la poussiere aux pieds de quelques mortels, qu'ils ont la simplicité
de croire d'une autre espèce que la leur.
Détrompées de ces honteux préjugés,
les nations sentiront qu'elles font libres,
qu'elles ont droit au bonheur, qu'elles
peuvent en appeller, des institutions absurdes de l'antiquité, à leur utilité présente, & qu'elles ne font point faites pour
être éternellement les dupes d'opinions
fauffes, transmises de race en race fans
jamais avoir été examinées. Elles trouveront que leurs chefs font des hommes choisis par elles mêmes pour veiller à leur sûreté, qui mérirent leur foumiffion, leur reconnoiffance, leur amour
lorfqu'ils font vraiment utiles ou fidèles
à remplir les engagemens qu'ils ont
contractés avec elles. Le citoyen,
ceffant de s'avilir fans caufe, demeurera
persuadé qu'il n'eft point un efclave,
que la nature l'a fait libre, qu'il a des
droits inconteftables, que les mortels

K 5

naiffent égaux, que la feule vertu met
de la différence entre eux ; qu'ils ne
doivent de l'affection & des refpects,
qu'à ceux qui par leurs talens, leurs
vertus, leur utilité font les plus néceffaires à la patrie & lui procurent les
avantages les plus réels.

C'eft fur l'utilité réelle ou fuppofée
que fe fondent néceffairement tous nos
fentimens pour les hommes & pour les
chofes. Nous fommes vifiblement d ns
l'erreur toutes les fois que nous accor-
dons notre eftime, notre vénération,
notre amour à des hommes, à des actions, des ufages, des inftitutions, des
opinions inutiles ; le dernier dégré de
la démence eft d'aimer & d'eftimer ce
qui nous eft nuifible. Le citoyen le plus
utile doit être, dans tout état, le plus
chéri, le plus confidéré, le mieux ré-
compenfé. Le fouverain vertueux eft,
d'après ces principes, le mortel le plus
digne de l'attachement & des refpects
de tous ceux qui éprouvent à chaque
inftant les heureufes influences de fes
foins vigilans. Ceux qui, fous lui, partagent les travaux pénibles de l'adminiftration, font évidemment les hommes
le plus juftement confidérés. Les hom-

mages que nous rendons à la grandeur,
au rang, aux places, aux dignités, ne
peuvent avoir pour motifs que les avantages que nous recevons ou que nous
fommes en droit d'efpérer de ceux qui
les poffèdent, ces hommages ne feroient plus que des effets d'une habitude machinale, d'une crainte fervile,
d'un préjugé déraifonnable, fi nous les
accordions indiftinctement à des êtres
malfaifans ou dépourvus de mérite. Les
dinftinctions, les titres, les prérogatives
font faites pour repréfenter à nos yeux
les fervices réels, les lumières, la faculté d'être utile. Dès que ces chofes
ne font plus que les fymboles de la
faveur, de l'intrigue, de la baffeffe,
de la vénalité; dès qu'elles ne fervent
qu'à couvrir l'ineptie, l'ignorance, la
fraude, la méchanceté favorifées; dès
qu'elles ne nous annoncent que le pouvoir de nuire, nous devenons les complices des maux que nous éprouvons
quand nous leur proftituons un encens
qui n'eft dû qu'au mérite & à lu-
lu.

Pour peu que nous réflechiffions, nous
ferons convaincus que l'utilité, ou du
moins fon image & les apparences,

souvent trompeufes, font toujours les objets que les hommes chériffent, admirent, honorent. Leurs fentimens font raifonnables toutes les fois que leur affection & leur vénération portent fur des objets vraiment avantageux : ils font dans l'aveuglement & le délire, quand les objets de leur vénération en font indignes, c'eft-à-dire, font inutiles ou pernicieux pour eux-mêmes.

L'utilité des talens de l'efprit fut en tout tems reconnue par les mortels ; la fupériorité des lumieres a fubjugué le monde. Des hommes plus inftruits que les autres ont pris en tout tems un afcendant néceffaire fur ceux qui n'avoient ni les mêmes reffources ni les mêmes talens. Les premiers Légiflateurs des nations furent des perfonnages plus éclairés que le vulgaire ; qui porterent des lumieres, de la fcience, de l'induftrie à des Sauvages épars, dénués de fecours, expofés à la faim, à la mifere, privés d'expérience, dépourvus de prévoyance en un mot dans l'état de l'enfance. Ces hommes, merveilleux fans doute pour des êtres malheureux ; les réunirent en fociété, facliterent leurs travaux, leur appriront les moyens de

mettre leurs forces à profit, dévelop-
pèrent leurs facultés, leur découvri-
rent quelques secrets de la nature, ré-
glerent leur conduite par des loix. Les
sociétés, tirées de la barbarie, rendues
plus heureuses par les soins de leurs
législateurs, reconnoissantes : de leurs
bienfaits, obéirent de plein-gré à des
hommes si utiles, eurent en eux la
confiance la plus entiere, reçurent avidement leurs leçons, adoptèrent indis-
tinctement les vérités & les fables qu'ils
voulurent annoncer, montrèrent la déférence la plus entiere pour eux; en
un mot les chérirent, les respectè-
rent, & finirent souvent par les adorer, comme des êtres plus grands,
plus sages, plus puissans que les mortels ordinaires.

D'où l'on voit que les hommes les
plus utiles ont été les premiers législateurs, les premiers prêtres, les premiers souverains, les premiers dieux des
nations. Nous voyons par-tout l'utilité
déifiée. Des peuples ignorans, languis-
sans dans la misère, ne subsistans qu'a-
vec peine, exposés continuellement aux
rigueurs de la nature, sans moyens de
s'en garantir, durent regarder comme

des êtres d'un ordre supérieur, comme
des puissances surnaturelles, comme des
divinités, ceux qui leur apprirent à
soumettre la nature elle-même à leurs
propres besoins. Tout est prodigieux,
tout est *divin* pour l'homme sans expérience : en conséquence nous voyons,
en tout pays, les peuples à genoux devant les personnages qui les premiers leur
enseignerent à cultiver, à semer, à
moissonner. Les Osiris, les Bacchus,
les Cérès ne furent que des hommes
expérimentés qui portèrent à des sauvages des connoissances utiles ; les Her-
cules, les Odins, les Mars nous montrent des guerriers qui apprirent aux
nations l'art de se défendre & d'attaquer avec succès. En un mot tous
ceux qui s'annoncèrent par des découvertes, des talens, des qualités ex-
traordinaires, sont devenus les maîtres,
les oracles & souvent les dieux des
hommes.

C'est, sans doute, là-dessus que, dans
l'origine se fonda le pouvoir de ces
personnages célestes dont la mémoire
& la vénération se sont transmises jusqu'à nous. Les Orphée, les Molle,
les Numa furent des êtres de ce genre,

ils devinrent, de leur vivant, les souverains abfolus des fociétés qu'ils avoient
formées. Leurs fuccelïeurs héritèrent de
leur pouvoir ; les peuples, accoutumés
à leur joug, foit par déférence à leurs
volontés, foit par reconnoiffance pour
leur mémoire, eurent pour ces fuccef-
feurs, ou pour leurs defcendans, la
même foumiffion qu'ils avoient montrée à leurs prédéceffeurs ou leurs pères.
Ils furent honorés, obéis, enrichis ;
on continua de recevoir leurs arrêts,
ils furent chargés de veiller à la fûreté publique, on leur laiffa le pouvoir illimité de régler le fort de la fociété, qui les rendit dépofitaires de
fes forces, de fes richeffes, & de fon
autorité. *

* Il eft évident que, par une fuite de leurs
anciens préjugés, les nations prennent encore
leurs fouverains pour des dieux. En effet il faudroit des forces plus qu'humaines & des talens
divins pour qu'un feul homme pût remplir di-
gnement les fonctions & les devoirs immenfes
de la fouveraineté, devenus fi compliqués depuis que les peuples fe font civilifés. Auffi, pour
l'ordinaire, les princes ne gouvernent point par
eux-mêmes ; fouvent ils n'ont aucune idée des
devoirs de leur place, & des befoins de l'Etat.
Prefque par-tout le chef eft une idole muette ;

Mais l'abus accompagne communément le pouvoir ; les hommes qui, dans l'origine, avoient été utiles, devinrent bientôt inutiles & dangereux. La puissance, qui leur avoit été confiée par la société, fut tournée contre elle même ; les chefs des nations séparerent leurs intérêts de ceux de leurs sujets ; ils se liguerent avec quelques uns d'entre eux pour subjuguer & dépouiller tous les autres ; dépositaires des richesses publiques, dispensateurs des récompenses, maîtres absolus des graces, ils ne les répandirent que sur ceux qui furent utiles pour eux-mêmes & nuisibles à leurs concitoyens. Les Prêtres, destinés à instruire les peuples, formerent un ordre à part plus instruit que les autres, qui n'eut pour objets que de les tromper, de les tenir dans l'ignorance, afin de les soumettre & de les dévorer à l'aide de l'opinion. Ils prêtèrent leurs secours à la Tyrannie quand elle leur fut favorable, ils se déclarerent les ennemis de l'autorité légitime quand elle leur fut contraire ; leur empire subsiste

dont les ministres interpretent les prétendus oracles.

encore parce que les peuples n'ont point
acquis des lumieres fuffifantes pour découvrir la futilité & le danger de leur
vaine fcience.

Malgré les maux continuels que les
peuples éprouvèrent, en tout tems, de la
part de leurs guides temporels & fpirituels, ils crurent toujours pouvoir attendre d'eux de la protection, des fecours,
du bonheur. Ils foufcrivirent à leurs
caprices, ils obéirent à leurs décrets,
ils adoptèrent fans examen leurs opinions, leurs préjugés, leurs dogmes ;
ils continuerent à refpecter des inftitutions antiques, des ufages, des règles,
des pratiques, des préceptes qu'ils crurent avantageux pour eux-mêmes, parce
que leurs ancêtres y avoient été aveuglément foumis. En un mot ils s'ima-
ginèrent toujours voir des dieux dans
leurs fouverains les plus incapables ou
les plus méchans ; ils crurent voir des
hommes éclairés de lumieres furnaturelles, doués d'une fageffe confommée,
d'une probité à toute épreuve dans leur
Prêtres ; ils crurent voir les défenfeurs
de la patrie dans les guerriers qui la re-
tenoient dans les chaînes de la fervitude ; ils crurent voir des hommes uti-

les & refpectables dans ceux à qui l'intrigue & la faveur avoient procuré des places, des honneurs, des diftinctions qu'ils fuppoferent des récompenfes du mérite. Ils crurent voir des êtres d'un ordre fupérieur dans tous ceux qui jouiffoient de la grandeur, du pouvoir, de la naiffance ; ils confidèrerent, ils honorèrent les fignes de l'utilité dans ceux-mêmes qui furent les plus inutiles, ou même les plus dangereux à la fociété.

Ainfi, par la fuite de leurs préjugés habituels, les peuples continuèrent à refpecter fans raifon les objets de l'admiration de leurs ancêtres ; ils eurent une vénération traditionnelle pour des hommes que fouvent leur mérite & leurs talens auroient dû placer au dernier rang. * Fiers des fuffrages ftupides d'une multitude ignorante, ils s'en prévalent infolemment pour lui faire éprouver les plus cruels outrages : cou-

* Quelles que foient les préventions, tout homme raifonnable ne pourra difconvenir qu'un laboureur ou un artifan, verfés dans leurs profeffions, ne foient des citoyens plus utiles à la fociété qu'un général d'armée dont l'incapacité la perd, qu'un pontife qui la trouble, &c.....

verts du masque de l'utilité , ils recueillent sans pudeur les fruits de la reconnoissance peu raisonnée des peuples pour
ceux , qui dans l'antiquité la plus recu-
lée , leur ont procuré quelquefois des
avantages réels , mais plus souvent encore imaginaires. Tels sont les foibles
titres que présentent aux nations ceux
qui jouissent exclusivement du droit de
régler leurs destinées.

Les institutions religieuses & politiques , ainsi que les préjugés & les opinions des peuples , datent des tems d'i-
gnorance , c'est-à-dire. , de ces siècles
où l'inexpérience & la foiblesse des nations les livroient sans réserve au pouvoir de quelques hommes assez rusés
pour les séduire , ou assez forts pour
les dompter. L'ignorance & la crainte
ont fait naître les religions & les cultes ;
ainsi l'ignorance fut , en tout tems , la
base du pouvoir sacerdotal , qui ne peut
subsister qu'autant que subsisteront les
ténébres de l'esprit humain. L'imprudente reconnoissance des peuples , leur
défaut de prévoyance , leurs idées su-
perstitieuses , enfin la violence ont fait
éclore le despotisme , le pouvoir illimité ,
les loix injustes , les distinctions partia-

les ; les privilèges & les titres accordés aux foutiens d'une puiffance illégitime. Ainfi le pouvoir arbitraire ne peut fubfifter qu'autant que fubfifteront l'imprudence & la ftupidité des peuples qui s'en laiffent accabler.

Avec des titres fi peu fondés, ceffons donc d'être furpris de voir ceux qui n'en ont point d'autres à préfenter, s'oppofer au progrès de la vérité, dont la force feroit ceffer le charme qui tient les nations engourdies. L'ignorance & l'erreur font favorables à ceux qui ont intérêt à nuire ; l'obfcurité eft l'azyle ténébreux de tous ceux qui trompent ; la vérité eft l'ennemie née des êtres malfaifans ou qui ne veulent point fe défifter de leurs projets dangereux ; elle eft l'amie des cœurs droits & fincères & de tous ceux qui confentent à revenir de leurs égaremens. La crainte de la vérité eft un figne infaillible de l'impofture, de la fraude, de la perverfité confirmée ; s'irriter contre la vérité, s'en offenfer, la pourfuivre, la perfécuter, indiquera toujours une confcience allármée, qui tremble de voir fa turpitude expofée au grand jour, & payée du mépris ou de l'indignation qui lui font dûs. Déclarer fa haine contre la vérité , c'eft proclamer ouvertement qu'on a fujet de la craindre & que l'on eft réfolu de perfifter dans fon iniquité.

Ces réfléxions peuvent expliquer la conduite que tiennent conftamment tous ceux qui s'oppofent avec fureur aux progrès de l'efprit humain , & qui font des efforts continuels pour retenir les peuples dans les ténèbres de l'ignorance. C'eft ainfi que le zèle , l'efprit intolérant & perfécuteur des prêtres , leur inimitié pour la fcience , leur haine pour la philofophie & pour ceux qui la profeffent , prouvent évidemment la confcience qu'ils ont de la foibleffe de leur caufe , de la futilité de leurs fyftêmes , la crainte de voir leurs opinions difcutées , & l'impofture dévoilée aux yeux de l'univers. La cruauté de ces prêtres décèle la lâcheté de leurs ames ; l'impofture eft toujours inquiète & craintive ; la lâcheté fut toujours & perfide & cruelle , parce qu'elle ne fe crut jamais en fûreté ; les méchans ne veulent jamais être vus tels qu'ils font ; ils favent que le voile du préjugé peut feul adoucir la difformité de leurs traits.

C'eſt d'après les mêmes principes que les tyrans déclarent une haine irréconciliable à la vérité, & s'efforcent d'écraſer ceux qui ont l'ame aſſez forte pour oſer l'annoncer. Dès que cette vérité les bleſſe, ils interpoſent habilement le voile de la religion entre eux & leurs ſujets; ils échauffent les peuples contre cette vérité, en la faiſant paſſer pour une ſédition, un délire, un attentat contre le ciel même, pour un blaſphême contre les repréſentans de la divinité. Au défaut de la religion, ils font intervenir l'intérêt public & défèrent à la vengeance des nations ceux qui ont le courage de ſtipuler pour elles, de leur montrer leurs droits, de leur indiquer les routes du bonheur, de les déſabuſer des opinions funeſtes dont elles ſont les victimes. En un mot, à l'aide de la loi, qui n'eſt communément que l'expreſſion de ſon propre caprice, le tyran traveſtit l'ami du genre humain, le bienfaiteur de ſes concitoyens en un rebelle, un infâme, un pertubateur, dont les fureurs doivent être rigoureuſement châtiées. Que prouve cette conduite inique des maîtres de la terre, sinon une conscience allarmée, une défiance inquiète sur la réalité de leurs droits, un dessein permanent de continuer à opprimer des peuples dont l'ignorance & la stupidité sont les uniques appuis de la puissance odieuse qu'on exerce contre eux ?

Le plus grand nombre des hommes craint la vérité parce qu'il craint d'être apprécié & mis au dessous de la valeur que lui attache le préjugé, ou qu'il se fixe à lui-même. Tout homme qui pèse les choses dans la balance de l'utilité, est un juge incommode pour des imposteurs ou des charlatans, qui sentent qu'ils ont tout à perdre de l'examen. La grandeur réelle accompagnée de la vertu, de la bienfaisance, de l'équité ne craint point les approches du sage ; elle est bien plus flattée des suffrages de l'homme éclairé que des respects imbécilles d'une multitude ignorante & servile. La grandeur factice & fausse est ombrageuse, elle a la conscience de sa propre petitesse ou de sa perversité ; elle évite avec raison les regards pénétrans qui pourroient démêler l'homme méprisable au travers des

titres, des honneurs, des dignités ; il
ne lui faut que des flatteurs, des ftupides, des délateurs, des fycophantes,
des complaifans difpofés à dévorer des
outrages pour obtenir des gracës. L'homme droit, qui connoît la vérité, a
communément l'ame haute : la confcience de fa propre dignité l'empêche de
s'avilir ; il fe refpecte lui-même ; il ne
s'abaiffe point à l'intrigue ; il fait qu'elle
n'eft faite que pour ceux qui n'ont ni
talens ni vertus : l'éclat ni la grandeur
ne lui en impofent point ; il connoît
fes droits, il fçait qu'il eft homme, &
que nul mortel fur la terre ne peut,
fans fe dégrader & fe déshonorer, exercer un pouvoir inique fur lui ; il fait
que l'oppreffeur injufte & les efclaves
qui l'applaudiffent font les plus méprifables des humains. Il ne pliera dont
point un genou fervile devant eux ; fi
la noble fierté de fon cœur s'oppofe à
fa fortune, il fera confolé par l'eftime
des gens de bien. Le vrai fage ne rend
hommage qu'au mérite, aux talens, à
la vertu ; il ne prodiguera jamais fon
encens au fafte, au crédit, au pouvoir ;
il payera librement un tribut légitime
à la puiffance lorfqu'il la verra vraiment

ment occupée du bonheur des hommes.
Il reconnoît un ordre *hiérarchique* dans
la société ; il fait que le souverain qui
remplit fes devoirs difficiles, eſt le premier des hommes ; il fait que le Miniſtre qui travaille péniblement au bonheur des nations, eſt le plus grand des
citoyens ; il fait que le mérite & les
talens unis à la grandeur en font bien
plus éclatans ; il fait que celui qui fert
vraiment la patrie doit être chéri, dif-
tingué, refpecté. Il fait que le vrai
mérite eſt acceſſible au mérite, & que
la grandeur éclairée eſt difpofée à prévenir, encourager, à tendre la main
aux talens dans l'obfcurité, & qu'il
feroit inutile & dangereux pour l'homme
de bien de fe préfenter aux yeux de
l'ignorance fuperbe, de l'arrogance hautaine, de la perverfité foupçonneufe. *
Enfin il fait que l'homme de génie,
peu fait à l'intrigue & au manège,
ne peut lutter avec fuccès contre la
médiocrité toujours fouple & rampante.
　　Ainfi la vérité & ceux qui l'ont mé-

---

* *Virtus, repulfæ nefcia fordidæ,*
　　incontaminatis fulget honoribus.
　　　　　HORAT. LIB. III. OD. 2.

S

ditée ne peuvent être des objets dé-
plaifans, que pour ceux qui, dépourvus de mérite & de grandeur réelle,
fe font habitués à fe repaître de chimères & à faire valoir des titres frau-
duleux. L'homme de bien ne s'appro-
che de la grandeur que lorfque la grandeur l'appelle. C'eft quand le fouverain
s'occupera fincérement de l'utilité générale que le philofophe aura l'ambition de fervir fon pays; rien de plus
déplacé, de plus inutile, de plus odieux
que l'homme qui penfe dans une nation
livrée au defpotifme, à l'imprudence,
au luxe, à la corruption; les idées les
plus faines, les plus évidentes paroiffent des fyftêmes chimèriques à des êtres
frivoles qui n'entendent jamais le langage de la raifon ; l'impéritie trouve
impraticables les moyens les plus fimples & les plus efficaces ; le defpote eft
un enfant dépourvu de prévoyance ; il
ignore l'art de préparer les événemens,
de femer pour recueillir ; de planter pour
obtenir des fruits : toujours guidé par
le caprice du moment, il ne s'occupe
jamais du bonheur à venir ; tous ceux
qui ofent réclamer contre fes puériles
fantaifies, lui paroiffent des cenfeurs

incommodes, des rêveurs ridicules, des frondeurs haïssables, des sujets séditieux. Des chefs imprudens ne sont point en état d'envisager le-lendemain, il n'écoutent que ceux qui leur fournissent les moyens de satisfaire sur le champ leurs desirs pétulans. La réflexion meûrit l'esprit ; le sage est un homme fait, qui dans un pays frivole se trouve entouré d'une troupe inconsidérée dont il excite la risée ou la haine dès qu'il entreprend de faire parler la raison. L'homme de génie n'est qu'un rêveur pour des hommes ordinaires ; l'homme de bien est odieux pour des êtres corrompus ; le ton mâle de la vérité est trop fort pour des mortels efféminés qui se sentent trop foibles pour arrêter un état sur le penchant de sa ruine : il n'y a que des ames fortes qui puissent exécuter ou saisir les projets du génie.

Que l'on cesse donc d'être étonné du déchaînement presqu'universel qui s'éleve contre la philosophie ou contre ceux qui ont le courage d'annoncer la vérité, & de stipuler les intérêts du genre humain. La politique, ainsi que la théologie, est devenue un monopole entre les mains de quelques hommes,

qui feuls fe prétendent en droit de s'occuper des intérêts des nations ; quiconque, fans leur aveu, a la témérité de
penfer au bien public, eft traité de la
même maniere que les marchands frau-
duleux. Ce n'eft jamais qu'en fraude
que la vérité fe fait jour dans un pays
mal gouverné, dont le menfonge eft
la monnoie courante. Ce n'eft qu'en
travaillant fous terre qu'on creufera la
ruine des formidables remparts que l'erreur oppofe par-tout à la félicité des
hommes.

Les grands & le peuple font, dans
toutes les nations, les derniers qui s'é-
clairent, parce qu'ils connoiffent le moins
l'intérêt qu'ils ont de s'éclairer ; d'ailleurs les premiers croient recueillir tout
feuls les fruits des erreurs de la terre.
Le vulgaire ne connoît prefque jamais
la vraie fource de fes maux : lorfque
fes pëines font pouffées à l'excès, lorfqu'il eft au défefpoir, il y cherche des
remèdes violens, qui finiffent communément par les multiplier. C'eft alors
que les princes, fouvent aux dépens
de leur trône & de leur vie, font forcés de reconnoître le danger de commander à des hommes abrutis ; c'eft

alors que ces defpotes inconfidérés
voient l'étendue des dangers dont l'a-
bus du pouvoir eft toujours accompagné ; * c'eft au fein de la difgrace.&
de l'infortune où le caprice les plonge ,
que les grands s'apperçoivent qu'ils font
eux-mêmes les victimes de la tyrannie
qu'ils ont alimentée. **.

Nul homme, dans les états, n'eft donc
vraiment intéreffé au maintien des préjugés. L'impofture & l'erreur ne donneront jamais que des avantages paffagers, que des reffources peu fûres,
qu'une puiffance chancelante, que des
titres incertains & fragiles : il n'y a que
la vérité , la raifon, la vertu qui puiffent donner une force, une fécurité
complette. Le fouverain ne peut être
puiffant qu'à la tête d'un peuple floriffant
fant & nombreux ; il ne peut être aimé
que par un peuple fenfible à fes bienfaits & à fes foins ; il ne peut être
courageufement défendu que par un

---

* Ea demùm tuta eft potentia quæ viribus fuis
modum imponit.

PLIN. Panehyr,

** Neque enim lex æquior ulla
Quàm necis artifices arte perire fuâ.

peuple magnanime, qui se sente inte-
ressé à la conservation de son maître ;
ce maître ne peut avoir des sujets intrépides, industrieux, vertueux, attachés
à la patrie, que quand il commande
à des hommes libres. Les grands n'ont
une grandeur réelle que quand ils sont
libres eux - mêmes ; il n'est point de
grandeur pour des esclaves, que le sou-
fle d'un Sultan peut, à chaque instant ,
précipiter dans la poussiere. Il ne peut
y avoir de vraie grandeur, de vrai courage, de vraie patrie sans liberté ; le
tyran est lui-même l'esclave de ses craintes ; & des satellites qui l'entourent :
sa vie & sa couronne sont à tout désespéré qui bravera la mort. Le prince
n'est libre & sûr qu'au milieu de citoyens contens. Un peuple bien gouverné n'est point tenté de changer de
maître ; un peuple aveugle & malheureux est toujours dangereux : si une nation éclairée est difficile à tyranniser ,
elle est facile à gouverner ; elle ne deviendra point aisément le jouet ou l'instrument ni du fanatisme religieux ni de
l'ambition des méchans.

Si l'Europe a des avantages sur les
autres parties de notre globe, c'est sans

doute à la fupériorité de fes lumieres
qu'elle eft redevable de fes forces & de
fa gloire. Parmi les nations Européennes, quelles font les plus actives, les
plus riches, les plus floriffantes ? Ce
font évidemment celles qui font les
plus éclairées. L'on a vu de tout tems
les nations les plus libres & les moins
fuperftitieufes, prendre un afcendant
néceffaire fur celles qui étoient acca-
blées fous la tyrannie politique. & religieufe. L'on a vu avec étonnement le
Batave peu nombreux, privé des faveurs de la nature, faire trembler la
monarchie la plus redoutable de notre
monde, & profpérer tandis que fes anciens tyrans font tombés dans la décadence & le mépris. Les princes, les
miniftres, les grands, à la vue des
conféquences funeftes de leurs délires,
de l'épuifement que leurs caprices réité-
térés ont caufé, du découragement que
l'oppreffion a produit, de l'abjection
& du mépris où les met leur imprudence, font, quelquefois trop tard,
forcés de recourir à la fageffe qu'ils ont
long-tems dédaignée, aux lumières
qu'ils ont méprifées, à la vérité qu'ils
ont eue en horreur.

S 4

La néceſſité ramene tôt ou tard les hommes à la vérité ; vouloir lutter contre elle, c'eſt lutter contre la nature univerſelle, qui force l'homme de tendre au bonheur dans chaque inſtant de ſa durée. Ainſi, malgré tous les efforts de la tyrannie, malgré les violences & les ruſes du ſacerdoce, malgré les ſoins vigilans de tous les ennemis du genre humain, la race humaine s'éclairera ; les nations connoîtront leurs véritables intérêts ; une multitude de rayons raſſemblés formera quelque jour une maſſe immenſe de lumiere qui échauffera tous les cœurs, qui éclairera les eſprits, qui environnera ceux-mêmes qui cherchent à l'éteindre. Si la vérité, concentrée dans l'eſprit d'un petit nombre d'hommes, fait des pas lents ils n'en ſont pas moins ſûrs ; elle ſe répand de proche en proche, & finira par produire un embraſement général dans lequel toutes les erreurs humaines ſe trouveront conſumées.

Ne regardons point cette eſpérance comme chimérique & vaine ; l'impulſion eſt donnée : à la ſuite d'un long aſſoupiſſement dans les ténèbres de l'ignorance & de la ſuperſtition, l'homme

s'eſt enfin réveillé ; il a repris le fil de
ſes expériences ; il s'eſt défait d'une
portion de ſes préjugés , il a pris de
l'activité ; le commerce l'a mis en ſociété avec les êtres de ſon eſpèce ; les
mortels on fait un trafic de leurs idées ,
de leurs découvertes , de leurs expériences , de leurs opinions. Des inven-
tions ingénieuſes facilitent la propaga-
tion des vérités : l'Imprimerie les fait
circuler promptement & conſigne à la
poſtérité des découvertes dont elle pourra
faire uſage. Des ouvrages immortels
ont porté les coups les plus ſûrs au
menſonge ; l'erreur chancelle de toutes
parts ; les mortels , en tout pays , appellent la raiſon à grand cris , ils la cherchent avidement : raſſaſiés des productions propres à les amuſer dans leur
enfance , ils demandent une pâture plus
ſolide ; leur curioſité ſe porte irréſiſti-
blement vers les objets utiles ; les nations , forcées par leurs beſoins , ſon-
gent par-tout à réformer des abus , à
s'ouvrir de nouvelles routes , à perfectionner leur ſort. Les droits de l'homme
ont été diſcutés , les loix ont été examinées & ſeront ſimplifiées , la ſuperſtition s'eſt affoiblie ; & par-tout les

S ſ

peuples font devenus plus raisonnables,
plus libres, plus industrieux, plus heureux, dans la même progression que
leurs préjugés religieux & politiques
ont diminué.

En un mot l'homme s'occupe par-
tout de son bonheur; malgré la lenteur des progrès de son esprit, il ressent
vivement l'impulsion qu'il a reçue : les
obstacles qu'on oppose à sa tendance
& à sa marche ne feront que le rendre plus opiniâtre; ceux-mêmes qui
se sont efforcés d'éteindre les lumieres
n'ont fait que les répandre; le grand
homme est par-tout assuré des suffrages
du génie, de la probité, de la raison;
celui qui a trouvé la vérité, échauffé
de son beau feu, brûle de le communiquer aux autres; enivré d'un enthousiasme utile, il ferme les yeux sur
les obstacles & les dangers; la ciguë
que la tyrannie lui présente, les coups
dont elle le frappe, loin de briser le
ressort de son ame, le font réagir avec
plus d'énergie; au défaut de la reconnoissance de ses contemporains, son
imagination s'allume à la vue de la
postérité, qui, plus éclairée, compren-
dra mieux son langage, rendra justice

à ſes travaux, & reconnoîtra l'utilité
de ſes principes, que la ſtupidité regarde
comme les rêves d'un cerveau déran-
gé, comme des ſyſtêmes impraticables, comme des paradoxes inſenſés.

Mais qu'eſt-ce qu'un *paradoxe*, ſi-
non une vérité oppoſée aux préjugés
du vulgaire, ignorée du commun des
hommes, & que l'inexpérience aĉuelle
les empêche de ſentir? Un paradoxe
eſt pour l'ordinaire le réſultat d'une
longue ſuite d'expériences & de réflexions profondes dont peu d'hommes
ſont capables : ce qui eſt aujourd'hui
un paradoxe pour nous, ſera pour la
poſtérité une vérité démontrée. L'homme de génie penſe de ſon tems comme penſera l'avenir; il n'eſt point de
ſon ſiècle, il parle très-ſouvent une
langue inintelligible pour lui. Les philoſophes profonds ſont les vrais *prophè-
tes* du genre humain. Le ſage ſait que
les routes battues ne conduiſent qu'à
des erreurs univerſelles, & que le ſeul
moyen de rencontrer la vérité eſt de
s'écarter du chemin où la multitude
s'égare.

De ſon vivant le philoſophe qui penſe
avec courage, ou dont l'eſprit réſiſte

au torrent de l'opinion, paroît ou un
homme étrange ou un téméraire pu-
niſſable, ou un fou ridicule ; ſes idées
ne ſont approuvées que par ceux qui
penſent comme lui ; leur ſuffrage lui
ſuffit, il a pour lui ſes vrais juges , il
jouit de la récompenſe de ſes peines ;
* il ſe conſole des mépris ; il en appelle à la raiſon future de la ſentence
de ces juges frivoles ou intéreſſés, qui
ne connaiſſent d'autre régle que leurs
paſſions, ou qu'une routine ſtupide. L'a-
venir qu'il a devant les yeux le dé-
dommage du préſent. Il ſait que , ſemblable au grain de bled, ce n'eſt qu'a-
près avoir été enfoui dans la terre que
le philoſophe eſt fait pour donner ſon
fruit. Si le deſir de la gloire & l'heureuſe illuſion des ſuffrages de la poſtérité ne ſoutenoient, dans quelques ames,
l'amour de la vérité, l'indignation contre l'iniquité, l'enthouſiaſme du bien
public, bientôt la terre ſeroit privée
d'êtres penſans & le genre humain, en
proie aux impoſteurs qui le trompent,

---

* *Philoſophia paucis eſt contenta judicibus ,
multitudinem conſultò ipſa fugiens , eique ipſi &
ſuſpecta & inviſa.*

TUSCULAN. II.

aux tyrans qui l'abrutiſſent, aux vices qui le déchirent, n'auroit plus ni raiſon, ni vertus, ni bonheur.

Malgré l'obſcurité du crépuſcule où les nations ſemblent encore errer, des coups fréquens de lumière annoncent l'aurore & la venue du grand jour ; la vérité, comme le ſoleil ne peut point rétrograder ; les ténebres diſparoiſſent d'une façon ſenſible ; les ſavans des nations ſont dans un commerce perpétuel ; ces heureux coſmopolites, en dépit des inimitiés politiques, demeurent toujours liés ; les ouvrages du génie ſe répandent en tous lieux ; une découverte intéreſſante paſſe en un clin d'œil, des climats hyperboréens juſqu'aux colonnes d'Hercule ; un livre qui renferme des vérités utiles ne périt plus : la tyrannie la plus acharnée ne peut plus étouffer les productions de la ſcience ; la typographie rend indeſtructibles les monumens de l'eſprit humain. Les nations Européennes, ſans une révolution totale du globe, ne retomberont jamais dans cette barbarie, qui fut ſi longtems leur partage & dans laquelle la ſuperſtition & le deſpotiſme tâchent en vain de les faire rentrer.

Les circonſtances des nations, leurs
intérêts mal entendus, les paſſions de
leurs chefs, des événemens imprévus
pourront bien arrêter ou retarder quelque tems les progrès des connoiſſances ; mais la vérité, ſemblable au feu
ſacré, ſera toujours conſervée quelque
part : dès que les hommes voudront
s'inſtruire il leur ſera facile de repren-
dre le fil des expériences ; les digues
mêmes que l'on oppoſe à la ſcience
& à la vérité ne ſerviront qu'à pouſ-
ſer plus fortement les mortels à les
chercher, & leur donneront de nouvelles forces pour l'atteindre. L'eſprit
humain s'irrite des entraves qu'on lui
met ; la vérité, ſemblable aux eaux
long-tems accumulées, renverſera quelque jour les vains obſtacles de l'erreur.

Que les hommes qui penſent répandent donc les lumieres qu'ils ont
acquiſes ; qu'ils écrivent, qu'ils laiſſent aux races futures des traces de
leur exiſtence ; que, ſenſibles à la gloire,
ils ſoient touchés de l'idée de ſe ſur-
vivre ; qu'ils laiſſent des monumens
qui dépoſent qu'ils n'ont point inutilement vécu. Si leurs ouvrages ſont vrais,

s'ils font vraiment utiles , ni la rage
impuiffante de la tyrannie , ni les clameurs intéreffées du facerdoce , ni les
cenfures de l'ignorance, ni les fureurs
de l'envie ne pourront les abolir ; ils
pafferont de races en races ; la gloire
de leurs auteurs ne fe flêtrira point ;
l'immortalité couronnera leurs travaux.

Ainfi, fages ! je le répète , vous n'ê-
tes point les hommes de votre tems ;
vous êtes les hommes de l'avenir, les
précurfeurs de la raifon future. Ce ne
font ni les richeffes , ni les honneurs ,
ni les applaudiffemens du vulgaire que
vous devez ambitionner ; c'eft l'immortalité. Répandez donc , à plaines
mains , des vérités ; elles fructifieront
un jour. Trop fouvent , il eft vrai ,
vous femez dans une terre ingrate ;
vos fervices font payés de la haine la
plus cruelle ; des perfécutions vous menacent ; le préjugé condamne & flé-
trit vos écrits , la grandeur les dédaigne , la frivolité les juge ridicules ;
mais ne fouffrez point que l'injuftice
& la folie brifent le refford de vos
ames : laiffez rugir la tyrannie ; laiffez
tonner la fuperftition ; laiffez fiffler les
ferpens de l'envie ; le vrai mérite ,

comme le foleil, peut-être quelque
tems offufqué par des nuages, mais il
en fort toujours plus éclatant & plus
pur. Si la nature humaine eft fufceptible de perfection ; fi l'efprit humain
n'eft point fait pour s'égarer toujours ;
voyez dans l'avenir la fageffe & la vérité devenir les guides des rois , les
légiflatrices des peuples, les objets du
culte des nations. Voyez les noms des
apôtres de la raifon gravés au temple
de mémoire. Voyez les interprêtes de
la nature chéris & démommagés des
injuftices & des mépris de leur fiecle.
Comptez que la raifon eft un afyle
auquel les paffions des hommes les
forceront enfin de recourir : la vérité
eft un roc inébranlable contre lequel
les tempêtes qui agitent le genre humain obligeront fes erreurs de venir fe
brifer.

Que dis-je ? nul homme de génie
n'eft, même de fon tems, privé de récompenfe. En dépit des menaces de
la grandeur, des calomnies de l'impofture, des injuftices de l'envie, des far-
cafmes de la frivolité, le grand homme jouit des applaudiffemens que fon
cœur doit defirer. Nul ouvrage inté-

reſſant, pour l'eſpece humaine, & vraiment digne d'eſtime ne tombe dans l'oubli. Un bon livre ſurnage toujours au torrent de l'erreur ; la voix du menſonge, de la critique, de l'impoſture, eſt ſouvent forcée de joindre en frémiſſant ſon ſuffrage à celui des mortels qui applaudiſſent la vérité.

Quel eſt en effet chez les hommes l'ouvrage vraiment utile qui ſoit tombé dans l'oubli ? Ne jouiſſons-nous pas avec reconnoiſſance des leçons que nous ont tranſmiſes nos ſages maîtres de l'antiquité ? Ne béniſſons-nous pas la mémoire de ces génies bienfaiſans qui ſouvent, pour nous inſtruire, ſe ſont expoſés à l'oſtraciſme, à l'exil, à la mort ? Enrichis de leurs découvertes, aidés de leurs conſeils, ne ſommes-nous pas à portée de marcher en avant ? Déja le genre humain s'eſt acquis un vaſte fonds de lumieres, d'expériences, de vérités ; un grand nombre d'êtres penſans s'eſt occupé des moyens de rendre l'homme heureux ; la religion, la juriſprudence, la morale ont été miſes dans la balance ; la ſcience de la nature, la médecine, la chymie, l'aſtronomie, la navigation, tendent de jour en jour

à la perfection ; on a quitté le système
pour consulter l'expérience, pour amas-
fer des faits, pour chercher la vérité ;
ne doutons pas qu'elle ne se trouve, &
qu'elle ne devienne un jour le guide
sûr des nations depuis tant de siecles
égarées par l'opinion. La vérité est le
lien commun de toutes les connoissances
humaines ; elle sont faites pour se procurer un appui réciproque ; nous ne
pouvons douter qu'elles ne forment un
jour un vaste fleuve, qui entraînera
toutes les erreurs & les barrieres im-
puissantes qu'on oppose à son cours.

Opinionum commenta delet dies,
Naturæ judicia confirmat.

CICERO.

FIN.

TABLE
DES
CHAPITRES.

FIN DE LA TABLE.

CPSIA information can be obtained
at www.ICGtesting.com
Printed in the USA
BVHW041438230119
538494BV00008B/56/P